Eveline Schulze

Mordakte Angelika M.

Authentische Kriminalfälle aus der DDR

Das Neue Berlin

ISBN 978-3-360-01912-7

© 2007 Verlag Das Neue Berlin, Berlin
Umschlaggestaltung: www.buchgestalter.net
Bildnachweis: Polizeiarchiv; Eveline Schulze

Druck und Bindung: CPI Moravia Books GmbH

Ein Verlagsverzeichnis schicken wir Ihnen gern:
Das Neue Berlin Verlagsgesellschaft mbH
Neue Grünstr. 18, 10179 Berlin
Tel. 01805/30 99 99 (0,14 Euro/Min.)

Die Bücher des Verlags Das Neue Berlin erscheinen
in der Eulenspiegel Verlagsgruppe
www.das-neue-berlin.de

Inhalt

Die nachfolgenden Fälle trugen sich in den 80er Jahren im Südosten des Landes zu. Görlitz hätte aber auch Gera oder Garmisch heißen können. Denn so oder so ähnlich hätten die geschilderten Gewaltverbrechen anderenorts ebenfalls passieren können, und ihre Aufklärung durch die Kriminalpolizei wäre auf gleiche Weise erfolgt. Mithin: Die handelnden Personen sind auswechselbar. Und dennoch weist jeder einzelne geschilderte Fall durch seine zeitliche und geographische Verortung Besonderheiten auf.

Da meldet zum Beispiel ein besorgter Vater seine 22jährige Tochter als vermißt. Die Volkspolizei winkt ab: Die hat's doch mit den Kerlen, die kommt schon wieder. Erst als nach Monaten zufällig ihre Leiche gefunden wird und nunmehr ein Mordfall zu lösen ist, überschlagen sich die dafür Zuständigen. Der Vorgang ist so atypisch nicht. Nun aber tritt ein Moment hinzu, das doch typisch DDR ist. Wochen später findet nämlich im fernen Berlin ein Parteitag statt. Und wie alles in diesem Land auf dieses Ereignis ausgerichtet ist, wird auch die Klärung des Mordfalles in die gesellschaftliche Kampagne eingebunden. Greifen wir vor: Natürlich wird der Kampfauftrag erfüllt und der Fall rechtzeitig gelöst, Beförderungen, Orden und Prämien können noch beizeiten zum Ehrentag der VP am 1. Juli beantragt werden. Alles geht im Wortsinne seinen sozialistischen Gang.

Dies der Geschichte voranzustellen, geschieht weder aus Spott noch mit dem gelegentlich verbreiteten Hohn, wenn man auf jene Zeit zu sprechen kommt. Sondern: Auch dieser Fall macht deutlich, daß hierzulande selbst Verbrechen, der kapitale Gesetzesbruch, als ein gesellschaftliches Problem behandelt wurden. Mit allen Konsequenzen – auch den mitunter makabren.

Die Autorin, Görlitzerin vom Jahrgang 1950, hat in der Geschäftsstelle der Kriminalpolizei ihrer Heimatstadt gearbeitet. Sie war zuvor bei einer Betriebszeitung und besuchte danach die Fachschule für Journalistik. In ihrer Tätigkeit bei der K war sie in verschiedene Fällen involviert, in spektakuläre und in weniger sensationelle. An einige davon erinnert sie sich hier. Auch wenn alle Namen grundsätzlich verfremdet wurden, wird sich gewiß noch mancher der Beteiligten daran erinnern. Was ist schon ein Vierteljahrhundert? Und obgleich einige der Täter von Bezirksgericht in Dresden zu lebenslanger Haft verurteilt wurden, sind sie inzwischen längst auf freiem Fuß. Sie haben ihre Strafe vollständig verbüßt und wurden in den 90er Jahren aus dem Strafvollzug der Bundesrepublik entlassen. Keines der Urteile wurde im übrigen nach 1990 angefochten. Doch auch für Mörder gilt der Schutz der Persönlichkeit, selbst wenn sie die anderer Menschen mehr als verletzten. Das Grundgesetz gilt für Straftäter sowohl im Vollzug als auch danach. Sie haben ein Recht darauf, nicht bis ans Ende ihrer Tage mit einem Brandmal leben zu müssen, auch wenn die Schuld sie bis ans Ende ihrer Tage vermutlich drücken wird. Aber juristisch ist der Vorgang final beendet.

Darum darf und soll auch hier nicht mit Fingern auf sie gewiesen werden wie auch auf die anderen in die geschilderten Vorgänge einbezogenen Personen einschließlich ihrer Angehörigen.

Eveline Schulze wie auch Verlag sind sich gleichwohl der Gratwanderung bewußt. Aber auf die jüngere Kriminalgeschichte trifft zu, was grundsätzlich für die Vergangenheit gilt: Sie ist noch nicht vergangen. Sie lebt in und mit uns, und man muß sich darum mit ihr auseinandersetzen. Aber dies sollte mit der gebotenen Sensibilität geschehen. Das versucht die

Autorin, die insofern persönlich von den Mordfällen berührt war, als sie selbst Mutter von fünf Kindern ist. Sie fühlte mit dem Vater, der auf bestialische Weise seine Tochter verlor. Und mit der Mutter jenes Jungen, der als Selbstmörder endete.

Das aber sind Empfindungen, die Kriminalisten gewiß überall teilen, egal, ob sie nun in Dresden oder Düsseldorf, in Rostock oder Regensburg, in Görlitz oder in Garmisch an einen Tatort gerufen werden.

Der Verlag

Mordakte Angelika M.

Bezirksgericht Dresden. Am 15. und 16. Oktober 1981 findet vor dem 2. Senat die Hauptverhandlung zu einem Verbrechen statt, das im östlichsten Bezirk der DDR die Menschen in Entsetzen und Empörung versetzt hat.

Zum Zeitpunkt der Verhandlung liegt das Geschehen ein Jahr zurück, doch es ist gegenwärtig, als seien nur Wochen vergangen. Große Teile der Bevölkerung im ostsächsischen Raum wurden damals in die Aufklärung der Tat einbezogen. Die *Sächsische Zeitung*, das Organ der SED-Bezirksleitung, aber auch die überregionale Presse berichteten über den Fall und die Ermittlungen. Selbst das Fernsehen der DDR vermeldete die Aufklärung »eines abscheulichen Verbrechens«.

Das ist ungewöhnlich.

Gewaltverbrechen sind tabu. Sie passen nicht ins Bild einer gesicherten Gesellschaft, zumal man an der gleichermaßen weltfremden wie mechanistischen Annahme festhält, daß mit dem Voranschreiten der sozialistischen Gesellschaft auch die Kriminalität zurückgehe. Gewiß trifft zu, daß eine bestimmte Art von Verbrechen stetig rückläufig ist, etwa Verbrechen aus sozialer oder wirtschaftlicher Not. Doch Neid, Mißgunst, Haß, Gier sind so wenig ausgestorben wie sexuelle Obsessionen und Triebe.

Aus verschiedenen Gründen also hängt man in der DDR Gewaltverbrechen nicht unbedingt an die »große Glocke«. Doch in diesem Falle macht die Obrigkeit, die auch über die Presse- und Öffentlichkeitsarbeit wacht, erkennbar eine Ausnahme. Die Gründe sind nicht ersichtlich. Vielleicht liegt es daran, daß die sogenannte Flüsterprogaganda bereits zu viele Menschen erreicht hat, so daß man jetzt die Flucht nach vorn antritt und umfassend informiert. Vielleicht ist einer der maßgeblichen Politiker von dem Verbrechen derart angerührt, daß auch er die Mörder öffentlich an den Pranger gestellt sehen möchte. Oder, was auch denkbar ist, es soll ganz einfach die gute Zusammenarbeit von Staatsorganen und Bevölkerung bei der Aufklärung gezeigt werden.

Lange vor Beginn der Verhandlung im Dresdner Bezirksgericht herrscht Gedränge in den Fluren. Das Verfahren ist öffentlich. Nur rechtzeitiges Kommen sichert einen Platz. Viele »normale« Bürger, gesellschaftliche Ankläger und auch Funktionäre wollen an der Verhandlung teilnehmen. Journalisten des Zentralorgans, der Nachrichtenagentur *ADN* und der *Sächsischen Zeitung* sind als Berichterstatter zugelassen.

Die Türen werden geschlossen, das Auditorium erhebt sich, Richter und Schöffen marschieren ein, die Verhandlung kann beginnen. Die Angeklagten werden hereingeführt. Es sind drei Männer unter 30. Sie sind in der DDR geboren und in diesem Land aufgewachsen. Sie haben die hiesige Schule besucht und eine Lehre durchlaufen. Eine andere Gesellschaft als diese, die sich als sozialistisch und humanistisch versteht, haben sie nicht kennengelernt, geschweige denn erlebt. Sie haben nicht einmal eine optische Vorstellung, denn im südöstlichsten Zipfel des Landes empfängt man kein Westfernsehen. Dresden heißt darum im Volksmund »Tal der Ahnungslosen«.

Die Anklageschrift wird verlesen.

Vor den Zuhörern im Saal läuft noch einmal das grausame Verbrechen wie ein Film ab.

Die Tat

Am späten Abend des 25. November 1980, einem Dienstag, betritt eine junge, nicht unbedingt hübsche Frau eine kleine Kneipe am Rande von Görlitz. Sie wird von einem Paar begleitet. Die Frau ist mittelgroß, schlank, die dunklen Haare fallen in leichten Wellen auf die Schultern. Ihre modische Brille beschlägt sofort, als die Tür hinter ihnen zufällt.

Mit den drei Ankömmlingen weht frischer, kalter Wind in

den Raum. In dieser Gegend ist es immer eine Spur kälter als im Rest des Ortes. Kein Wunder, hier ist man »näher an Sibirien«. Durch die Stadt fließt die Neiße, die seit 1945 Grenzfluß ist. Der jenseitige, polnische Teil heißt seitdem Zgorzelec. Zusammen wäre Görlitz eine Großstadt mit über 100.000 Einwohnern. Allein aber kommt der deutsche Teil lediglich auf ein reichliches Dreiviertel davon. Doch immerhin: Die Altstadt gilt als eine der innerhalb Mitteleuropas am besten erhaltenen.

Die Gaststätte liegt in einem normalen Wohnviertel. Die Fassaden der zumeist aus der Gründerzeit stammenden Häuser sind nüchtern und grau, kein üppiger Barock bricht hervor. Die drei wollen einen Grog trinken, ein bißchen plaudern und den Tag ausklingen lassen. Der Schankraum ist nicht sehr groß, die Besucherzahl noch sehr übersichtlich. Man kennt sich. Fremde fallen sofort auf.

Das »Cottbuser Eck« heute: saniert und ohne Mieter

Die junge Frau mit den dunklen Haaren ist bekannt. Sie heißt Angelika M. und ist Stammkunde hier. Zielstrebig steuert sie auf einen Tisch zu, ihre Begleitung folgt ihr nach. Die zwei sind nicht viel älter als sie. Die beiden Frauen gehen sehr vertraut miteinander um, sie sind Freundinnen.

An Nebentisch sitzen drei Männer beim Bier. Angelika M. nickt einem freundlich zu, das ist Karl, ein flüchtiger Bekannter, und nimmt am Nebentisch Platz. Der Wirt kommt sofort, die Bestellung wird aufgegeben. Bald dampft der Grog vor ihnen.

Es wird getrunken und gelacht. Die 22jährige Angelika fühlt sich wohl und bestätigt einmal mehr, daß sie kein Kind von Traurigkeit ist. Sie ist Mutter einer zweijährigen Tochter und alleinstehend, wie man so sagt. Mit dem Kindesvater verbinden sie lediglich die monatlichen Alimente. Seit der Geburt des Kindes verdient sie ihren Lebensunterhalt als Aushilfskraft. Mal arbeitet sie in einer Betriebsküche, mal bei einem Reinigungsdienst.

Auch wenn ihr Leben ein wenig unstet und ungeordnet wirkt, weiß sie sehr genau, wo die Grenze zum Asozialen liegt. Die meidet sie. Denn für »Assis« interessiert sich die Staatsmacht besonders. Da gibt es diverse Auflagen, der Abschnittsbevollmächtigte schaut ständig nach einem, und wenn man Kinder hat, kommt die Jugendfürsorge ins Haus. Nein, solch fürsorgliche Belagerung muß nicht sein. Angelika M. schreitet den engen Freiraum aus, ohne ihn zu verlassen.

Daß sie häufig fremde Männer mit in die Wohnung nimmt, wird zwar gleichermaßen aufmerksam wie kritisch von den Nachbarn beäugt. Doch ihre Tochter, die sie über alles liebt, merkt davon wenig. Schließlich gibt es auch noch die Großeltern, die auf die Enkelin aufpassen, wenn sie mal wieder »schrecklich verliebt« ist und aushäusig nächtigt.

Angelikas Eltern sehen es nicht unbedingt mit Wohlgefallen, daß die junge Mutter, ihre Tochter, ein, nun ja, lebenslustiger Mensch zu sein scheint, der die bürgerlichen Konventionen nicht so ernst nimmt. Sie schreiben es ihrem Alter zu.

Außerdem hat jeder Mensch Anspruch auf Glück. Und das definiert jeder anders. Es gibt eigentlich keinen Grund zum Schelten: Die kleine Wohnung ist sauber, um die Tocher kümmert sie sich. Nein, ein Rabenmutter ist sie keineswegs. Nur eben ein Vogel, der sich schwer in ein bürgerliches Leben einsperren läßt. Der Vater nimmt es ohne zu klagen hin. Nur manchmal hebt er mahnend den Zeigefinger: Angelika, Angelika ...

Die Stimmung am Tisch steigt mit jeder neuen Runde. Mit ihrer Freundin Martina versteht sie sich gut. Sie kennen sich von der Schule. Martina hat einen Sohn. Sie wurden zur gleichen Zeit schwanger. Ganz so zufällig ist das nicht. Auch Martina ist kein Kind von Traurigkeit. Die beiden Frauen teilten nicht nur manche Stunde, sondern auch manchen Mann. Doch für Martina sind die wilden Nächte inzwischen Geschichte, seit einem halben Jahr ist sie merklich ruhiger geworden. Das liegt nicht zuletzt an Rainer W., den sie – wo sonst – in Angelikas Wohnung kennenlernte. Martina zog mit ihrem Sohn zu Rainer, seither leben sie zusammen.

Nicht, daß sie den beiden ihr verliebtes Glück neidet. Aber wenn man solo ist, fühlt man sich neben einem Paar überflüssig, wenn nicht gar störend. Dennoch gehen sie zuweilen zu dritt aus. Wenn sich niemand findet, mit dem Angelika anschließend in die Nacht aufbricht, zahlen Martina und Rainer die Zeche. Sie wissen, daß Angelika meist klamm ist.

Beim Trinken und Gackern läßt Angelika den Blick kreisen. Ja, doch, der Bengel am Nebentisch sieht wirklich gut aus. Er wird mit jedem Glas attraktiver.

Der Typ, den sie ins Auge gefaßt hat, sitzt mit Karl und einem ihr Unbekannten beim Bier. Die Kerle reden laut und ungeniert über ihre Arbeit, nur manchmal dämpfen sie ihre Stimme, so daß Angelika nicht hört, worum es geht. Es sind Kraftfahrer, soviel hat sie schon bemerkt. Harte Jungs, was auch unschwer zu sehen ist. Wie sie mir ihren kräftigen Händen die Biergläser umfassen. Die Worte, die ihnen aus dem Mund fallen, sind auch nicht von Pappe. Rau, ruppig, ungeniert poltern sie daher. Das sind keine Softies, denkt Angelika. Doch der eine, der sieht wirklich gut aus. Da könnte sie weich werden ...

Perspektivwechsel

Der Mann, der Angelikas Aufmerksamkeit genießt, heißt Ralf St. und ist so alt wie sie. Er kommt vom Lande, wuchs dort zwischen Bergen, Schafherden und vier Geschwistern auf. Die Kindheit ist behütet, alles in Ordnung. Kindergarten, Schule, alles läuft. Zunächst. Dann beginnt es ein wenig zu stottern. Ralf kommt mit den anderen nicht so recht mit. Die geistigen Gaben hat der Herrgott ungleich vergeben: Als es ans Verteilen ging, rief Ralf nicht zweimal »Hier!« Vielleicht rief er nicht einmal.

Was er mit dem Kopf nicht kann, versucht er zunächst mit dem Mundwerk wettzumachen. Und als die dicke Lippe nicht genügt, muß die dicke Faust ran. Die Rüpeleien und Raufereien schieben Eltern wie Pädagogen der Pubertät zu, die ein wenig früh bei Ralf einzusetzen scheint. Sie hoffen, daß sich das noch legen werde, wenn er denn etwas älter und reifer sei. Doch ihre Hoffnung erweist sich als Illusion.

Auch wenn sich Eltern und Lehrer redlich um Ralf mühen, ist nach der 7. Klasse Schluß. In der DDR gilt eine zehnjährige Schulpflicht, nur in Ausnahmefällen kann vor der Zeit die Polytechnische Oberschule (POS) verlassen werden. Ralf ist so ein Ausnahmefall.

Trotzdem bekommt er eine Lehrstelle. In einem kleinen Textilbetrieb in seiner Heimatregion soll er Facharbeiter werden. Doch auch hier stößt Ralf bald an seine Grenzen. Der Lehrmeister setzt ihn als Hilfsarbeiter am Webstuhl ein, das empfindet Ralf als Beleidigung. Er bummelt, motzt, bleibt der Arbeit fern. Selbst in der nachsichtigen DDR-Arbeitswelt reißen irgendwann die Geduldsfäden: Ralf St. wird fristlos gekündigt.

Nun sucht er sein Glück in Görlitz, wo ihn niemand kennt,

aber immer etwas los ist für Menschen seines Schlages, die einmal etwas ganz Großes tun werden, worüber die Welt noch staunen soll – insbesondere jene Menschen, die ihn immer geduckt und geschuriegelt haben. Denen wird er es noch zeigen!

Bei seinen Touren durch Tanzgaststätten, Diskotheken und Kinos lernt er ein Mädchen kennen. Als diese von ihm schwanger ist, heiratet er sie. Zusammen beziehen sie eine kleine Wohnung. Er findet Arbeit in einem Möbellager, der Verdienst ist annehmbar.

Am Anfang gibt er sich Mühe. Doch der Eifer hält nicht lange vor. Die Kontrollmechanismen beginnen zu versagen. Er reagiert unbeherrscht, wenn ihm was nicht paßt. Seine schwangere Frau wird nicht nur mit Worten traktiert, sondern auch mit Schlägen. Sie aber schweigt. Ihre Eltern haben keine hohe Meinung von Ralf und sahen es darum nicht gern, daß ihre Tochter so einen Aufschneider heiratete. Diese Genugtuung will sie den Eltern nicht verschaffen, mit ihrer Prognose recht behalten zu haben.

Im Betrieb breitet man ebenfalls den Mantel nachsichtigen Schweigens über die Zusammenstöße mit Kollegen. Immerhin kann Ralf auch zupacken, wenn er will, und kräftige Männer sind in diesem Gewerbe gefragt, weil selten. Die Kollegen meiden, so gut es geht, seine Nähe. Nur wenn es sich nicht verhindern läßt, gehen sie mit Ralf St. auf Auslieferungstour.

Lars P., Kraftfahrer im VEB Handelstransport, hat regelmäßig im Möbellager zu tun. So lernt man sich kennen. Es beginnt eine Beziehung, die man schwer als Freundschaft bezeichnen kann. Sie werden Saufkumpane. Die meiste freie Zeit verbringen sie mit gemeinsamen Zechtouren. Der 26jährige Lars bewundert den draufgängerischen Ralf, der ist ein Alphatier. Und Ralf schätzt wiederum diese Bewunderung, die sein Selbstwertgefühl stärkt. Es ist schon eine merkwürdige Symbiose, die sie miteinander eingehen: der spillrige Lebensmittelkutscher Lars mit dünnem, blonden Haar und der kräftige Ralf mit den dunklen Locken, die bei Frauen eine gewisse Wirkung erzielen.

Das weiß er durchaus zu nutzen. Weil seine Frau zunächst wegen der Schwangerschaft und nach der Geburt ihre vermeintlich »ehelichen Pflichten« aus verständlichen Gründen nur eingeschränkt wahrnimmt, wildert Ralf in anderen Revieren. Er ist, obgleich er es vielleicht sein könnte, dabei kaum wählerisch. Offenkundig braucht er das nicht nur aus hormonellen Gründen: auch sein Selbstbewußtsein profitiert davon, daß er jede kriegt, die er haben will.

Nun sitzt er mit Lars und dem 24jährigen Karl, Kraftfahrer und Kollege, am Kneipentisch. Sie stecken die Nase ins Bierglas und die Köpfe zusammen. Das sieht fast verschwörerisch aus, was es wohl auch ist.

Lars ist sauer auf seinen Beifahrer. Er will bei den »krummen Touren« nicht mehr mitmachen. Sie liefern Lebensmittel aus. Und in einem Land, in welchem fast an allem Mangel herrscht, sind selbst Gläser mit Letscho aus Bulgarien rar. Nicht zu reden von Südfrüchten, Obst, Rotwein und andere seltene Dinge. Lars weiß, wie man von solchen Sachen, die er durch den Kreis Görlitz fährt, einiges abzweigen kann, ohne daß es bemerkt wird. Es habe »Bruch« gegeben, erklärt er das Fehlen mancher Ware. Transportschäden eben. Und er kennt auch die Partner, wo sich das »Zerbrochene« versilbern läßt. Das Geld steckt ausschließlich er sich in die Tasche: Seine Mitwisser schauen in die Röhre.

Nun aber nicht mehr. Der Beifahrer will das kriminelle Treiben nicht mehr hinnehmen. Dem müsse man, sagt Lars, mal ordentlich die Fresse polieren, damit er die Schnauze hält. Bei anderen habe eine solche Abreibung auch geholfen.

Lars P. ist nicht unbedingt das, was man zimperlich nennen könnte. Das rührt wohl aus der Kindheit her. Sein Vater prügelt im Suff die Kinder und die Frau. Und er prügelt oft, weil er ein Trinker ist. Im Kindergarten fragen die Erzieherinnen, wenn sie die blauen Flecken und Platzwunden sehen, woher das rühre. Ob der Papa böse sei, wird er gefragt und die Mutter einbestellt. Wenn das nicht aufhöre, werde man ihnen die Kinder wegnehmen, heißt es. Als der Vater das hört, setzt es wieder Hiebe. Als Lars P. sieben ist, läßt sich die Mutter scheiden. Der Stiefvater ist ganz anders. Er macht seinen Großen für die jüngeren Geschwister verantwortlich, denn die Eltern haben keine Zeit, die kleine Wirtschaft, die sie betreiben, frißt sie auf. Wenn Lars aber etwas von seinem leiblichen Vater gelernt hat, dann dieses: Der Stärkere setzt sich immer durch. Die Faust entscheidet über Sieg oder Niederlage. Das alte archaische Recht, das klassische Rollenspiel, hat er als Kind verinnerlicht. Insbesondere seine Stiefbrüder bekommen das zu spüren. Er diktiert, was gemacht wird.

In der Schule läuft das nicht so einfach. Da sind Ausdauer und Fleiß gefragt. Er bleibt sitzen. Nach der 8. Klasse wirft er das Handtuch. Er beginnt eine Lehre als Lagerarbeiter und strampelt sich bis zum Kraftfahrer hoch. Nun ist er ein Gott, meint er. Er fährt Lebensmittel aus. Überall ist er willkommen. Und, wie bereits gesagt, es fällt genügend dabei für ihn ab.

Freunde oder gar Freundinnen kennt er nicht, mal von Ralf abgesehen. Seine »Bedürfnisse« befriedigt er in gewisser Weise im Vorübergehen. Als es zu einem »Betriebsunfall« kommt und er ein Mädchen schwängert, sucht er das Weite. Im Grunde ist er beziehungsunfähig. Aktuell teilt er Bett und Wohnung mit einer jungen Frau, doch das ist eher seiner Bequemlichkeit als einem Bedürfnis nach Nähe geschuldet.

Karl, der dritte Mann, sitzt nicht zufällig am Tisch. Der 24jährige ist der Spannemann von Lars und dessen Kollege. Für ihn gilt im Wortsinne »Mitgegangen, mitgefangen, mitgehangen«: Beide wurden vom Betriebsleiter mit einem »Strengen Verweis« bedacht, als man sie einmal bei einer Extratour erwischte.

Karl kommt aus dem Westen. Seine Mutter kehrt in den 50er Jahren mit ihm in ihre Geburtsstadt Görlitz zurück, der Vater bleibt in der Bundesrepublik. Karl ist als Kind ruhig, zurückhaltend bis scheu. Seine Mutter, die im städtischen Kinderheim arbeitet, müht sich sehr um ihn. Er ist oft krank, verliert den Anschluß in der Schule. Mutterliebe kann nicht alles kompensieren. Nach der 8. Klasse ist auch bei ihm Schluß.

Karl absolviert eine Tischlerlehre, wird Facharbeiter und kommt dann zur NVA. Während des Wehrdienstes erwirbt er die Fahrerlaubnis, er darf LKW steuern. Daraus macht er schließlich seinen Beruf. Nach der »Fahne« bewirbt er sich in Görlitz beim VEB Handelstransport als Kraftfahrer und bekommt den Job.

So lernt er Lars kennen.

Der Umgang mit diesem Kollegen bekommt ihm nicht. Lars spürt bald, daß er es bei Karl mit einem schwachen Menschen zu tun hat, der leicht zu beeinflussen und zu führen ist. Und das nutzt er hemmungslos aus. Karl gerät immer mehr unter die Fuchtel von Lars. Dessen Einfluß geht sogar soweit, daß Karl die Beziehung mit der Muter seiner Tochter beendet. Zwar zahlt er noch weiter Unterhalt und schaut gelegentlich nach dem Kind, doch der Platz an seiner Seite ist von Lars besetzt.

Lars ist in seinen Augen ein Filou. Er hat Platten und Zeitschriften aus dem Westen, von denen Karl nicht einmal zu träumen wagt. Lars würde lieber heute als morgen »rübermachen«, sagt er. Dort hätte er die Möglichkeit, etwas aus sich zu machen. Im Westen wäre er nicht bloß so'n kleiner Lebensmittelkutscher wie hier, in der Zone. Da würde er ganz groß rauskommen. Mit tollen Autos, geilen Weibern und überhaupt.

Karl grinst, wenn Lars so auf den Pudding haut. Das ist eine Mischung aus Bewunderung und Erheiterung. Selbst wenn Lars davon laut träumt, mit einem Ballon in Thüringen über die Grenze zu fliegen. Wenn sie zu dritt zusammenhocken, schwadroniert Lars über den bevorstehenden Fluchtversuch. Ralf, der Karl von Lars als großer Zampano vorgestellt worden ist, reagiert lebhaft, wenn die Rede darauf kommt. Karl aber schweigt …

»Was ist«, Lars stößt Karl in die Seite, »du machst doch mit?«

»Wobei?«

»Sag' mal, hörst du nicht zu, wenn ich was sage? Wir hau'n dem in die Schnauze, damit er Ruhe gibt.« Lars ist wütend,

20

denn auch Ralf hält sich bedeckt. »Naja, ein paar auf's Maul ist schon okay. Wir müssen ihn ja nicht gleich plattmachen.«

Der Wirt bringt die nächste Runde, ein Bier und einen Kurzen. Die Männer kippen den Korn, schütten den letzten Tropfen ins Bierglas. Ralf führt das Glas zum Mund und blickt aus den Augwinkeln zum Nachbartisch. Die junge Frau lächelt ihn an.

Nicht zum ersten Mal.

Die will was, grinst Ralf innerlich, und wendet den Blick. Zappeln lassen, sagt er sich. Die kommt schon noch. Da muß er nicht die Initiative ergreifen. Oder doch?

Er winkt dem Wirt und bestellt zwei Zitronenlikör für die Damen nebenan. Als diese den Fusel zum Munde führen, hebt auch er sein Glas. »Ich heiße Ralf.«

»Angelika«, sagt die, die ihn angelächelt hat.

Er beugt sich hinüber und schaut ihr tief in die Augen. Es funkt. Sie müssen nichts sagen. Die Blicke sind beredt genug. Beide haben sich verstanden. Dann dreht er sich wieder zu seinem Tisch. Er tut so, als höre er zu. Nach einer Weile schiebt er den Stuhl hörbar nach hinten.

»Ich geh' mal pinkeln.«

Er muß nicht lange hinter der Toilettentür warten. Angelika kommt wie erwartet. Er mustert sie nur kurz, preßt schließlich seine Lippen auf ihren Mund. Seine Rechte krallt sich in ihre Brust, die Linke in den Schritt. Sie hält gegen. Dann reißt sie sich los. »Hier nicht.«

»Gehen wir zu dir?«

»Nee, ich habe ein kleines Kind.«

Ralf nickt.

»Und außerdem: Karl kennt mich. Wenn wir zusammen abschieben, ist das bald überall rum.«

Ralf winkt ab. »Der hält die Klappe, wenn ich ihm das sage.«

Angelika verschließt ihm mit der Hand den Mund.

»Laß uns wieder reingehen. Vielleicht fällt uns noch was ein.«

Sie küßt ihn heftig. Ihre Hand gleitet nach unten. Sie grinst, als sie das harte Teil spürt.

Ralf schlurft zum Tisch seiner Saufkumpane zurück. Lars zeigt sich ungehalten. »Wo warst du so lange?«

»Pinkeln, habe ich doch gesagt.«

Am Nebentisch nimmt auch die junge Frau wieder Platz. Lars mustert sie argwöhnisch. Er nimmt einen Schluck. Angelika lächelt verschwörerisch in die Richtung von Ralf.

Lars kann diesen Blicken lesen.

»Haste da was am Laufen, du Sack?«

Ralf grient hintersinnig.

Lars ist sauer. Er will auch was abhaben. »Ich habe nichts dagegen, wenn du die Knitte bumst. Aber uns läßt du auch ran. Wir könnten doch zu dritt …«

Karl wird blaß. So besoffen ist er nicht, um diesem Vorschlag zuzustimmen. Er sagt nur »Aber …«, doch Lars läßt ihn mit einem Blick verstummen. Er hat einen Plan. Zunächst jedoch hebt er den Finger und blickt in Richtung Tresen. Der Wirt nickt und greift zu Glas und Zapfhahn.

»Paßt auf«, sagt Lars und senkt die Stimme. »Ich hole den ›Thermokoffer‹ und stelle mich damit vor die Kneipe. Karl kann ja im Laderaum verschwinden, wenn er nicht mitmachen will. Und du steigst dann mit ihr ins Fahrerhaus. Zu einer Spritztour …« Lars lacht am lautesten über seinen doppeldeutigen Wortwitz.

»Ich habe doch keine Fahrerlaubnis«, wendet Ralf ein.

»Eben. Deshalb muß ich ja fahren.« Er erhebt sich, nachdem er das Bierglas geleert hat. »Dann will ich mal. In zwanzig Minuten könnt ihr nachkommen.« Er greift sich feixend in den Schritt, als müsse er sein Gemächt erwecken.

Ralf beugt sich wieder zu seiner Nachbarin hinüber. Ungeniert sagt er: »Was hältst du von einer kleinen Ausfahrt?« Er blinzelt verständnisheischend. Angelika hat kapiert. »Klar, warum nicht. Wo hast du denn den Flitzer stehen?«

»In der Hose, hahaha.« Ralf schüttet sich aus über seine Zote. Die nicht mehr ganz nüchternen Frauen kichern lauthals. Martina und ihr Freund Rainer haben schon längst mitbekommen, was abgeht. Sie stört das nicht. Wenn Angelika ihren Spaß haben will, soll sie ihn auch kriegen.

»Ich zahle alles, wenn ich zurückkomme«, sagt Angelika. »Ihr seid heute meine Gäste.« Sie ist sich sicher, daß sie schon bald ein paar Scheine in der Tasche haben wird.

Unterdessen stapft Lars mit hochgestelltem Kragen zu seinem W 50. Der Parkplatz der Konsum-Bäckerei, wo er seinen LKW abgestellt hat, liegt keine 300 Meter von hier. Dem Pförtner steckt er dafür gelegentlich eine Flasche »Goldbrand« zu. So kann er stets am Morgen mit dem LKW zur Arbeit rollen.

Der Wind pfeift kalt um die Ecken. Die Gegend ist töter denn tot, die Mietshäuser hier sind selbst bei Sonnenschein grau und trist. Er schaut unter einer Laterne auf die Uhr, es ist kurz vor 22.30 Uhr.

In der hinteren, unbeleuchteten Ecke des Hofes steht der »Thermo-Koffer«. Lars kramt den Schlüssel aus der Hosentasche, sperrt die Fahrertür auf und schwingt sich auf den kalten Sitz. Dann startet er. Nachdem der Diesel vorgeglüht ist, drehen die Kolben mehrmals durch, ehe der Motor anspringt. Sein Blick fällt auf die Beifahrertür. Sicher ist sicher, denkt er, und langt nach dem Schraubenzieher in der Seitentasche. Mit wenigen Umdrehungen ist der Türgriff demontiert.

Er löst die Handbremse, legt den Gang ein und tritt aufs Pedal. Ruckelnd setzt sich das Fahrzeug in Bewegung. Als er die Pförtnerloge passiert, tippt er sich nur kurz an die Mütze. Der Mann in der Wache nickt.

Wenig später stoppt Lars das Gefährt vor der Eckkneipe. Lärm dringt nach draußen, doch niemand ist zu sehen. Er springt vom Bock und wirft die Tür zu.

Drinnen schlägt ihm Kneipendunst entgegen. Die Luft ist zum Schneiden dick, an jedem Tisch wird gequalmt. Gläser klirren, Gelächter rollt durch den Schankraum. Er bahnt sich seinen Weg zu ihrem Tisch, an dem inzwischen auch die beiden Frauen und deren Freund sitzen. »Ich will dann mal«, sagt Karl, als er Lars kommen sieht und erhebt sich. »Der Stuhl ist warm.«

»Warum willst du schon gehen«, mault Martina, »ist doch gerade so lustig«.

»Nee«, meint Karl, »ich muß morgen wieder früh raus, ich muß mich aufs Ohr hauen.« Seine Knöchel knallen zweimal auf die Tischplatte, die Umsitzenden verabschieden ihn auf gleiche Weise.

Draußen ist er nicht mehr müde. Er öffnet die Seitentür des Laderaums und schwingt sich in die Dunkelheit. Dann wartet er. Wenig später hört er die Kneipentür klappen. Es wird Lars sein. Der geht um das Auto herum. Karl hört es plätschern.

Nach einer Weile brechen in der Kneipe auch Ralf und Angelika auf. »Ich lasse meine Tasche hier«, sagt sie zu ihrer Freundin. »Wir sind ja bald zurück. Oder?«

Ralf grinst wie ein Honigkuchenpferd. »Ich bin kein Schnellspritzer«, sagt er vieldeutig. Die Frauen brüllen los. »Na du erst …« prustet Martina und blickt ihren Rainer an. Der tut so, als habe er nichts gehört.

Als die beiden Arm in Arm über die Straße zum LKW wanken, schlägt die Kirchturmuhr in der Nähe elfmal. Ralf reißt die Fahrertür auf.

»Steig ein.«

Kichernd kriecht Angelika nach oben, Ralf greift mit beiden Händen ihr Gesäß und tut so, als schiebe er sie. Als sie endlich auf dem Fahrersitz hockt, fordert er, sie solle hinüberrutschen. Er müsse ja schließlich auch noch rein. Sie tut, wie ihr geheißen. In dem dunklen Fahrerhaus ist jedoch nichts zu erkennen, sie stößt gegen den Schaltknüppel und kichert dabei unablässig.

»Nun mach schon«, knurrt Ralf von draußen, »ich friere mir noch mein bestes Stück ab«. Die Anzüglichkeit provoziert eine Lachsalve, Angelika kriegt sich kaum noch ein. »Dein bestes Stück«, brüllt sie, »ein Eiszapfen …«

24

Der W 50 vom VEB Handelstransport, den Lars P. steuerte

»Jaja, nun mach' schon«, wiederholt Ralf und schwingt sich hinauf, als sie endlich auf dem Beifahrersitz hockt.

In diesem Moment tritt auch Lars aus dem Schatten. »Mach' dich rüber«, fordert er im Einsteigen. Ralf rutscht gehorsam auf Angelikas Seite hinüber. Ehe sich diese versieht, ist der Motor auch schon gestartet, der LKW macht einen Sprung nach vorn und rast los. Das ist alles eine Spur zu heftig, so daß ihr etwas schwant.

»Jungs, das war nicht ausgemacht«, sagt sie mit schwerer Zunge. »Ich ficke nur mit einem, nicht mit zwein.«

»Halt die Klappe«, brüllt Lars am Lenkrad. »Ob mit einem oder mit zwein, was macht das fürn Unterschied, du Nutte.«

Mit einem Schlag ist Angelika stocknüchtern. Ihre Hand tastet suchend an der Tür. Wo nur, verflucht noch mal, ist der Griff? Sie will raus, weg hier, das wird ihr zu brenzlig. Doch warum ist hier kein Griff, wieso kann man die Tür nicht öffnen?

Ralf beginnt sie inzwischen zu betatschen. Seine kalte Hand

gleitet ihr unter den Pullover. Sie stößt sie weg. »Laß das, du Sau«, schreit sie auf. Und zum Fahrer gewandt: »Halte sofort an und laß mich raus. Sofort!«

Lars starrt unbeeindruckt nach vorn und gibt Gas. Draußen fliegen die Laternen vorbei, es geht zur Stadt hinaus. Die Angst wächst. »Ihr Schweine«, kreischt die junge Frau mit sich überschlagender Stimme, »ihr Dreckskerle!«

Sie schlägt um sich. Der Kerl scheint Hunderte Arme zu haben, er grabscht überall hin.

Fahrersitz von Lars P. im W 50. Die Pfeile an der Tür auf der Beifahrerseite weisen auf den Türgriff, der abmontiert worden war

»Zick' hier nicht rum«, versucht Ralf sie zu beruhigen, »du willst es doch auch«. Mit eisenharter Hand fährt er ihr in den Schritt. Je mehr sich Angelika wehrt, desto erregter wird er.

Sie strampelt mit den Beinen und versucht ihm mit dem Knie in die Hoden zu treten.

»Hör auf, du Mistkerl«, wütet sie, und als sie sich ihrer Ohnmacht bewußt wird, beginnt sie zu wimmern. Das ermutigt Ralf, er glaubt, nun wäre sie soweit. Er nestelt bereits an seiner Hose. Da bäumt sich Angelika erneut auf. Sie schreit lauthals »Hilfe, Hilfe!«, doch wer soll sie hören auf dieser unbewohnten Ausfallstraße in einem rumpelnden LKW?

Lars brüllt genervt: »Stopf der Kuh das Maul, sie geht mir langsam auf die Nerven.«

Ralf preßt der Zeternden die Hand vor den Mund. Sie beißt hinein. Er schreit vor Schmerz auf. »Du blöde Votze«, brüllt er und schlägt mit der Faust zu. »Das machste nich noch mal!« Er reißt an ihrem Pullover. »Ich mach' dich fertig, du Sau. Erst machst du mich an, und dann kommste mir blöde, wa? So nich, du Votze, so nich.« Er reißt an ihren Sachen, knetet die Brüste, daß Angelika vor Schmerz aufschreit.

»Hilfe, Hilfe!«

»Stopf ihr endlich die Fresse, das Gekreische geht mir auf den Sack«, brüllt Lars genervt. Mit überhöhter Geschwindigkeit fliegt der LKW durch die Kurve. Lars weiß nicht, wohin er will, nur raus aus der Stadt. Und dann? Darauf verschwendet er augenblicklich keinen Gedanken. Und auch bei Ralf scheint die Luft raus zu sein. Wirr hängen ihm die Haare ins Gesicht, er umklammert die wütende, sich wehrende Frau. »Stopf ihr die Schnauze!«

Lars nimmt das Bein vom Gas, hinter der Kurve ist die Eisenbahnunterführung. Da muß er langsam fahren.

Angelika spürt, wie sich der Griff um ihren Oberkörper lockert. Sie reißt die Beine nach oben und stößt sie gegen die Windschutzscheibe. Das Glas bricht sofort und wird nur durch den Gummi in seiner Form gehalten.

Jetzt rastet Lars aus. Er stoppt das Fahrzeug. Dann langt er

Beifahrerseite im W 50, auf der Angelika M. ermordet werden sollte

mit seiner Faust hinüber. Er trifft die junge Frau auf der Nase. Sofort schießt Blut hervor.

»Stich sie ab!«, fordert er Ralf auf. »Mach sie alle.«

»Bist du bescheuert?«

»Mensch, begreifst du nicht: Die Nutte bringt uns doch alle in den Knast. Vergewaltigung, Nötigung, unerlaubte Fahrzeugbenutzung ... Weißt du, was da zusammenkommt, wenn die uns anzeigt? Ich gehe nicht in den Knast, ich nicht. Schon gar nicht wegen einer solchen Votze. Stich sie endlich ab!«

Lars greift in seine Hosentasche. Im fahlen Licht ist die

Klinge zu erkennen. Ralf greift nach dem Messer. Wie im Trance sticht er zu. Angelikas dicke Winterjacke hält einiges ab. Die fahrig gestoßene Klinge dringt nicht durch.

Der LKW setzt sich wieder in Bewegung. Angelikas Geheul wird vom Brummen des Motors übertönt. Wieder und wieder sticht Ralf in die Jacke. Er ist nicht mehr bei sich. Er fühlt sich hundeelend. Was macht er da?

Lars stoppt kurz. Das Licht der Scheinwerfer fällt auf einen Weg, der von der Straße abgeht. Er lenkt das Fahrzeug von der Asphaltpiste. Der W 50 rumpelt nun über Betonplatten.

»Wo willst du hin?«, erkundigt sich Ralf.

»Hier sind zwei abgesoffene Steinbrüche.«

»Was willst du da?

»Bist du völlig meschugge? Die Nutte natürlich versenken. Oder willst du sie unter dein Sofa schieben?«

Nach wenigen Minuten erreichen sie die Wasserlöcher. Lars bremst. Die Scheinwerfer verlöschen. Er zieht den Zündschlüssel aus dem Schloß und springt wortlos hinaus.

Ralf kurbelt die Scheibe hinunter, langt nach außen und öffnet die Tür. Er schiebt die wimmernde Frau wie einen Sack beiseite und gleitet nach unten. Lars hat bereits die Ladetür geöffnet. Karl klettert heraus.

»Du bist wie ein Henker gefahren, du Idiot«, giftet er Lars an. Der grient. »Wir haben auch den Teufel an Bord.« Und dann, nach einer Weile, erkundigt er sich: »Wer will als erster?«

»Was?« Ralf weiß nicht, was er meint.

»Na, die Mutti stoßen. Schließlich soll der Ausflug nicht ganz umsonst gewesen sein.«

Karl winkt ab. »Nee, nicht mit mir. Ich wollte ja gleich nicht mitkommen.«

»Bist du aber.« Lars entrüstet sich. »Jetzt ist es zu spät. Da kannst du dir einen kleinen Fick durchaus genehmigen, nich.«

Der blasse Karl schüttelt den Kopf. »Tut mir leid, Jungs. Da mache ich nicht mit.«

»Und du?«

Ralf lehnt wie geistesabwesend am LKW und sagt nichts.

Verächtlich spuckt Lars auf den Boden. »Pfeifen.« Dann klettert er ins Fahrerhaus.

Sie hören einige Laute und Geräusche, doch bald schon ist Lars wieder da.

»Das wird nichts mehr mit der«, erklärt er lakonisch. »Die steht unter Schock. Da kann ich mir gleich selbst einen runterholen, das ist aufregender.« Er feixt gequält, doch die anderen bleiben stumm.

»Und nun?«

»Wie ich schon sagte: die muß weg!«

Karl ist entgeistert. »Du kannst die doch nicht umbringen? Wir sprechen mit ihr, daß sie die Klappe halten und uns nicht verpfeifen soll. Ralf, sag du doch was.«

Lars keckert verächtlich.

Ralf nickt. »Ich glaube, Lars hat recht. Die muß weg.«

»Karl, du stehst Schmiere«, befiehlt Lars. »Du paßt auf, ob jemand den Weg hinunterkommt. Den Rest besorgen wir.« Und an Ralf gewandt, weist er an: »Du sprichst mit ihr, lenkst sie ab.«

Ralf nickt und wankt zum Fahrerhaus. Angelika hockt zusammengesunken und reglos auf dem Beifahrersitz. Sie steht sichtlich unter Schock. »Alles wird gut«, sagt er. »Das mit der Scheibe klären wir. Mach dir keine Sorgen.« Mit ruhiger Stimme redet Ralf auf sie ein, greift sogar ihre Hand und streichelt sie sanft. »Bleibe ganz ruhig, wir fahren gleich zurück.«

Langsam dreht die junge Frau den Kopf zu ihm. Noch immer sickert Blut aus der Nase. Sie nickt leicht. Es scheint, als habe sie die Worte verstanden. Ja, sagt sie schließlich mit gedehnter Stimme, sie werde die Scheibe bezahlen. Aber jetzt wolle sie nach Hause, bitte.

Ralf lächelt.

Ein Keilriemen fliegt ihr von hinten über den Kopf, Lars zieht vom Fahrersitz kräftig zu. Angelika gelingt es dennoch, die linke Hand zwischen Hals und Schlinge zu schieben und von der rechten zwei Finger. Sie röchelt, strampelt mit den Beinen, ringt nach Luft. Lars zieht und zieht, auch Ralf legt nun

Der »Thermokoffer« von hinten

Hand an. Nach einer Weile regt sie sich nicht mehr, die Frau liegt still und stumm. Im fahlen Mondlicht scheint ihr Kopf jetzt größer, er ist auch ein wenig dunkler als vorher.

Lars läßt den Keilriemen los. »Ist sie tot?«

Ralf legt das Ohr an den Mund und brüllt wütend auf. »Hol mir einen Stein, die lebt noch. Los, mach schon!«

Wenig später reicht ihm Karl eine große Klamotte ins Fahrerhaus. Zweimal donnert Ralf den Feldstein auf den Schädel der Bewußtlosen. Blut spritzt.

»Die Polster ... Die versaut mir das ganze Fahrerhaus. Schmeiß sie raus!« Lars ist wütend.

Die Frau fällt aus etwa einem Meter Höhe dumpf zu Boden. Gekrümmt und reglos bleibt sie liegen. Karl tritt hinzu. Stumm blickt er auf das leblose Etwas.

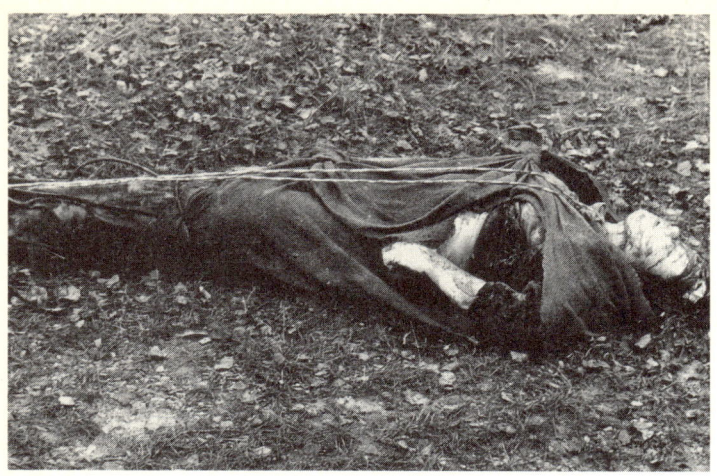

Der Leichnam von Angelika M.: in eine Decke verschnürt

Lars reicht ihm den Stein. »Jetzt bist du dran!«

Karl schüttelt sich.

»Du blöder Trottel, du Feigling.«

Ralf sitzt auf dem Beifahrersitz und versucht das Blut von seiner Hose zu reiben. Karl wendet sich ab und kotzt.

»Weichei«, sagt Lars verächtlich, langt nach seinem Messer, das auf dem Boden der Fahrerkabine liegt. Er kniet nieder und rammt die Klinge in den Rücken der Frau. Diese stöhnt auf. Sie ist noch immer nicht tot. Er dreht Angelika M. auf den Rücken, langt nach dem Stein, mit dem schon Ralf auf sie eingeschlagen hatte, und läßt ihn aus Brusthöhe auf ihr Gesicht fallen. Dumpf schlägt er auf. Wieder spritzt Blut. Ralf, der vom Beifahrersitz alles beobachtet hat, gleitet zu Boden. Er kann das nicht mit ansehen, obgleich er doch selbst gerade zugeschlagen hatte. Ihm ist speiübel. Er will der Sache ein Ende machen und läßt nun ebenfalls den Stein auf den Schädel stürzen. Dann treibt ihn der Brechreiz hinter das Fahrzeug. Dort hockt er sich auf die Einstiegsleiter zum Laderaum. Wo ist Karl? Lars ist nicht zu bremsen. Wie eine Maschine läßt er wieder und wieder den Feldstein auf das Gesicht der Frau fallen.

Das ist kein Gesicht mehr, sondern ein Klumpen aus Fleisch, Blut und Knochen. Süßlicher Geruch steigt in die Nase. Schließlich kommt er nach hinten, öffnet die Tür und zerrt eine Decke von der Ladefläche. Er blafft Ralf an. »Mensch, beweg deinen Arsch. Muß ich denn alles allein machen?«

Ralf trottet ihm hinterher. Plötzlich ist auch Karl wieder da. Er steht mit hängenden Schultern neben dem …, ja was? Ein Leichnam? Ist sie wirklich tot, diese Frau, die vor wenigen Minuten noch schrie und zappelte und wild um sich schlug?

Lars breitet die Decke. »Los, anfassen!« kommandiert er.

Gemeinsam ziehen sie Angelika M. hinüber.

Lars schlägt die Enden zusammen. »Hol mal Schnur«, fordert er Karl auf. Der geht gehorsam nach hinten und kommt mit einem Stück Seil, mit dem früher mal die Plane festgezurrt worden war. »Und du suchst ein paar Steine, die wir mit einwickeln.«

Überlegt und konzentriert schnürt er alles zusammen. Leiche und Steine. Die Decke ist zu kurz. Füße und Schädel schauen heraus. Egal. Nachdem der letzte Knoten gesetzt ist, weist er mit einem kurzen Kopfnicken jedem die Stelle, an der er die Rolle anfassen soll. So tragen sie zu dritt die Erschlagene bis zum Rand der Grube. Eins, zwei, drei, kommandiert Lars. Dann klatscht die Leiche aufs Wasser. Ein kurzes Blubbern. Und schon herrscht wieder gespenstische Stille.

Inzwischen hat es zu regnen begonnen. Feiner Novemberregen fällt aufs Land. Lars klatscht in die Hände, als spende er sich Applaus. »So, Männer, jetzt schaffen wir noch Ordnung im Fahrerhaus, und dann geht es ab nach Hause.«

Tatsächlich, der pfeift. Als habe man soeben keinen Menschen getötet, sondern irgendetwas Angenehmes getan, spitzt der die Lippen und pfeift einen Schlager. Eiskalt und abgebrüht.

Ralf ist inzwischen nur noch sauer, weil ihm die blöde Nutte mit ihrem Blut die Jeans versaut hat. Die Flecken wird er wohl nicht ausgewaschen kriegen. Er reibt, doch das hilft wenig.

In diesem Steinbruchsee wurde das Menschenbündel versenkt

Nach einer halben Stunde ist alles erledigt. Die Reste der zerbrochenen Scheiben sind entfernt, das Polster abgerieben, der Türgriff installiert.

Karl weigert sich, vorn Platz zu nehmen. Er will wieder hinten auf der Ladefläche hocken.

Schweigend geht es zurück in die Stadt. Jeder hängt seinen Gedanken nach. Morgen, so gehen sie schließlich auseinander, wird man sich bei Lars treffen, um über das Weitere zu reden.

Alibi

Am Morgen meldet Lars sich im Werkslager. Steinschlag, sagt er nur kurz. Der Kollege fragt, ob das etwa seine Scheibe gewesen sei, die er auf dem Weg zur Arbeit gesehen habe, da hinten an der Brücke. Lars nickt. »Irgendein Idiot hat eine Klamotte von oben fallen lassen.«

»Haste das der Polizei gemeldet?«

Lars winkt ab. »Hat man nur Scherereien. Gib mir die Scheiben und gut. Ich bau sie selber in der Werkstatt ein.«

»Was, gleich zwei?«

»Naja, die linke und die rechte. Sind doch beide im Arsch.«

Der Lagerverwalter verschwindet nach hinten und kommt mit zwei Scheiben zurück. Er drückt sie Lars in die Hand und trägt sie in die Partiekarte ein. Jedes Ersatzteil hat eine Karte. So weiß er, wieviel von jedem Teil er noch am Lager hat. Denn das ist die Crux der DDR: In allen Betrieben sind die Bestände der Ersatzteile zu hoch, egal, ob nun für den Fuhrpark oder die Maschinen. Mit dieser Reserve schützt man sich für den Ernstfall. Denn wenn man ein bestimmtes Ersatzteil benötigt, gibt es das auf dem üblichen Wege garantiert nicht. Also besorgt man es sich, wenn man es kriegt – und nicht, wenn es braucht. So sitzt denn fast jeder Betrieb auf einem Ersatzteillager und sorgt damit objektiv für den Mangel. Denn was Werk X dutzendfach gebunkert hat, sucht Werk Y dringend. Aber Y weiß nicht, daß es bei X in großer Zahl eingelagert ist …

Mit den Scheiben zieht er zur Werkstatt übern Hof. Er hat dort bereits den W50 abgestellt. Mit einem fröhlichen »Hallo« tritt er in die Halle.

»Kannst mir mal bitte die beiden Frontscheiben einbauen.«

»Was, beide?« Der Kfz-Schlosser schaut ungläubig. »Wie haste das hingekriegt?«

Lars erzählt wieder die Nummer vom Stein und der Brücke. Auch der Schlosser hat wenig Zeit und fragt nicht groß nach, auch wenn es ihm reichlich ungewöhnlich scheint. Jedenfalls ist ihm das noch nie passiert, daß beide Scheiben gleichzeitig zu Bruch gingen. Dann war das ganze Fahrerhaus im Eimer. Aber durch Glasschaden und sonst nichts. Naja, egal. »Mittag bin ich fertig«, sagt er. »Komm' pünktlich, ich brauch den Platz auf dem Hof.«

Am Abend klingeln Karl und Ralf, wie verabredet, an der Wohnungstür von Lars' Eltern. Die sind dienstlich unterwegs. Lars hat sturmfrei. Er läßt Bier in der Kanne aus der Kneipe im Erdgeschoß heraufbringen.

»Gab's was bei euch?«

Die beiden schütteln den Kopf.

»So, wir müssen uns mal verständigen, wie das gestern

abgelaufen ist.« Zu dritt versuchen sie den Abend in der Kneipe zu rekonstruieren. Wer hat sie gesehen, wer kennt sie. Das ist wichtig, falls die Polizei nach dem Verschwinden von Angelika M. Nachforschungen anstellen sollte.

Lars und Karl sind Kunden in der Kneipe, Karl war zudem mit Angelika M. bekannt. Ralf war zum ersten Mal dort. Also könnten sie ihn als großen Unbekannten ausgeben, der mit der Frau das Lokal verlassen habe. Man habe zwar zusammen an einem Tisch gesessen, auch miteinander gesprochen, aber den Namen, nein, den Namen hat er nicht genannt.

Feierlich versprechen sich die drei in die Hand, im Falle einer Befragung durch die VP nur das zu erzählen, ansonsten bei den Bullen wie auch überhaupt die Sache zu vergessen und zu verschweigen.

»Und was ist, wenn die nicht untergegangen ist?« Karl sät Zweifel.

»Quatsch«, knurrt Lars. »Die Olle liegt tief bei den Fischen.«

»Und wenn nicht? Ich fürchte, daß beim Aufprall aufs Wasser das Bündel geplatzt ist. Das gab so ein merkwürdiges Geräusch. Habt ihr das nicht gehört?«

Ralf macht eine wegwerfende Handbewegung. »Nun spinn' mal nicht rum. Ich hab's Klatschen gehört und gluckgluck … Aber wenn es dich beruhigt, können wir ja mal vorbeischauen.«

Er langt nach dem Bierkrug und schenkt sich nach.

Das ist offenkundig die einzige Sorge, die die drei haben. Sie verschwenden weder einen Gedanken an die Frau, die sie erschlugen, noch an deren zweijähriges Kind. Keine Empfindung, nichts. Die Schreie von Angelika M., ihr Flehen und Wimmern – kein Gedanke, nicht einmal der Anflug von Scham oder Schuld. Jetzt geht es nur darum, für den – aus ihrer Sicht unwahrscheinlichen – Fall, daß man sie mit dem Verschwinden dieser Frau in Verbindung gebracht werden könnte, eine gemeinsame Ausrede zu haben.

Nein, einmal noch wird die Tat angesprochen, als Ralf

belustigt einwirft, daß man es ja als Generalprobe nehmen könne, denn schließlich habe man ja dem Beifahrer von Lars die Lichter auspusten wollen. Darum sei es ursprünglich gegangen.

»Naja«, wirft Lars ein, »dann hättest du mit der Alten nicht rummachen dürfen …«

»Komm', du wolltest doch auch deinen Spaß.«

»Aber doch nicht so.« Er macht eine Pause und wechselt das Thema. »Der X fährt demnächst mit seinem Laster nach Norwegen. Wir müssen vorher mit ihm besprechen, was er mitbringen soll.«

Ralf kommt aus der Küche mit einer Flasche Braunen.

»Na denn: Prost auf die nächsten Geschäfte, Jungs.« Von der Platte kratzt »Lucy in the sky with diamonds«.

Vermißt

Am Donnerstag, dem 27. November 1980, stapft Herbert M. zum Volkspolizei-Kreisamt. Er hat seit Dienstag seine Tochter nicht mehr gesehen.

Sie wohnen im selben Hause. Er mit seiner zweiten Frau, denn seine erste, die Mutter von Angelika, starb, als ihre Tochter drei Jahre alt war. Er heiratet wieder, als sie zur Schule kam. Die Stiefmutter wurde angenommen. Die Verkäuferin ist aber augenblicklich zur Kur im Erzgebirge. So sperrt Herbert M. am Mittwochmorgen wie gewohnt, wenn er mit frischen Schrippen von der Nachtschicht kommt, die Wohnungstür bei Angelika auf.

Im Flur ist es dunkel. Doch es ist keineswegs still in der Wohnung. Aus dem Schlafzimmer dringt Kindergreinen. Er schaltet das Licht an. Die Enkelin steht in ihrem Bettchen und heult Rotz und Blasen. Das Bett der Mutter jedoch ist unberührt. Herbert M. ist ungehalten. Sie hat ihm nicht gesagt, daß sie auswärts nächtigen werde. Er arbeitet in einem großen Industriebetrieb, da ist Verläßlichkeit das A und O. Ihm ist das in Fleisch und Blut übergegangen, seiner Tocher offenkundig nicht. Der wird er vielleicht was erzählen, wenn sie wiederkommt, schwört er sich. Läßt das Kind allein zu Hause und treibt sich mit irgendeinem Kerl herum!

Er redet beruhigend auf Kathrin ein. Sie braucht geraume Zeit, ehe sie verstummt.

Dann wäscht er sie, zieht sie an, schließlich frühstücken sie gemeinsam. »So, und jetzt gehen wir in die Krippe.« Unterdessen wandern seine Blicke durch die Wohnung. Er sucht einen Zettel, eine Nachricht. Doch er findet dergleichen nicht.

Und dabei hatte Angelika ihm mehr als einmal versprochen, daß sie vorher Bescheid geben werde, wenn sie mal über Nacht wegbliebe. Das hat ein Nachspiel, schwört er sich. So billig käme sie ihm diesmal nicht davon.

Er mummelt seine Enkelin ein, denn es war über Nacht verdammt kalt geworden. Er spürte es auf dem Nachhauswege empfindlich. Der Winter kündigt sich dieses Jahr sehr früh an, dachte er. Der wird wieder lange für Gestank sorgen, wenn Tausende Görlitzer Schornsteine ihre Braunkohlewolken in den Himmel bliesen.

Von der Krippe machte sich Herbert M. auf den Weg in die Fleischfabrik. Dort arbeitet seine Tochter derzeit als Küchenhilfe. Zwar ist er ziemlich müde nach der Schicht, und lieber würde er sich aufs Ohr legen, als durch die Gegend zu laufen, aber die Leviten möchte er seiner Tochter schon noch lesen.

»Kann ich mal bitte Angelika M., meine Tochter, sprechen«, bittet er nach einem kurzen Gruß den Küchenleiter. Der mustert ihn mit sichtlicher Überraschung.

»Wie? Ist sie nicht krank?«

Nun ist es an Herbert M., irritiert zu sein. »Wollen Sie damit sagen, daß sie nicht zur Arbeit erschienen ist?«

»Eben das. Ich dachte, sie sei krank. Aber wenn Sie nach ihr fragen, vermute ich, daß sie weder krank noch daheim ist: Sonst wären Sie gewiß nicht hier.«

Der kräftige Herr M. wirkt sichtlich verwirrt. »Das verstehe ich nicht ... Sie war die Nacht nicht zu Hause. Ich habe ihre Tochter .. Das hat sie doch noch nie gemacht.«

Gut, sagt der Küchenleiter, der wie alle hier Angelikas Lebensart kennen, er werde ihr den Fehltag als Haushaltstag anrechnen. Doch wenn sie morgen nicht zum Dienst erscheine, müsse er eine Meldung machen. »Hier darf niemand unentschuldigt fehlen«, sagt er. »Schon gar nicht, wenn man Angelika M. heißt. Und auch Ihnen rate ich, spätestens morgen zur Polizei zu gehen, wenn sie noch immer nicht aufgekeuzt sein sollte. Aber«, er legt dem besorgten Vater die Hand auf die Schulter und nimmt etwas Schärfe aus seiner Rede, »sie wird schon kommen. Da bin ich mir ganz sicher.«

Herbert M. geht nach Hause. Er legt sich in der Wohnung der Tochter auf eine Liege, um da zu sein, wenn sie käme. Vorsichtshalber stellt er jedoch den Wecker, denn notfalls muß er seine Enkelin am späten Nachmittag auch wieder aus der Krippe abholen. Er sinkt sofort in tiefen Schlaf, der erst 15.30 Uhr endet. Lautes Klingeln reißt ihn aus Morpheus Armen. Es ist dunkel im Zimmer. M. drückt auf die Taste. Der Wecker gibt Ruhe.

Er muß eilen, um nicht allzu spät zu kommen.

Die Erzieherin gibt sich verwundert, ihn erneut zu sehen. Eigentlich hat sie Kathrins Mutter erwartet. Der Opa gibt eine ausweichende Antwort. Er weiß, daß man auf seine Tochter auch hier ein prüfendes Auge wirft. Bei Auffälligkeiten tritt sofort das Jugendamt auf den Plan. Das muß nicht sein. M. zieht seine Enkelin an und murmelt einen Abschiedsgruß, dann ist er aus dem Haus und läßt den unangenehmen Geruch von Wofacutan hinter sich. Das Desinfektionsmittel dringt aus jeder Ritze der Krippe. Es tötet nicht nur Keime, sondern auch die Geruchsnerven. Er verstaut Kathrin im Kinderwagen, scherzt und brabbelt mit ihr. Sie fragt nach Mama, und der Opa sagt: »Jaja. Wir müssen schnell noch etwas zum Abendbrot einkaufen.«

Als sie an einer Telefonzelle vorbeikommen, sagt er, er müsse mal telefonieren, wobei er über sich in der dritten Person redet: »Opa muß einen Onkel anrufen. Keine Angst.« Er stellt das Bein in die Tür, damit ihn seine Enkelin aus dem

Wagen sehen kann und er sie auch. Dann kramt er die Nummer aus seiner Brieftasche. Am anderen Ende meldet sich eine Männerstimme, als der Hörer angenommen wird.

»Heinz, hier ist Herbert. Ich habe ein Problem.«

Heinz ist der zuständige Meister im Betrieb und seit Jahren sein Freund. An jedem Wochenende, wenn ihr Fußballverein spielt, sind sie zusammen auf dem Platz. Man hat keine Geheimnisse voreinander.

»Angelika ...«

»Gibt es Ärger?«

»Ja, wie man's nimmt«, fängt Herbert M. an und erzählt, was er weiß. »Ich würde, wenn sie morgen noch immer nicht da ist, zur Polizei gehen.«

»Hm«, sagt Heinz, »die wird schon kommen. Aber sicher ist sicher. Aber deshalb rufst du doch nicht an.«

»Ja, schon. Ich komme heute nicht zur Schicht, muß auf die Kleine aufpassen.«

»Geht in Ordnung. Genug Überstunden hast du ja. Ich kläre das und verteile die Arbeit um. Aber melde dich, wenn es was Neues gibt.«

»Mache ich. Tschüß.«

Das wäre geklärt. Er hängt erleichtert den Hörer in die Gabel, tritt hinter den Kinderwagen und schiebt los. »Na, haben wir Angst gehabt?«

Kathrin liegt mit rosigen Wangen und geschlossenen Augenlidern auf dem Kopfkissen.

Erst als er sie im Hausflur aus dem Wagen hebt, wird sie wieder wach und fängt sofort an zu weinen.

Nachdem sie gegessen haben und er die Enkelin ins Bettchen gebracht hat, macht er den Fernseher an. Er ist so aufgewühlt, daß er noch lange wach liegt. Nur das Ticken der Uhr ist zu hören. Ansonsten herrscht eine merkwürdige Stille in der kleinen Wohnung. Ahnungen durchziehen seine Wachträume. Er ist nunmehr entschlossen, morgen, wenn er Kathrin in der Krippe abgegeben hat, zum Volkspolizei-Kreisamt zu gehen und eine Vermißtenmeldung aufzugeben. Er spürt, daß irgendetwas nicht stimmt. Nicht nur Mütter, auch Väter haben machmal einen siebten Sinn, wenn es um die eigenen Kinder geht.

So marschiert er denn an diesem Donnerstagmorgen die lange Straße mit dem leichten Anstieg hinauf zum VPKA in der Bahnhofsstraße. Er drückt auf die Klingel an der Pforte. Die Tür öffnet sich, und ein Polizist hinterm Tresen fragt nach seinem Begehr. Er wolle zum Kollegen oder Genossen Kroll, sagt Herbert M., weil er meint, sich an diesen Namen erinnern zu können. Der solle, hat ihm mal ein Kollege erzählt, für Vermißtenanzeigen zuständig sein.

»Ausweis«, sagt der Uniformierte kurz und läßt sich die Personalpapiere zeigen. »Sie werden abgeholt. Warten Sie bitte.«

Er telefoniert hinter seiner Glasscheibe. Dann kommt einer in Zivil.

»Kollege Kroll …?«

Nein, sagt der, er wäre nur derjenige, der ihn zum Kriminaldauerdienst bringen solle. Dort erwarte ihn der Genosse Kroll, sagt der junge Mann gleichermaßen freundlich wie bestimmend, daß es hier keine Kollegen, sondern nur Genossen gäbe.

Kroll stellt sich als Oberleutnant der K vor und hört sich geduldig an, was ihm Herbert M. mit leicht erregter Stimme vorträgt. Er hört nur zu, macht sich keine Notizen, nur ab und an runzelt er die Stirn und stellt eine Zwischenfrage. Die ganze Zeit fixiert er sein Gegenüber durch die Brille. Er hat hier schon manche Schauergeschichte gehört, Dramen, die sich Wohlgefallen auflösten und Leichen, die wieder laufen konnten, weil sie nie tot waren und dergleichen mehr. Auch in der tiefsten Provinz leben Wichtigtuer und Spinner, nicht nur in den Metropolen. Kroll hat inzwischen ein sicheres Gespür für Fakten und Fiktion.

Das hier scheint ernst zu sein.

Er zieht das Schubfach auf und holt den Vordruck hervor. »So, dann wollen wir mal die Vermißtenanzeige aufnehmen«, sagt Kroll und spannt das Blatt in die Schreibmaschine. »Name, Vorname...« Nach dem Biographischen kommt der Charakter

Die vermißte 22jährige Angelika M.

und der Lebenswandel. Auch wenn es schmerzt: Herbert M. berichtet ausführlich, er läßt nichts weg, und er beschönigt nichts. Sie wäre ein wenig sorglos im Umgang mit den Männern, aber nicht im Umgang mit der Tochter. Denn, und das wiederholt er einige Male: Seine Tochter sei eine gute Mutter, noch nie habe sie ihr Kind unbeaufsichtigt gelassen.

Dieser Satz wird in den folgenden Monaten eine Schlüssel-rolle bekommen. Denn er bezeugt, als die Ermittlungen auf der Stelle treten und mancher bereits meint, hier habe sich eine Überforderte nur ihren Mutterpflichten entzogen, daß genau dies nicht der Fall gewesen sein kann. Wenn eine Mutter ihr Kind liebt, läßt sie es nicht einfach zurück.

Nachdem das Papier unterzeichnet und in die Maschinerie eingespeist ist, verabschiedet er sich von Kroll. »Wir melden uns, sobald wir was wissen, und Sie bei uns«, sagt der Ober-leutnant und fügt der Floskel noch die Aussage an: »Wenn sich Ihre Tochter nicht in den nächsten Tagen melden sollte, kom-men ich vorbei und schaue mir ihre Wohnung an.« Er macht eine Pause. »Naja, Sie wissen schon: Hinweise, Fotos und der-gleichen. Aber vielleicht kommt es ja nicht dazu, daß wir Ihre Tochter suchen müssen.«

Kroll drückt Herbert M. die Hand. Er weiß, daß er nicht mehr als Vertrauen anbieten kann.

Die Ermittlungen beginnen

Die Woche beginnt winterlich weiß. Pünktlich zum 1. Dezem-ber, dem ersten Tag des kalendarischen Winters, hat es geschneit. Die Verkehrspolizei im VPKA hat reichlich zu tun. Blechschäden sind zu begutachten, die Anzeigen von Ord-nungswidrigkeiten des Wochenendes sind zu bearbeiten und die des vom Kriminal-Dauerdienst aufgenommenen ebenfalls.

Im Büro des Leiters Kriminalpolizei versammeln sich die Kommissariatsleiter zur morgendlichen Lagebesprechung. Zu Wochenbeginn ist diese immer länger als sonst, denn es kom-men nicht nur die Straftaten und Anzeigen vom Wochenende zur Sprache. Es werden auch die anstehenden Aufgaben ver-teilt und abgestimmt. Neben mehreren Einbruchsdelikten – in dieser Jahreszeit zumeist in Gartenlauben – gibt es auch Körperverletzungen nach Disko-Besuchen am Wochenende und einen Diebstahl sozialistischen Eigentums, wie es heißt: Unbekannte entwendeten aus einem Warenlager mehrere Trabant-Autoreifen. Die sind absolute Mangelware, nicht nur in Görlitz. Von den Tätern fehlt jede Spur. Die Vorgehensweise zur Täterfeststellung wird vom Leiter der Kriminalpolizei festgelegt und das betreffende Kommissariat mit der Aufgabe betraut.

Zum Schluß kommt noch Oberleutnant Kroll zu Wort. Er gibt Bericht über eine Vermißtenanzeige. Ein Anruf des Vaters von Angelika M. unmittelbar vor der Sitzung hat bestätigt, daß sich auch übers Wochenende nichts getan hat: Seine Tochter ist nicht nach Hause zurückgekehrt, es gibt auch kein Lebenszeichen von ihr.

Nunmehr wird daraus ein kriminalistischer Vorgang.

In kurzen Sätzen berichtet Kroll über die Anzeigenaufnahme und über die Schilderungen des Vaters. Kroll berichtet wahrheitsgemäß und detailliert. Ja, doch, einige nicken in der Runde. So groß ist Görlitz nun auch wieder nicht. Einige »Freunde«, die die Lebensbahn der Vermißten kreuzten, sind hier einschlägig bekannt. Sie sind im Wortsinne keine unbeschriebenen Blätter bei der Polizei.

Angelika M. selbst ist nie straffällig geworden und auch nicht als »asozial« registriert. Trotzdem sind die meisten überzeugt, daß sie mit einem Mann unterwegs sei.

Kroll widerspricht entschieden diesem Vorurteil. »Eine Mutter, die an ihrem Kind hängt, läßt es nicht tagelang allein. ›Liebe‹ mag vielleicht blind machen, nicht aber mütterliche Gefühle ausschalten.«

»Gut«, wirft der Leiter ein. »Was ist mit dem Kind? Müssen wir das Amt für Jugendhilfe einschalten?«

Kroll schüttelt den Kopf. »Der Vater der Vermißten und dessen Frau nehmen die Kleine zu sich. Es muß nicht ins Heim.«

Zumindest das wäre geklärt, denkt jeder am Tisch. Denn was ein Heim bedeutet, ahnt jeder. Bei Kleinkindern ist das ein erhebliches Problem. Keine Einrichtung dieser Art vermag Mutterliebe und Familienwärme zu ersetzen.

Kroll erhält von seinem Vorgesetzten Order, alles Erforderliche einzuleiten. Mitte der Woche soll er Bericht erstatten. Für ihn ist das nichts Neues. Routiniert arbeitet er den üblichen Katalog ab. Er hat die Anzeige des Vaters und den Bericht des ABV, nun muß er den Papiere für die Fahndung ausstellen. Dazu braucht er neben dem Foto der Vermißten eine genaue Personenbeschreibung. Dies kann nur der Vater liefern. Und bei der Gelegenheit kann Kroll auch gleich die Wohnung von Angekika M. inspizieren. Auch wenn Herbert M. nichts Auffälliges gefunden haben will, ein Kriminalist sieht anders hin. Oft fanden sich auf diese Weise Hinweise auf einen möglichen Aufenthaltsort oder dergleichen. Sodann kontaktiert Kroll telefonisch erneut den zuständigen Abschnittsbevollmächtigten. Er kennt sich im betreffenden Revier am besten aus. Irgend jemand wird die junge Frau an Dienstagabend, als sie verschwand, gewiß gesehen haben. Niemand verschwindet, ohne dabei bemerkt worden zu sein.

Bei Vermißtenanzeigen gibt es immer mehrere Optionen. Entweder taucht die vermißte Personen irgendwann selbst wieder auf, oder sie bleibt für immer verschwunden. Und im zweiten Fall gibt es dann zwei Möglichkeiten: Suizid oder Mord. Eine Selbsttötung schließt Kroll völlig aus. Dagegen sprechen zu viele Faktoren. Und da die Frist verstrichen ist, in der vermißte Personen sich gewöhnlich zurückmelden, bleibt nach allen Regeln der Logik nur die letzte Variante … Kroll beginnt zu schwanen, daß er einen keineswegs einfachen Fall auf dem Tisch hat.

Das Büro des Abschnittsbevollmächtigten befindet sich in einer kleinen Parterre-Wohnung in einem ruhigen Wohnviertel nahe dem Zentrum der Stadt. Es gibt kaum Geschäfte, es ist auch keine Durchgangsschneise für Menschen, die zum Bahnhof eilen. Es quietschen keine Straßenbahnen und Busse. Die Menschen, die dort wohnen, leben seit Jahren an dieser Adresse, und manche bereits seit Generationen. Man kennt sich und grüßt über die Straße.

Der ABV ist ein kräftiger, bulliger Typ, der allein durch seine Figur Respekt erzwingt. Wenn das Gesetz übertreten wird, ist nicht gut Kirschen mit ihm essen. Unnachgiebig beendet er jede laute Feier und mitternächtliche Disko, wofür er von den meisten Teenagern gehaßt und von deren Eltern gelobt wird. Seinem strengen Blick entgeht nichts: Er ist in des Wortes ursprünglicher Bedeutung ein Ordnungshüter.

Ja, natürlich kennt er Angelika M. wie auch ihren Vater. Ab und zu geht man auch zum Fußball, man ist per Du. »Das Mädel«, damit meint er die Vermißte, sei zwar ein richtiger Herumtreiber, Herbert habe es nicht einfach ihr, aber im Prinzip habe er das immer geregelt bekommen. Der ABV hat, wie er es in solchen Fällen zu halten pflegt, bereits alle dienstlichen Schritte unternommen: Eintrag ins Hausbuch, Befragung im Haus und in der Nachbarschaft, Keller und Böden abgegangen und dergleichen. Er hat nichts Verwertbares gefunden.

Nun wird er sich mal in der Umgebung umtun. Kroll bittet um Nachricht. Dann legt er auf.

Auf der Straße sind vorwiegend Rentner unterwegs, die anderen sind »auf Arbeit«. Hier und da wird vor den Häusern Schnee geschippt. Entgegen der sonst üblichen Praxis gibt es keinen Plausch, der ABV ist im Dienst. Das heißt: Geschwätzt wird auch, wenn er im Dienst ist, das ist ja Teil des Dienstes und nennt sich Bürgernähe. Doch heute hat er eine drängendere dienstliche Verpflichtung. Herbert M. öffnet die Wohnungstür. Er hat sich frei genommen. Sobald Elsbeth zurück ist, wird er Doppelschichten fahren, um die Fehlstunden abzuarbeiten. Das ist mit dem Meister so besprochen, man hat dort Verständnis dafür, daß er sich um seine Enkelin kümmern muß.

Auf viele Fragen des ABV muß er die Antwort schuldig bleiben. »Wo war Angelika nach der Arbeit? War jemand zu Besuch bei ihr? Wohin ist sie am Abend gegangen?« Er hat sie schon von Kroll gehört und konnte auch im VPKA darauf nur mit der Schulter zucken.

»Dann sag mir wenigstens die Namen und eventuell die Adressen ihrer Bekannten und«, er macht eine auffällige Pause, »Freunde. Zumindest jene, die du kennst.«

Das Blatt Papier füllt sich nach und nach, die Liste ist beachtlich. Manchen Mann kennt der ABV. Es sind sogar einige dabei, die derzeit einsitzen. Die müssen nicht gefragt werden. Die wichtigsten Namen gehören zu jenen, mit den Angelika M. am häufigsten »um die Häuser zog«, wie man hier sagt. Eine Frau ist darunter, mit der sie oft in der Kneipe saß, und drei Männer aus dem Viertel. Die wird der ABV als erstes aufsuchen. Und eben jene beiden Kneipen, die die Vermißte am häufigsten aufsuchte.

»Die kannst du vergessen«, sagt Herbert M., da sei er bereits selbst gewesen. »Die eine hat zu, macht Betriebsferien, und bei der anderen haben sie in den letzten Tagen das Personal gewechselt. Von den Neuen kennt niemand meine Tochter von Angesicht.«

»Naja«, meint der ABV, »da werde ich trotzdem mal nacharbeiten.«

Es klingelt. Die beiden schauen sich an. Ist das vielleicht Angelika? Herbert M. stürzt zur Tür. Doch es ist nur Kroll von der K.

Nein, er wolle nicht reinkommen, sondern sich gleich die Wohnung von Angelika ansehen, sagt er, und als er den ABV in der Küche hinter der Kaffeetasse sitzen sieht, sagt er: »Kannst gleich mitkommen.«

Weder Kroll noch der ABV finden etwas Verwertbares in der aufgeräumten, durchaus ordentlichen Wohnung. Schon bald sind sie durch. Kroll hat es sichtlich eilig.

»Soll ich die Wohnung versiegeln?«, erkundigt sich der ABV, als sie auf den Flur treten.

»Wieso?«, fragt Herbert M. verwirrt.

Kroll schüttelt tadelnd den Kopf. »Das ist kein Tatort. Und außerdem muß ja wohl auch das Kind an seine Spielsachen. – Ich brauche aber noch ein Foto Ihrer Tochter. Haben Sie eins?

»Ja, natürlich. Wir müssen mal ins Familienalbum schauen. Ich habe es oben.«

Es gibt einige Bilder, älteren und jüngeren Datums, mal mit Brille, mal ohne Brille. »Eigentlich mußte sie immer Brille

tragen«, erklärt der Vater. »Aber die Eitelkeit ...« Wenn sie auf
Tour ging, habe sie sie jedenfalls meist zu Hause gelassen.

»Ich nehme trotzdem ein Bild mit Brille für die Fahndung«,
sagt Kroll. »Sie kriegen es wieder.«

»Mir wäre es wichtiger, meine Tochter wiederzubekom-
men.«

Kroll nickt stumm. Das weiß er. Aber er kann nicht versprechen woran er selbst nicht glaubt. »Ich muß dann mal.«
Er verabschiedet sich zu seinem nächsten Fall: plötzlicher
Kindstod. Auch so etwas landet auf dem Tisch der Krimial-
polizei.

Der ABV stiefelt ihm hinterher. Er will »Zum Cottbuser
Eck«. In der Eckkneipe treffen sich Arbeiter aus den umlie-
genden Betrieben zum abendlichen Bier. Für den Hunger hat
der Wirt Bockwurst oder Schnitzel parat. Frische ist garantiert:
Die Fleischfabrik liegt schräg gegenüber. Der Kneiper hat die
Öffnungszeiten auf seine Stammkundschaft abgestellt. Er
macht 16 Uhr auf, Schichtende ist in den Betrieben gegen
16.30 Uhr. Danach trudeln die ersten Kunden ein. Aber was
heißt Kunden. Man ist Familie, teilt Prämie und Leid miteinander. Jeder kennt jeden, niemand hat Geheimnisse voreinander. 23 Uhr ist Zapfenstreich.

Als der ABV an der Kneipentür rüttelt, ist diese noch versperrt, es ist ja auch erst Mittag. Er sucht den Hintereingang,
stolpert in einen finsteren Flur und stößt gegen ein Faß. Na
warte, sagt er zu sich selbst, das gibt Ärger. Der Flugweg muß
beleuchtet sein. Mit der Faust wummert er gegen die Tür vom
Schankraum. Er hört nach einer Weile Schritte, ein Schlüssel
dreht sich im Schloß.

Als die Tür sich öffnet, blickt er in ein erschrockenes
Gesicht, das er nicht kennt.

»Was machen Sie hier?« herrscht er sie an.

»Sauber. Ich bin die Putzfrau.«

Der ABV strafft sich. »Wo ist der Chef? Was ist das für eine
Schlamperei im Flur? Kein Licht, und dann wird er auch noch
unerlaubt als Lagerraum genutzt!«

48

Er schiebt die verdatterte Reinigungskraft beiseite und drängt in die Kneipe, ohne eine Antwort erhalten zu haben. Da ist niemand.

»Haben Sie eine Telefonnummer vom Chef.«

Die Frau nickt.

»Dann rufen Sie ihn an, und sagen Sie, er soll sofort herkommen. Sonst kriegt er Ärger.«

Nach einer Viertelstunde erscheint der Wirt. Er ist außer Atem und sichtlich irritiert. »Was ist los«, ruft er, »sind die schon wieder bei mir eingebrochen?«

Der ABV winkt ab. »Hock dich hin. Es geht um was anderes.« Er schiebt ihm einen Stuhl zu. »War bei dir am Dienstag Angelika M.? Und wenn ja: mit wem?«

Der Wirt atmet erleichtert auf, eine harmlose Sache also, die nichts mit ihm zu tun hat. Oder doch? Oder kommen die wegen Lars, von dem er ab und zu mal »schwarz« kauft?

»Naja, bei mir verkehren so'ne und solche, ich verlange nicht von jedem ein polizeiliches Führungszeugnis …« beginnt er ausweichend. Es schwingt ein serviler Unterton darin mit.

»Laß stecken«, reagiert der ABV unwirsch. Er wolle nicht wissen, wer alles bei ihm Bier trinke, sondern ob am Dienstag diese Frau hier gewesen sei. »Die kennst du doch. Oder?«

Natürlich kennt er sie. Sie kommt zuweilen vorbei, meist mit Freundin. Oft bringt sie auch schon einen Kerl mit, doch in der Regel schleppt sie einen ab. Nein, eine Professionelle sei sie nicht, beeilt er sich zu versichern, aber kein Kind von Traurigkeit, wenn er verstehe, was damit gemeint sei.

Der ABV macht eine wegwerfende Handbewegung. Er wolle nur wissen, ob sie am Dienstagabend auch hier war.

Er habe sich am Mittwoch mit Halsschmerzen ins Bett gelegt, da habe seine Frau am Zapfhahn gestanden.

Langsam wird der ABV ungehalten. »Mich interessieren nicht deine Mandeln, sondern das Mädel.«

Der Wirt tut so, als ob er überlegen müßte. Dann aber scheint er sich zu erinnern. Ja, sie war da, sagt er.

»Allein?«

Das »Cottbuser Eck«, 1981

»Nee, sie kam mit einen befreundeten Pärchen.«

»Und, ist sie mit denen auch gegangen.«

Daran könne er sich nun wirklich nicht mehr erinnern, entgegnet er.

»War sie betrunken?«

»Nein, angeheitert. Mehr nicht. Als ich den Likör vom Nachbartisch serviert habe …«

»Wer hatte den bestellt?« Der ABV ist hellwach und spielt jetzt den Kriminalisten. »Da hat ihr jemand Likör spendiert. Nur ihr? Und woher kam der?«

Am Nachbartisch hätten drei Männer gesessen, der dritte wäre ihm fremd gewesen, entgegnet der Wirt »Der war noch nie hier. Aber die kannten sich.«

»Und die anderen zwei? Wie hießen die?« Der ABV insistiert und wartet mit gezücktem Stift auf die Namen.

»Das waren der Karl und der Lars.«

»Wie weiter?«

Der Wirt zuckt mit der Schulter. Den Familiennamen wisse er nicht. Lars könne eventuell so oder so geheißen haben. Er stammelt ein paar Namen. Und den von Karl habe er noch nie gehört.

»Und sonst?«

Der Kneiper nennt ein Dutzend weiterer Namen von Gästen, die nach seiner Erinnerung am Dienstag hier waren. Er zeichnet ins Notizbuch vom ABV sogar deren vermeintliche Sitzposition ein. Der Polizist ist erfreut ob dieser Unterstützung. Ob's nützt, wird man noch sehen.

Während die beiden noch diskutieren, tritt die Putzfrau hinzu. Sie dreht unsicher eine Handtasche in ihren Händen. Der ABV wendet den Kopf.

»Ist was?«

Die Frau reicht ihm die Tasche, sie wirkt verlegen. »Die habe ich am Mittwochmorgen gefunden. Sie hing an einem Stuhl … Ich dachte, die wird schon jemand vermissen. Es hat sich aber bisher keiner gemeldet.«

Der ABV schwankt, ob er die Frau tadeln oder loben soll. Kann ja sein, daß sie sich die Tasche unter den Nagel reißen wollte. Andererseits ist das vielleicht eine heiße Spur insofern, als damit feststünde – sofern es sich um die Tasche der Vermißten handelt –, daß sie von hier verschwunden ist. Er entschließt sich, die Aufmerksamkeit der Bürgerin zu rühmen und ihr zu danken.

Er greift nach der Handtasche und öffnet sie. Papiere, Schlüssel, Kamm, ein Portemonnaie. Langsam zieht er den blauen Ausweis heraus.

Es ist der von Angelika.

Nun hat es der ABV sehr eilig. Er muß den Fund sofort zur K bringen. »Halten Sie sich zur Verfügung«, ruft er beim Hinausgehen. Das klingt wie eine Drohung.

Kroll klopft dem ABV anerkennend auf die Schulter. »Toll, Genosse«, sagte er auch, als er die Liste mit den Namen sieht, die ihm der Polizist reicht. »Das ist doch schon mal was. Die werden wir jetzt alle befragen. Und die Hausschlüssel …«, er schweigt betroffen. Der ABV weiß auch, was das bedeutet.

Auf dem Schreibtisch von Kroll häufen sich bald schon Papiere. Er geht inzwischen von einem Verbrechen aus. Doch so lange er für diesen Verdacht keinen Beweis und keine Belege hat, bleibt es bei einem »Vermißtenvorgang«.

Am Mittwochnachmittag erscheinen nacheinander die Personen, die er »zwecks Klärung eines Sachverhalts« ins Volkspolizei-Kreisamt einbestellt hat. Die Vorladungen hat er noch am Montag, unmittelbar nachdem ihm der ABV die Gästeliste überreicht hatte, in die Post gegeben.

Als erstes erscheinen Martina N. und deren Freund Rainer W., sie melden sich pünktlich 15 Uhr. Diese Vorladung besorgte der ABV, sie sind Krolls wichtigste Zeugen. Da ging er auf Nummer Sicher.

Die Vernehmungen erfolgen einzeln und nacheinander. So hat Kroll die Gewißheit, daß sich die beiden nicht verständigen können oder, was viel wichtiger ist, daß die Aussagen – unabhängig voneinander gemacht – übereinstimmen. Dadurch sind sie eben glaubwürdig und überzeugend.

Martina N. ist gut gebaut, hat ein hübsches, ebenmäßiges Gesicht, in dem blaue Augen wie Seen versenkt sind. Auf die Schultern fallen lange, blonde Haare. Kroll ist beeindruckt und zugleich überrascht: Eigentlich ist sie doch der Typ, der Männer anmacht – und weniger ihre vermißte Freundin, die wohl eher Durchschnitt ist oder war.

Oberleutnant Kroll kommt gleich zur Sache. Es liege eine Vermißtenanzeige vor, sagt er. Seit Mittwoch werde Angelika M. vermißt, sie sei deren beste Freundin, wie man hört.

Die 22jährige Martina N. spielt ihre Reaktion nicht: Sie ist tatsächlich erschrocken.

Zunächst aber müsse er die Personalien fürs Protokoll aufnehmen, erklärt Kroll und spannt einen Bogen mit mehreren Durchschlägen in die Maschine. Und er fragt die Felder seines Formulars ab: Name, Alter, Beruf, Familienstand, das übliche eben.

Sie sei im Babyjahr, sagt sie, ab nächsten Monat gehe sie wieder als Verkäuferin arbeiten. Sie lebe mit ihrem einjährigen Kind bei Rainer W., ihrem Lebenspartner. Der sei Dreher im VEB X.

»Seit kennen Sie Angelika M.?«

»Seit der Schulzeit. Also schon ewig.«

»Und mit ihr sind Sie auch immer auf Kneipentour gegangen?«

Martina N. senkt den Blick zu Boden. »Früher. Seit ich mit Rainer zusammen bin und das Kind habe, nicht mehr.«

»Aber Sie waren doch am Dienstagabend im ›Cottbuser Eck‹?«

»Das stimmt. Ab und an sind wir zu dritt dorthin gegangen. Das ist ja wohl nicht verboten. Oder?« In ihrer Stimme schwingt ein wenig Trotz mit.

»Nein, natürlich nicht.« Kroll reagiert gelassen. »Gab es einen besonderen Grund am Dienstag?«

Martina N. schüttelt den Kopf. »Sie hat uns eingeladen. Einfach so. Darum war ich ja auch so sauer, daß wir bezahlen mußten.« Sie habe damit gerechnet, daß sie sich am Mittwoch entschuldigt und, wie verabredet, ihr das Geld zurückgeben würde. Doch auch am nächsten und übernächsten Tag habe sie sich nicht gemeldet. Inzwischen wisse sie, warum.

»Warum?«

Sie zieht die Schulter hoch. »Sie wird vermißt, heißt es. Ihr Vater habe eine Anzeige aufgegeben. Und deshalb bin ich ja wohl auch vorgeladen worden.«

Kroll nickt. »Genau.« Dann schweigt er.

»Haben Sie zusammen das Lokal verlassen.«

»Nein.«

»Sind Sie eher gegangen als Ihre Freundin?«

»Nein.«

»Das heißt, Sie blieben noch, als Angelika M. ging?

»Ja.«

Langsam wird Kroll ungehalten. »Lassen Sie sich doch nicht jedes Wort wie einen Wurm aus der Nase ziehen«, zürnt er. »Erzählen Sie, was passiert und mit wem ihre Freundin abgeschwirrt ist.«

Die Zeugin bläst ihre hübschen Wangen auf. »Was gibt es da schon groß zu erzählen«, sagt sie gedehnt. Es scheint wirklich nicht viel an jenem Abend geschehen zu sein, daß sie so tief in ihrer Erinnerung gründeln muß.

»Naja, am Nebentisch saßen der Lars und der Karl und noch einer. Aber den kannte ich nicht. War ein irrer Typ.« Sie schweigt diesem Satz hinterher.

Kroll ahnt was. »Der hat Ihnen gefallen?«

Martina N. fühlt sich ertappt. »Eigentlich schon. Er hat auch versucht, mich anzubaggern. Aber weil Rainer neben mir saß, hat er es bald sein lassen.«

»Und den haben Sie vorher noch nie gesehn?«

Sie schüttelt heftig den Kopf, daß die langen Haare wie ein Vorhang wehen. »Never.«

»Wie bitte?«

»Ich sagte: Ich habe den noch niemals vorher gesehen, Herr Oberleutnant.«

Kroll wechselt wieder zu den beiden anderen Tischnachbarn. »Die kannten Sie? Diesen«, er blättert in seinen Notizen, »Lars und diesen Karl?«

»Ja. Lars ist Kraftfahrer, soviel ich weiß.«

»Mehr wissen Sie nicht?«

Was solle sie wissen? Der sei einfach nicht ihr Typ gewesen, entgegnet sie.

»Warum nicht?«

»Hat das was mit dem Verschwinden von Angelika zu tun?«

»Das weiß ich nicht. Vielleicht.« Kroll läßt es, hier zu insistieren und kommt auf den Unbekannten in der Dreierrunde zurück. »Können Sie ihn beschreiben?«

Martina N. macht ein paar Angaben, die erstaunlich konkret wirken. Kroll sagt, das müsse sie anschließend noch einmal dem Kriminaltechniker erzählen, der macht daraus ein sogenanntes subjektives Porträt. »Moment mal.« Er wählt eine Nummer und hört, daß der Mann im Einsatz und heute nicht mehr verfügbar sei. Kroll legt verärgert auf. »Der Kollege ist nicht da. Da werden Sie wohl noch einmal kommen müssen. – Und mit diesem Unbekannten hat Ihre Freundin das Lokal verlassen.«

»Ja, ich glaube.«

»Wieso glauben Sie das?«

»Das war doch irgendwie unübersichtlich«, sagt sie. »Erst war Lars eine Weile weg. Dann kam er wieder, dann stand Karl auf und verabschiedete sich, aber auch die beiden anderen gingen zugleich. Und irgendwie war in diesem Gewusel auch Angelika … Plötzlich waren sie jedenfalls alle weg. Was weiß ich, wer da mit wem gegangen ist.«

»Und Sie?«

»Wir haben noch ein, zwei Bier getrunken und sind dann auch gegangen, als sie nicht mehr zurückkam und wir auf der Zeche sitzenblieben. Na, den Rest kennen Sie ja.«

Kroll zieht das Protokoll aus der Schreibmaschine, die Walze ratscht. Er entfernt das Blaupapier, und schiebt die Papiere über den Tisch. Obenauf packt er den Kugelschreiber. »Bitte unterschreiben Sie. Jede Seite einzeln.«

»Wo?«

Der Oberleutnant tippt unten rechts auf den Rand. »Da. Mit Vor- und Zunamen.«

Nachdem jedes Blatt abgezeichnet ist, schiebt Martina N. das Protokoll mit dem Kuli zurück. »Kann ich dann gehen?«

»Ja. Und schicken Sie Ihren Lebensgefährten rein«, sagt Kroll und quetscht ein kurzes »Bitte« an den Satz. Bei der Polizei pflegt man Höflichkeitsfloskeln einzusparen.

Rainer W. bestätigt in allem die Aussagen seiner Freundin. Auch er schildert, daß Angelika Kontakt zu dem unbekannten dritten Mann am Nachbartisch gesucht habe. Das alles wäre ihm aber höchst unangenehm gewesen.

»Wissen Sie, diese Angelika ist kein guter Umgang für Martina. Wenn sie nicht so alte Freundinnen wären, hätte ich schon längst die Verbindung beendet.« Ja, wirft Kroll genervt ein, das mag ja alles zutreffen. Ihn beschäftige jedoch weniger

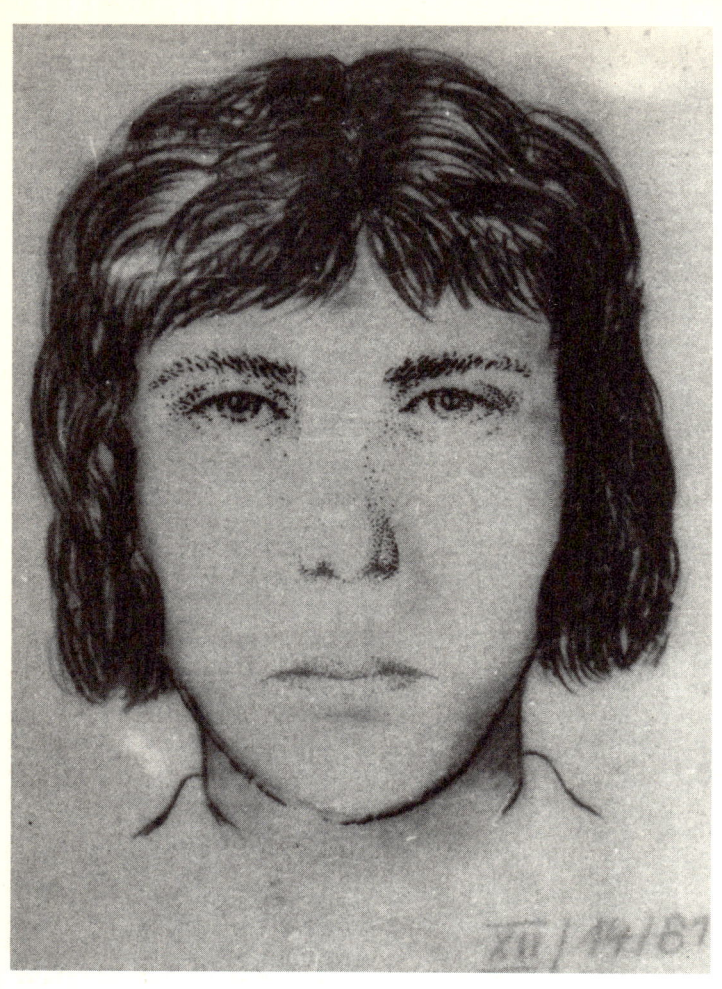

Das Subjektive Porträt des dritten Mannes ...

das Verhältnis der beiden Frauen und deren Umgang, sondern das Verschwinden von Angelika M. Vor dem Gesetz seien alle Staatsbürger gleich, die Braven und die Frommen ebenso wie die, nun ja, nicht ganz so Braven und nicht ganz so Frommen. »Der Polizei steht es nicht an, moralische Urteile zu fällen,

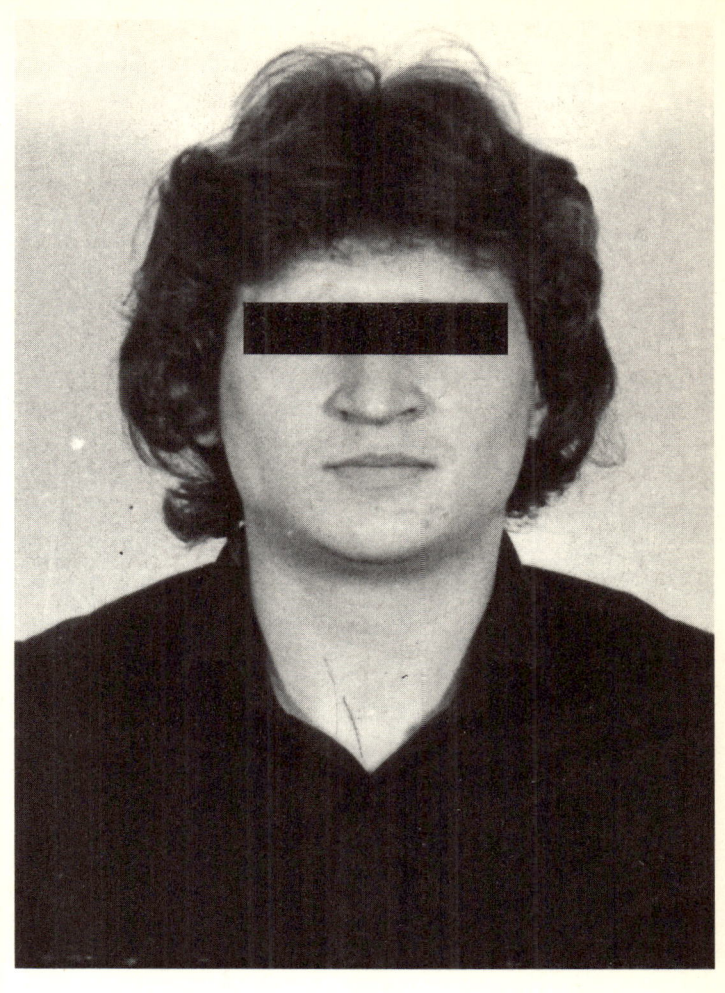

... und die Vorlage nach der Verhaftung, Ralf St.

sondern Fakten festzustellen und diese zu interpretieren. Also: Mit wem ist Angelika M. am Dienstag aus dem Lokal gegangen?«

Rainer W. reagiert gelassen auf die Gardinenpredigt. »Ich glaube, es war einer von diesen dreien.«

»Welcher?«

Er liefert eine vage Beschreibung des Mannes. Kroll kann damit wenig anfangen. »War das Karl?«

Er schnüttelt den Kopf. »Auch nicht Lars.«

»Woher kennen Sie die?«

»Ich kenne die doch nicht«, wehrt Rainer W. entrüstet ab. Die Namen habe er von seiner Freundin. Aber die hatte den dritten auch noch nie gesehen. »Sagt sie.«

»Glauben Sie ihr nicht?«

»Doch. Ich wollte damit nur andeuten, daß ich mit ihr über den Dienstagabend und die Tischnachbarn gesprochen habe. Wir haben uns bereits die Hirne zermartert, seit wir davon wissen, daß Angelika vermißt wird. Sie war vielleicht ein Hallodri, aber im Kern kein schlechter Mensch. Und das Kind …«

»Ist Ihnen sonst etwas aufgefallen?« Kroll will wieder zum Thema zurückkommen. »Irgendetwas Merkwürdiges, Ungewöhnliches? Sie wissen doch: Mitunter sind scheinbar unbedeutende Details von großer Wichtigkeit.«

»Nee, nicht daß ich wüßte. Allenfalls dieser LKW … Aber das hat bestimmt nichts zur Sache zu tun.«

Kroll fragt nach. »Was für ein LKW?«

»Dieser W 50, ein Koffer. Er stand noch nicht vor der Kneipe, als wir kamen.« Er macht eine wegwerfende Handbewegung. »Ach, Unsinn.«

»Ob das Unsinn ist, entscheidet die Polizei«, sagt Kroll und lacht innerlich über diesen ungewollten Witz, dessen Komik sein Gegenüber gottlob nicht bemerkt.

»Ich konnte von meinem Platz auf die Straße sehen. Die war leer. Später stand dort dieses Fahrzeug. Und als Martina und ich nach Hause gingen, war er weg. Nachts fahren in der Regel keine LKW, nicht?«

»Nein, eigentlich nicht«, sagt Kroll. »Hatte der Koffer eine Aufschrift, war irgendeine Adresse oder Firmenzeichen zu lesen?

»Es war Nacht. Da sind nicht nur alle Katzen, sondern auch alle Koffer grau.«

Kroll nickt. Dennoch haben seine Aussagen viel geholfen, sagt er und läßt W. das Protokoll unterzeichnen. »Vielen Dank und auf Wiedersehn.«

Die beiden nächsten Zeugen, die er auf dem Zettel zu stehen hat, sind Lars P. und Karl D..

Den ersten kennt er. Gegen den hat er vor drei Monaten wegen schwerer Körperverletzung als Kriminalist vom Dienst ermitteln müssen. Sein freches und provozierendes Auftreten ist ihm noch in lebhafter Erinnerung. Dieser Typ von Straftäter ist ihm gleichermaßen verhaßt wie vertraut, seit einigen Jahren nimmt ihre Zahl stetig zu. Sie tun so, als wäre ihnen egal, wie die Staatsmacht sie behandelt, was es ihnen auch ist: Sie wähnen sich bereits auf dem Absprung und hoffen, auf diese Weise rascher in den Westen zu kommen.

Bei diesem Fall gab es auch einen zweiten Täter. Hieß der nicht auch so: Karl D.?

Ein Anruf bei der Kollegin, die das Kriminaltagebuch führt, bestätigt die Vemutung.

Am nächsten Tag schon finden die beiden ihre Vorladungen zur Kriminalpolizei im Briefkasten. Am Abend trabt Lars zu Karl. Auch der hat, wie er jetzt erfährt, einen solchen Schrieb erhalten. »Wieso sind die so schnell auf uns gekommen?«, fragt Karl besorgt.

»Die Freundin der Votze hat die Schnauze nicht gehalten«, wütet Lars, dem sichtlich die Galle überschäumt. »Die werden sie befragt haben, und sie hat gesungen wie eine Nachtigall. Die kennt uns beide doch.«

»Aber Ralf kann sie nicht kennen.«

»Nee, und wir werden ihn auch nicht kennen. Du kennst ihn nicht, und ich habe ihn am Dienstag auch zum ersten Mal in der Kneipe gesehen. Zufällig.«

»Gut, und wenn sie uns fragen, worüber wir den ganzen Abend miteinander geredet haben, wenn wir uns zuvor noch nie getroffen haben? Was sagen wir dann?« Karl will genau die Legende festlegen, die sie morgen unabhängig voneinander bei der Polizei zum besten geben wollen. Die Bullen müssen ja

nicht wissen, daß sie sich eben jetzt verständigen, weil sie ja
auch nicht wissen können, daß jeder von ihnen eine Vorladung
bekommen hat. Denn der »Sachverhalt«, der geklärt werden
soll, ist ja nicht benannt. Es könnte ja etwas ganz anderes sein.

»Wir haben über Autos und Frauen gequatscht, was denn
sonst.« Lars P. legt sich aufs Einfachste fest, was Männerabende
und -phantasien befügelt. »Und Fußball.«

»Und wenn sie fragen, wann wir gegangen sind?«

»Wir beide haben nach zehn zusammen das Lokal verlassen. Wir mußten am Mittwoch früh raus wegen der Arbeit.
Und was danach geschah: Wir wissen es nicht …«

An jenem Donnerstag ist Martina N. zum zweiten Male im
VPKA. Der Kriminaltechniker hat Zeit und fertigt nach ihren
Angaben jenes Subjektive Porträt, das die Fahnung nach dem
unbekannten Dritten unterstützen soll. Schon nach kurzer
Zeit steht die Zeichnung, und Martina N. gibt sich begeistert.
Augen-, Nasen- und Mundpartie und die Frisur sind perfekt.
»Ja, das ist er!«, sagt sie am Ende begeistert.

Nun muß man nur noch die zum Porträt passende Person
finden. Doch damit ist nicht bewiesen, daß sie etwas mit dem
Verschwinden von Angelika M. zu tun haben könnte.

Inzwischen kehrt auch die Stiefmutter der Vermißten von
der Kur zurück. Die Verkäuferin in der Modeabteilung des
Konsum-Kaufhauses erscheint sofort mit ihrem Mann in der
Dienststelle, so wie es Kroll gewünscht hatte. Doch auch sie
vermag nicht mehr zu berichten als Herbert M., gleichwohl
erfüllt sie Sorge um das Schicksal der Tochter. Und daß sie
nunmehr in deren Mutterrolle schlüpfen muß. Das beim Refe-
rat Jugendhilfe beantragte Sorgerecht ist vorläufig erteilt, die
Großeltern dürfen die Enkelin behalten. Das ist einerseits gut,
aber andererseits eine völlige Umstellung des eigenen Lebens.

Während der Besprechung beim Leiter Kriminalpolizei
muß Kroll einräumen, daß es keine neuen Erkenntnisse in der
Vermißtensache gebe. Er repetiert die eingeleiteten Maßnahmen und die Zeugenvernehmungen. Auch das subjektive Porträt kommt auf den Tisch. Die anwesenden Kommissariatslei-

ter nehmen sich eine Kopie mit. Auf den ersten Blick erkennt keiner von ihnen den porträtierten Mann. Aber nicht auszuschließen, daß dieser oder jener Mitarbeiter damit etwas anfangen kann.

Doch Kroll spürt die unverändert kritische Grundhaltung seiner Kollegen. Für sie ist ein Flittchen mit ihrem Lover durchgebrannt. Da müsse man nicht die ganze Maschinerie der VP anwerfen: Irgendwann würde sie schon wieder auftauchen.

Der Leiter bestimmt zwar, daß die Zeugenvernehmungen und Befragungen durch ABV und Revier fortgesetzt und Zentrale Kräfte der Schutzpolizei (ZSK), bekannt als Streifenwagen, eingewiesen werden. Doch mit der Information der Öffentlichkeit werde man noch warten. Erst wenn in der nächsten Woche die Vermißte nicht auftauchen sollte, würden die Maßnahmen intensiviert werden. Erst dann.

Gegen 17 Uhr erscheint der vorgeladene Bürger Lars P. im VPKA. Selbstbewußt schiebt er seinen Personalausweis dem Diensthabenden in der Wache zu. Er möge warten, wird ihm bedeutet, man werde ihn gleich abholen.

Kroll kommt selbst. Er begrüßt den Zeugen P. und bittet ihn in sein Dienstzimmer. Der lümmelt sich gleich auf den ihm angebotenen Stuhl.

»Hören Sie zu«, sagt Kroll, »ich kenne Ihre Akte. Sie müssen hier weder wahnsinnig gelangweilt noch beleidigt tun. Ich weiß, wer Sie sind, wir hatten schon mal das zweifelhafte Vergnügen miteinander. Sie müssen mir nichts vorspielen … Ich behandle Sie korrekt, und so sollten auch Sie sich benehmen.«

»Was soll ich überhaupt hier«, mault der Jeansträger. »Warum muß ich erscheinen?« Er geht mit keiner Silbe auf Krolls Vorhaltung ein.

»Sie waren am 25. November im ›Cottbuser Eck‹?«

»Wenn Sie es schon wissen, warum fragen Sie dann noch?«

Kroll gibt sich stoisch. »Sie waren am vergangenen Dienstag im ›Cottbuser Eck‹. Mit wem?«

»Da waren Dutzende.«

»Mich interessieren nur die Leute an Ihrem Tisch.«

P. tut so, als überlegte er. Nach einer Weile sagt er: »Karl D.«

»Und wer noch?«

»Na Karl, sagte ich doch.«

»Da war noch einer.«

»Wo?«

»An Ihrem Tisch, Herr P., und hören Sie endlich auf, mich für dumm zu verkaufen. Sie haben zu dritt an einem Tisch gesessen.«

»Ist das verboten?«

»Wer war das?« Auch Kroll kann sich taub stellen.

»Kenne ich nicht.«

»Hören Sie: Wir wissen, daß Sie in dieser Runde mehrere Stunden zusammengesessen, geredet und getrunken haben. Es sah nicht so aus, als hätte Sie sich bis dahin noch nie gesehen.«

»Gesehen hatten wir uns schon mal, klar. Aber wir kennen uns nicht.«

»Nicht mal den Vornamen?«

»Nicht mal den.«

Kroll läßt sich wenig beeindrucken. »Wie haben Sie sich angeredet, wenn Sie nicht mal den Vornamen kennen? Halten Sie mich etwa für bescheuert?«

Lars P. grinst. Das ist Antwort genug.

»Wo haben Sie ihn denn ›schon mal gesehen‹?« Kroll kommt ihm nun von dieser Seite.

»Kraftfahrer«, sagt Zeuge P., »ich glaube, der ist Kraftfahrer. Da sieht man sich zuweilen auf der Straße oder so.«

»Und der hat sich gleich an Ihren Tisch gesetzt.«

»Klar, war ja auch alles voll. Hat sich einfach zu uns gesetzt, sein Schnitzel mit Salat bestellt und uns zu einer Runde eingeladen. So hat sich das enwickelt. Mal schmiß er eine Runde, mal ich, mal Karl. War ein ganz netter Abend.«

»Und worüber haben Sie geredet, wenn Sie mal nicht bestellt oder getrunken haben?« Kroll läßt sich nun auf das Spielchen ein. Er versucht ihn zu locken.

62

»Na was schon: über Autos und über Weiber. Was denn sonst!«

»Und welche Autos.«

»Nicht über Ihren VP-Wartburg. Über richtige Autos: BMW, Audi, Porsche …«

»Soso, und daran hat sich auch der unbekannte Kraftfahrer-Kollege beteiligt.«

»Hm.«

»Sprach er Hochdeutsch? Hat er gesächselt?«

»Könnte sein, daß er etwas berlinert hat.«

»Könnte sein, oder hat er?« Kroll will ihn jetzt nageln.

»Ich denke, der kommt aus der Berliner Gegend.«

»Schön, ein Auswärtiger also. Und was hatte er mit dem Nachbartisch zu schaffen?«

»Was denn für einen Tisch?«

»An dem die beiden Frauen und der Mann saßen.«

»Ach die drei meinen Sie.« Lars P. spielt den Überraschten. »Die Weiber waren doch spitz wie sonst was. Die wollten doch beide …« Er schlägt mit der flachen Hand auf seine rechte Faust, in der er oben eine Öffnung läßt, und grinst übers ganze Gesicht.

»Sicher?«

»Na was denn sonst. Und unser unbekannter Kollege ist auch noch darauf angesprungen. Aber dann hat er sich irgend-wann vom Acker gemacht.«

»Allein.«

»Alleiner ging's nicht, Herr Kommissar.«

»Ich bin Oberleutnant der K«, korrigiert ihn Kroll.

»Macht ja nichts, Herr Kommissar. Ich bin auch bloß Kraftfahrer.«

»Gut«, sagt Kroll und schiebt seinem Gegenüber ein Blatt und einen Stift zu. »Jetzt zeichnen Sie mir doch mal bitte Ihren Tisch und den Nachbartisch, und schreiben Sie bitte an jeden Platz, wer dort gesessen hat.«

Lars P. ziert sich und verweist auf seine schlechten Noten im Zeichenunterricht. »Muß das sein?«

»Es muß. Außerdem erwarte ich kein Kunstwerk, sondern eine Skizze.«

Als er den Stift beiseite legt, zieht Kroll eine Zeichnung aus dem Schubfach. »War das der Unbekannte?«

Lars P. stutzt einen Augenblick und hat sich aber sofort wieder im Griff. Kroll spürte diesen Sekundenbruchteil des Erschreckens, er weiß, daß er ins Schwarze getroffen hat und kostet diesen Moment aus. Jetzt fragt er nicht mehr, jetzt behauptet er: »Das ist er doch!«

Doch der Zeuge schüttelt den Kopf. »Auf keinen Fall. Die Haare waren viel kürzer, die Nase war auch nicht so breit. Nee, so hat der nicht ausgesehen. Auf keinen Fall.«

»Was hat er denn angehabt?«

»Eine tolle Lederjacke. Natürlich nicht von hier.«

»Farbe?«

»Schwarz.«

»Und die Hosen?«

»Echte Wrangler.«

»Blau oder schwarz?«

»Keine Ahnung. Der saß ja die meiste Zeit.«

»Aber daß eß Wrangler waren, haben Sie erkannt, ja?«

»Das sieht man doch sofort.«

»Na klar«, antwortet Kroll lakonisch. »Ist Ihnen sonst noch etwas aufgefallen?«

»Nee, nicht das Geringste.«

»Gut«, sagt Kroll, »machen wir für heute Schluß. Ich setze nur noch das Protokoll auf, das Sie dann quittieren. Dann können Sie gehen. Sie halten sich aber zu unserer Verfügung.«

»Was heißt das?«

»Daß wir uns möglicherweise schon bald wiedersehn. Das heißt es«, sagt Kroll unbeeindruckt. Er spürt die Verunsicherung bei Lars P., das hat er jedenfalls erreicht. Der nimmt an, daß die Polizei mehr weiß, als er selbst preisgegeben hat.

Jetzt erst merkt Kroll, daß er die ganze Zeit verschwiegen hat, warum er Lars P. einbestellt hat.

»Es geht um Angelika M.«, sagt er beiläufig. »Sie wird vermißt.«

64

Nun mimt Lars P. den Empörten. »Was, nur weil ich zufällig in der selben Kneipe mit dieser Frau saß, werde ich hier wie ein Verbrecher behandelt! Wo leben wir denn ...« Er bricht mitten im Satz ab. Die Frage ist so aberwitzig wie seine theatralische Entrüstung. »Ich habe mit der Frau nie was zu tun gehabt. Das mag zwar schlimm sein, wenn einer verschwindet, aber ich habe damit nichts zu tun.«

Als Lars P. das Polizeigebäude verläßt, trifft er auf Karl D.

»Und, wie ist es gelaufen?«, erkundigt er sich.

»Die suchen den ›Großen Unbekannten«, der bei uns mit am Tisch gesessen hat. Ich habe denen erzählt, daß es ein Kraftfahrer aus der Berliner Gegend war, dessen Namen ich nicht kenne. Du kennst ihn natürlich auch nicht. Paß auf, die haben so ein ulkiges Phantombild. Da ist Ralf ziemlich genau getroffen. Ich habe dem Vernehmer gesagt, daß der ganz anders aussah: kürzere Haare und die Nase sei wesentlich schmaler gewesen als abgebildet. In die Kerbe mußt du auch hauen. Dann verändert sie ihr Bild. Tschüß, und verquatsch dich nicht!«

Karl D. wird nicht von Kroll und auch nicht in dessen Zimmer vernommen. Ein Kollege nimmt sich diesen Zeugen vor.

Dessen Bericht deckt sich zu großen Teilen mit dem, was Lars P. zu Protokoll gab. Die meisten Fakten stimmen überein. Ja, der kam nicht aus unserer Gegend. Klang eher wie ein Berliner. Doch es gibt erhebliche Abweichungen bei der Prosa. So verneint Karl D. die Frage, ob der Unbekannte Kraftfahrer gewesen ist. »Nein, das hätten wir mitgekriegt, dann hätten wir uns über sein Fahrzeug unterhalten.«

Man habe nur über Autos und Frauen gesprochen. Und der sei bei diesem Thema besonders scharf gewesen. Er hätte zum Beispiel sie gefragt, wo der Bahnhof von Görlitz sei und ob es da Weiber gebe, die man abschleppen könne. Sie hätten ihm aber davon abgeraten, weil man sich bei denen leicht was einfangen könne. Daraufhin habe er sich für die beiden Frauen am Nebentisch zu interessieren begonnen.

Ob er die Frauen gekannt habe, fragt der Kriminalist.

Ja, die eine, antwortet Karl D., aber nur flüchtig. Sie heiße wohl Angelika. Den Namen der anderen kenne er nicht. Die war zudem in Begleitung.

Wann er gegangen sei, will der Vernehmer wissen.

Das müsse nach zehn gewesen sei, antwortet der Zeuge D. vage. Er wäre mit Lars aufgebrochen, als klar war, daß der andere diese Angelika abschleppen würde.

Auf alle Fragen gibt es eine bereitwillige Auskunft. Der Zeuge zeigt sich kooperativ, wird der Kriminalist später seinen Kollegen mitteilen.

Schließlich präsentiert er das subjektive Porträt. Dabei mustert er sein Gegenüber. Karl D. verzieht keine Miene. Ungerührt erklärt er, daß er den noch nie gesehen habe und folglich auch nicht kenne. »Wer soll das sein?«

Der Kriminalist bleibt die Antwort schuldig und versenkt das Blatt wieder in seinem Schreibtisch.

Unterschrift unters Protokoll, dann wird Karl D. mit der Formel entlassen: »Halten Sie sich bitte weiter zu unserer Verfügung.«

Am nächsten Morgen sichtet Kroll aufmerksam alle Unterlagen. Wesentlich neue Erkenntnisse sind nicht hinzugekommen, weder vom Revier noch aus den Kommissariaten. Im ganzen Bezirk Dresden ist weder eine vermißte Person aufgegriffen noch eine Leiche gefunden worden, die als die von Angelika M. hätte identifiziert werden können. Ein Mensch löst sich doch nicht in Luft auf!

Der Leiter hat noch ein drittes Moment in die Überlegungen eingeführt: »Habt ihr schon an ungesetzliches Verlassen der DDR gedacht, Genossen? Vor der Tür liegt Polen, die CSSR ist nicht weit weg. Sie kann illegal über die Grüne Grenze gegangen sein. Oder: Sie hat sich in den Westen schleusen lassen. Auch möglich.«

Kroll hatte eingewendet: »Warum?« Für jeden Schritt gibt es ein Motiv, einen Grund. Einen politischen oder wirtschaftlichen oder auch einen seelischen. Insbesondere für eine Flucht in den Westen. Einen solchen Grund vermag er in diesem Fall nicht zu erkennen.

Warum, warum, wiederholte der Leiter die Frage. Man könne schließlich nicht in die Herzen der Menschen schauen. Woher sollten ausgerechnet wir wissen, was eine 22jährige junge Gelegenheitsarbeiterin mit Kind bewegt.

Damit hatte er gewiß nicht unrecht. Aber schließlich gab es Indizien und Aussagen von Verwandten und Zeugen, die eben eine solche Flucht ausschlossen. Nein, Kroll ist inzwischen mehr denn je davon überzeugt, daß es sich um ein Tötungsverbrechen handeln mußte. Aber wo ist die Leiche?

Er schnappt sich alle Papiere und geht zu seinem Kollegen von der Fahndung. Gemeinsam sind sie schon lange bei der K, solche Vorgänge sind ihnen vertraut. Schon nach kurzer Zeit ist die Fahndungsmitteilung erstellt, die morgen in Dienststellen und Behörden ausliegen wird. Mit Bild und Personbeschreibung und der üblichen Frage: Wer kann Hinweise geben?

Niemand.

Das Resultat ist niederschmetternd. Es geht nicht ein einziger sachdienlicher Hinweis ein. Wohl kreisen Gerüchte in der Stadt, aber das geschieht immer, wenn nichts Genaues mitgeteilt wird und die weißen Stellen in der Zeitung Raum für Spekulationen öffnen. Der VPKA-Chef tritt nunmehr die Flucht nach vorn an. Er ist schließlich als Dienststellenleiter objektiv in diesen ungeklärten Vorgang involviert. Er ordnet die Publikation der Vermißtenanzeige in der lokalen Tagespresse an.

Nun ist das in der DDR nicht so einfach. In den meisten Zeitungen gibt es weder regelmäßige Polizeiinformationen noch Tätigkeitsberichte. Das hängt mit dem Selbstverständnis der Presse und ihrem Unterstellungsverhältnis zusammen. Lenin hat 1905 mal einen Beitrag über »Parteiorganisation und Parteiliteratur« verfaßt und darin die Rolle der Presse als kollektiver Organisator, Propagandist und Agitator beschrieben. An diese Vorgabe hält man sich auch noch nach einem Dreivierteljahrhundert stoisch, obgleich sich doch inzwischen die Umstände und die Menschen erheblich geändert haben. Hinzu kommt noch, daß die meisten Blätter im Land direkt oder indirekt der SED gehören. Und selbst jene, die den anderen Blockparteien zugeordnet sind, verfolgen die ihnen vorgegebene Linie. Die auf diese Weise zentralistisch gesteuerte Informationspolitik ist ein Ärgernis für alle Beteiligten, selbst für die Macher. Es geht das Gerücht, was später von verschiedener Seite bestätigt werden soll, daß Honecker das *Neue Deutschland* schrecklich langweilig fand und darum die *Junge Welt* als Lektüre dem *ND* vorzog – obgleich doch er für den Zustand des Zentralorgans verantwortlich war. Er entschied nahezu täglich Überschriften und Themen auf der ersten Seite (die dann verbindlich für alle Zeitungen des Landes waren), er sprach Tabus aus und ließ den Presseverantwortlichen im Politbüro jeden Donnerstag in der sogenannten Argu den Chefredakteuren die Leviten lesen, wenn diese mal nicht präzise den Vorgaben folgten.

Unter diesen Bedingungen kann der VPKA-Chef von Görlitz beim Zuständigen für die Kreisaufgabe der *Sächsischen Zeitung* nicht einfach anrufen und sagen: »Herbert, rück mir mal morgen eine Fahndungsmeldung ins Blatt.« Natürlich gehört man einem Jagdkollektiv an mit den wichtigsten Leuten des Kreises: dem 1. Sekretär der SED-Kreisleitung, dem Vorsitzenden des Rates des Kreises, dem Oberbürgermeister, dem Kreisstaatsanwalt, dem Chef des Wehrkreiskommandos und den anderen führenden Funktionären des Territoriums. Man kennt sich und bespricht sich. Doch ohne den Segen der Partei geht das nicht. Also muß erst der Erste im Kreis konsultiert werden, und der fragt bei der Spitze in Dresden an, und die erkundigt sich vorsichtshalber in Berlin: Genossen, wir haben in Görlitz ein Problem. Da ist vor Wochen eine junge Frau spurlos verschwunden. Die K kommt nicht weiter, und die Leute spekulieren. Nun wissen wir, daß die Gewaltverbrechen in der DDR dank unserer klugen Politik seit Jahren stetig zurückgehen, doch ab und zu passiert es ja doch einmal. Und wenn die K weder die Leiche noch den Täter ermittelt, kann das als Führungsschwäche ausgelegt werden. Also sollten wir

M ▬▬▬▬▬▬▬
A. ▬▬▬▬▬▬

geb. am 18. 11. 1958
in Görlitz

zuletzt wohnhaft in
8900 Görlitz,
Brautwiesenstr. 18

(führt keine eigenen
Personaldokumente bei
sich)

Dauerfahndung seit 07. 01. 1981

Personenbeschreibung:

Scheinbares Alter: 25 - 30 Jahre; Größe:
175 - 180 cm; Gestalt: vollschlank; volles
rundes Gesicht; dunkelbraunes, mittellan-
ges, welliges Haar; dunkelbraune Augen;
ständige Brillenträgerin

Bekleidung:

Schwarze, abgetragene Cordjacke mit fell-
artigem Futter, aschfarbener Rollkragen-
pullover, blaue Jeans, Halbschuhe; mitge-
führte Gegenstände: Armbanduhr mit Leder-
armband

Die M. verließ am 25. 11. 1980 gegen
23.00 Uhr zusammen mit einer unbekannten
männlichen Person eine Gaststätte in Görlitz unter Zurücklassung ihrer persönlichen

Fahndungsblatt für die vermißte Angelika M.

die Bevölkerung ausnahmsweise zur Mithilfe aufrufen. Wie
seht ihr das, Genossen? …

Nun, die leitenden Genossen sehen es ähnlich. Und darum
ergeht nach Görlitz Order, in einer kleinen Notiz mit Paßbild
auf das Verschwinden von Angelika M. hinzuweisen und
öffentlich zu fragen: Wer hat sie zuletzt gesehen?

Zeitgleich treffen zwei Kriminalisten der Bezirksbehörde Dresden in Görlitz ein. Der Fall hängt nun an einer größeren Glocke. Die Dresdner gehören zur dortigen Morduntersuchungskommission, kurz MUK. Einer besichtigt das »Cottbuser Eck« und die Wohnung von Angelika M., läßt sich vom Dienststellenleiter die Ermittlungen schildern, studiert die Akten und findet nichts zu beanstanden. Zum Abschied klopft er Kroll anerkennend und ermunternd auf die Schulter: Weiter so, Genosse! Das ist es dann.

Der andere spricht unterdessen mit Martina N.. Er verfolgt die Idee, daß Angelika M. die DDR illegal verlassen haben könnte. Ihre Freundin bestreitet eine solche Absicht. Das sei absurd, sagt sie, einen solchen Wunsch habe Angelika nie gehegt. Sie sei zufrieden gewesen, habe die Unterstützung von Vater und Stiefmutter sehr zu schätzen gewußt. Das hätte sie nie im Leben freiwillig aufgegeben. Und schon gar nicht die Tochter, ihr Ein und Alles. Außerdem könne er davon ausgehen, daß ihr es nicht entgangen wäre, wenn Angelika einen Freund im Westen gehabt hätte.

Nach dieser Vernehmung versammelt der Kriminalist aus Dresden alle Kommissariatsleiter um sich. Sie haben Kontakt zu Institutionen, Betrieben, Ämtern und kommunalen Einrichtungen in der Stadt und im Landkreis. Hier laufen Informationen zusammen, auch die der vielen ehrenamtlichen Freiwilligen Helfer der Volkspolizei und der K. Letztere werden auf Antrag der Kriminalpolizei ausgesucht, bestätigt und regelmäßig geschult. Zum Ehrentag der Volkspolizei am 1. Juli treten sie zum Appell an und werden mit Sach- oder Geldprämien bedacht. Freiwillige Helfer der K – das sind Vertreter des Leitungspersonals, Arbeiter und Verkäuferin, Erzieher, Krankenschwester oder Lehrer. Sie sind eingebunden in ein System, das es sich zur Aufgabe gemacht hat, die Kriminalität zurückzudrängen. Dieses Potential soll nun aktiviert werden.

Am Abend steigen beide Hauptleute in ihren Dienst-Shiguli und fahren nach Dresden zurück. In Görlitz gibt es für sie vorerst nichts zu tun. Sie haben die richtungsweisenden Vorgaben gemacht, die nun andere umsetzen sollen. Erst wenn ein Leiche gefunden werden sollte, tritt die MUK wieder auf den Plan und wird die Tatortarbeit übernehmen.

Die Täter zieht es an den Tatort zurück

Die Nacht senkt sich hernieder. Der Wind treibt Schneeflocken vor sich her, die auf dem Kopfsteinpflaster der engen Straßen als Matsch liegenbleiben. Der Rathausuhr schlägt die achte Stunde. Vor einer Haustür stehen zwei Männer. Es sind Karl D. und Ralf St., die sich angeblich nicht kennen. Sie werden bereits von Lars P. in dessen Wohnung erwartet. Auf dem Tisch stehen die Gläser.

Nach dem ersten Schluck fragt Lars P.: »Und, wie war's?«

Ralf, an den die Frage gerichtet ist, winkt ab. »Scheiße ist«, sagt er. »Die Rolle schwimmt oben.«

Er war auftraggemäß am Steinbruch, hat nach dem Rechten geschaut und eben diese Beobachtung machen müssen. Die Leiche von Angelika M. ruht nicht, wie erwartet, auf dem Grund.

»Und nun?« Karl ist mehr erschrocken denn wütend.

»Wir müssen noch mal hin und die Alte ein zweites Mal versenken«, sagt Lars. »Rausholen, mehr Steine, neu Verschnüren und ab.«

Daran habe er auch schon gedacht und Steine auf den treibenden Packen geworfen. Aber das habe zu nichts geführt, wirft Ralf ein.

»Also, wer macht's?« Lars P. fragt grinsend in die Runde. Sein Blick fällt auf Karl, er verzieht spöttisch die Mundwinkel. »Du hast doch jetzt schon wieder die Hosen voll.«

Der Angesprochene zuckt teilnahmslos die Achsel.

»Okay, da werde ich also die Sache selbst in die Hand nehmen müssen«, gibt Lars P. großspurig von sich. Er habe morgen ohnehin eine Tour mit dem W 50 in diese Richtung. »Noch Fragen? Nein, dann war's das. Prost.«

Im Verlaufe des Abends kommt man dann auch auf die Vernehmungen im VPKA zu sprechen. Nein, von einem LKW war in beiden Fällen nicht die Rede, das sähe doch ganz gut aus. Nur das Porträt, das man ihnen zeigte, verschweigen sie aus gutem Grund. Es hätte Ralf St. ganz gewiß hochgradig verunsichert.

Dann dreht sich ein Schlüssel in der Tür. Die Freundin von Lars kommt nach Hause.

Schnell wechseln die Männer das Thema. Lars hat die Taste des Tonbands gedrückt, die Musik unterstreicht den normalen Charakter des Herrenabends. Die Freundin zieht sich darum nach einem kurzen »Hallo« in die Küche zurück.

Ralf drängt zum Aufbruch. Er will nicht mit den beiden gesehen werden, jeder Zeuge – selbst wenn es die Freundin von Lars ist – erhöht das Risiko, identifiziert zu werden. Er will in der Rolle des Unbekannten bleiben.

Und es ist nicht auszuschließen, daß die Polizei sich auch die Frauen vornimmt. Er weiß nicht, wie seine sich verhalten wird. Sie erwischte ihn, als er nach ihrer Rückkehr im Bad versuchte, seine Jeans von den Blutflecken zu reinigen. Die rote Brühe gurgelte gerade durch den Ausfluß, als sie hereinkam mit einem schreckhaften Blick alles erfaßte. »Was ist das?« hatte sie entsetzt ausgerufen. Er konnte sie beruhigen, indem er ihr eine kleine Rißwunde am Oberschenkel zeigte. Er wisse auch nicht, wo er sich diese zugezogen habe, sagte er.

Als die drei auseinandergehen, ist es beschlossene Sache: Ihre Wege trennen sich. Keine gemeinsamen Kneipentouren, bis Gras über die Sache gewachsen ist. Ralf solle vorsichtshalber das Stadtgebiet gänzlich meiden. Und tschüß …

An der Wohnungstür hält Lars P. Karl zurück und flüstert ihm ins Ohr. »Wir müssen in den nächsten Tagen was besprechen.«

»Okay. Komm zu mir.«

Am nächsten Morgen macht Lars P. den angekündigten Abstecher zum Steinbruch. Als er von der Hauptverkehrsstraße abbiegt, durchzuckt es ihn jäh: Nicht nur die Landschaft –

auch der Weg ist von einer jungfräulichen, unberührten Schneedecke überzogen. Er hinterläßt mit seinem LKW verräterische Spuren, wenn es nicht in den nächsten Stunden taut oder frischer Schnee vom Himmel fällt. Doch weder das eine noch das andere ist zu vermuten. Trotzdem: Er muß an das Kalksteinloch fahren, egal, was geschieht.

Am Rande der Grube stoppt er den W 50 und stellt den Motor ab. Dann springt er aus dem Fahrerhaus. Es ist totenstill. Von den Büschen, die die Sicht zur Straße versperren, tropft Wasser. Die fallenden Tropfen machen ein Geräusch. Sonst ist nichts zu hören. Kein Vogelschrei, keine Fahrzeuggeräusche. Nichts. Nahezu unheimlich.

Er läuft um den Tümpel zu jener Stelle, wo Ralf das Bündel gesehen haben will. Dort ist das Ufer flach. Und in der Tat, dort ist die Rolle angetrieben. Sie ragt ein wenig aus dem Wasser. Mist, denkt er, aber rausziehen will er sie nicht. Er will sich nicht die Finger schmutzig machen. Sein Blick fällt auf die Steine am Uferrand. Sie sind handgroß und kiloschwer. Er wirft sie auf das Bündel. Es bewegt sich ein wenig, taucht unter Wasser. Aber nicht viel. Das dauert ihm alles zu lange. Er sucht sich eine große Klamotte, eine, die er noch eben stemmen und werfen kann und stößt diese in Richtung Bündel. Platschend schlägt der Stein ins Wasser und trifft die Rolle in der Mitte. Der Stein bleibt tatsächlich liegen und drückt die Leiche in die Tiefe.

Noch einen Augenblick verharrt Lars P., seine Mundwinkel umspielt ein befriedigendes Lächeln. Er ist stolz, ein Problem gelöst zu haben.

Schon bald läßt er den Motor aufheulen. Er wendet den LKW und rollt gemächlich zur Straße zurück.

Und er hat ein weiteres Mal Glück. Am Nachmittag fällt Schnee und am Abend die Temperatur. Anderentags deckt die ganze Region unschuldiges Weiß. Und der Frost sorgt dafür, daß es lange so bleibt.

Der Weihnachtsmarkt vorm Warenhaus lockt auch Kroll. Der Duft von Glückwein und Gebratenem zieht zwischen den

Buden dahin, über allem liegt der Klangbrei aus süßlichen Weihnachtsliedern. Geschäftig eilen die Menschen dahin, um Weihnachtsgeschenke zu besorgen, oder, wenn sie denn fündig wurden, belohnen sich mit einem Punsch.

Kroll ist weder auf der Jagd nach Weihnachtsgeschenken noch nach Verbrechern. Er hat nur Hunger und leistet sich eine Bratwurst vom Grill. Nachdem er sie bezahlt und in die Hand gedrückt bekommen hat, sucht er sich eine ruhige Ecke. Die Vorweihnachtszeit sorgt auch bei der K für zusätzlichen Stress. Die Zahl der Anzeigen nimmt zu, weil auch die kleinen und großen Langfinger hohe Zeit haben. Auch sie partizipieren am Weihnachtsgeschäft, wenn man so will.

Nur bei einem Fall bewegt sich nichts. Auch das Mithilfeersuchen in der Zeitung hat nichts gebracht. Allein das Auffinden der Leiche hätte zu einem erleichterten Aufatmen bei Kroll geführt, weil zumindest in einer Hinsicht Gewißheit hergestellt wäre: daß ein Tötungsverbrechen vorliegt. So aber stochert man in alle Richtungen im Nebel und hat nichts. Absolut nichts.

Regelmäßig werden die Fahndungsunterlagen und der Vermißtenvorgang entsprechend dem dafür vorgesehen Turnus der Staatsanwaltschaft vorgelegt, und diese hat jedesmal die Bearbeitungsfrist verlängert. Mit der Familie M. hat Kroll regelmäßig Kontakt, erst gestern wieder hatte er mit ihnen gesprochen. Ihre Enkelin wohnt inzwischen in ihrer Wohnung, sie hat sich eingewöhnt. Aber der Blick des Vaters ... Kroll sah in den Augen die Verzweiflung, die in ihm wohnte. Er kennt das. Ungewißheit über das Schicksal von Angehörigen quält weitaus stärker als deren Verlust. Mit der Trauer kann man umgehen, sie erledigt sich irgendwann. Aber nicht mit der Ungewißheit, der unerfüllten Hoffnung, dem unbefristeten Warten, an dessen Ende nicht zwangsläufig eine gute Nachricht stehen muß.

Kroll wischt sich den Rest vom Senf aus den Mundwinkeln und wirft den Pappteller in die Mülltonne. Dann stapft auch er in Richtung Centrum-Warenhaus. Schließlich hat er eine

Frau und zwei Kinder zu beschenken. Heute scheint die Zeit günstig – wer weiß, ob er vor dem Fest noch einmal dazu Gelegenheit hat.

Das Weihnachtsfest 1980 verläuft ruhig. Zumindest im Verantwortungsbereich des VPKA gibt es keine nennenswerten Vorkommnisse. Keine Selbsttötungen, kein Rowdytum. Nur die üblichen Prügeleien zwischen betrunkenen Streithälsen und zankenden Eheleuten, denen bei der Familienfeier die Sicherungen durchgebrannt waren. Die zum Bereitschaftsdienst eingeteilten Kriminalisten können also unbehelligt die Feiertage mit ihren Familien zu Hause verbringen.

Kroll hat noch ein paar Tage Resturlaub an die Feiertage gehängt und sich mit der Maßgabe auf der Dienststelle verabschiedet, daß er unbedingt benachrichtigt werden solle, wenn es Neuigkeiten im Fall von Angelika M. geben sollte.

Das Telefon bleibt stumm.

Als er im neuen Jahr zum Dienst erscheint, ist der Stand unverändert.

Die Sache mit dem Ballon

In der zweiten Woche des neuen Jahres erscheint Lars P. bei Karl D. zu Besuch. Dessen Wohnung ist nicht sehr groß, aber gemütlich. Das erste Bier trinkt man schweigend am Fenster. Der Blick geht auf die Straße, wo Kinder einen Schneeman bauen.

Karl D. weiß nicht, was der Grund des Besuches ist. Er fragt auch nicht. Wenn P. im was zu erzählen hat, wird er es schon tun.

Nach einer Weile beendet er das Schweigen.

»Wir sollten die Flocke machen.«

»Du meinst: abhauen in den Westen?«

Lars P. nickt. »Nicht, weil ich fürchte, daß die uns wegen der Alten auf die Schliche kommen. Ich habe einfach die Schnauze voll von diesem Kaff, von diesem Land. Das geht mir alles auf den Kranz.«

Wie er sich das gedacht habe, erkundigt sich Karl D. relativ unbeteiligt.

»Na, mit dem Ballon.«

Ach komm', wirft D. ein, der die Sache für erledigt hielt.

Vor über einem Jahr hatte Lars eine West-Illustrierte mitgebracht. In der war ausführlich geschildert worden, wie zwei DDR-Familien – vier Erwachsene, vier Kinder – mit einem Heißluftballon nach Bayern geflohen waren. Wochenlang hatten sie heimlich aus Bettlaken einen Ballon genäht, mit dem sie schließlich am 17. September 1979 über die Grenze geflogen waren.

Die spektakuläre Flucht war nach allen Regeln vermarktet worden und verfehlte ihre Wirkung nicht. Auch Lars P. fühlte sich animiert, diesem Beispiel zu folgen. »Die haben's geschafft«, kommentierte er die Bilder, wenn die Familien in Talkshows herumgereicht wurden und Politikerhände schütteln durften, »das sind gemachte Leute«. Da in der Illustrierten auch ein Bauplan abgebildet war, betrachtete er es geradezu als Aufforderung, diesem Vorschlag zu folgen.

In Sportartikelgeschäften besorgte er sich im Februar 1980 Druckregler, Verteilerabsperrventil und Propangasschläuche. Karl durfte die Vorbereitung finanzieren. Im März sollte die Ballonseide besorgt werden. Doch die sollte nichts kosten. Er wollte sie sich auf dem Flugplatz der Gesellschaft für Sport und Technik am Rande der Stadt besorgen. Dort waren die Freunde des Motorsports und des Segelfliegens wie auch Fallschirmspringer zugange. Er hatte bereits das Gelände und die Lagerbaracke ausgekundschaftet, in der er die Fallschirme vermutete. In einer lauen Frühlingsnacht stieg er über den Zaun, Karl D. stand Schmiere. Doch bei der Planung des Einbruchs hatte Lars P. den freilaufenden Wachhund übersehen. Mit Gebell raste er auf den Einbrecher zu. Dieser rettete sich zunächst auf den Mast der Wetterstation und von dort, nachdem die Töle sich müde gekllefft hatte, wieder zurück über den Zaun. Der Hund jagte bellend den Zaun auf und ab. Die beiden gaben Fersengeld. Damit war das Ballon-Projekt zunächst gestorben.

Im Sommer fuhren beide mit dem Trabant nach Berlin. Inzwischen meinte Lars P., man könnte es auch mit einem Fluggleiter schaffen, die Mauer zu überwinden. Ein Ballon mache zuviel Arbeit. Sie schauten sich Hochhäuser in der Leipziger Straße an, fuhren mit dem Fahrstuhl hinauf und peilten, wie man von dort den Absprung in eine besseres Leben schaffen könnte. Als wachsame Anwohner auf sie aufmerksam wurden, verdrückten sie sich ... Seither haben sie darüber nicht mehr gesprochen, schon gar nicht seit November, als die Sache mit Angelika M. passierte.

Und nun holt Lars P. die olle Kamelle mit dem Ballon wieder hervor. Karl D. schüttelt den Kopf.

»Du hast doch Angst, daß die Bullen uns auf die Spur kommen«, wirft er ein.

»Nein, Angst habe ich keine. Aber ich will nur sichergehen. Wenn wir weg sind, kann uns niemand suchen. Verstehst du?«

»Aber wo willst du die Ballonseide hernehmen? Wir sind doch damals gescheitert. Schon vergessen?«

»Vielleicht ist die Idee mit dem Ballon ja wirklich blöd«, sagt Lars P. nach einer Weile. »Wir könnten auch nach Polen machen und uns in der BRD-Botschaft in Warschau als politische Flüchtlinge melden.«

»Ach, vergiß es«, meint Karl und reicht eine neue Flasche. »Wir gehen einfach auf Tauchstation. Bestimmt haben die den Fall schon abgehakt.«

»Nach anderthalb Monaten? Das glaubst du doch selbst nicht.«

»Aber wenn die keine Leiche finden, müssen sie die Akten schließen. Wo kein Toter, da auch kein Mörder. Verstehst du. Wenn wir uns nicht rühren und die Leiche auf dem Grund des Teiches vermodert, hat sich für die Polizei die Sache erledigt.« Er nimmt wie zur Bekräftigung einen tiefen Zug aus der Flasche.

Auch wenn Lars P. es sich nicht eingestehen will, daß das logisch klingt, weil es schließlich nicht von ihm kommt, stimmt er dem zu. Die Zeit arbeitet für sie. Soll Gras über die

Sache wachsen und gut. Er wird etwas kürzer treten mit den Tauschgeschäften, dann liefert er auch keinen Anlaß, in anderer Sache auffällig zu werden, wie das im Polizistendeutsch heißt.

Die Vermißtenanzeige zieht Kreise

Das Jahr 1981 bringt den Kriminalisten in den ersten Monaten viel Arbeit. Diverse Einbrüche und Körperverletzungen, Rowdytum und unbefugtes Benutzen von Kraftfahrzeugen werden bearbeitet. Im Fahndungsbuch häufen sich Anzeigen über gestohlene Kunstgegenstände, Fahrräder und Kfz-Zubehör.

Wieder und immer wieder verlängert die Staatsanwaltschaft die Vorgangsbearbeitung. Die Bezirksbehörde wird noch einmal vorstellig – doch ohne Ergebnis. An ein Verschwinden aus persönlichen Gründen glaubt inzwischen niemand mehr. Selbst wenn Angelika M. sich in den Westen abgesetzt hätte und dort untergetaucht wäre, hätte man schon auf anderen Kanälen davon Kenntnis erhalten. Alles deutet auf ein Verbrechen hin. Doch dafür gibt es keine Beweise und darum auch keine Handlungsgrundlage. Das ist für die Kriminalpolizei eine sehr vertrackte Situation. Die Fahndung läuft inzwischen republikweit. Kroll nimmt sich fast jeden Tag die Papiere vor und blättert in den Protokollen, ob nicht doch irgendwo ein Hinweis versteckt ist. Nachdenklich sieht er sich immer wieder das Subjektive Porträt an – das Gesicht des langhaarigen jungen Mannes ist ihm inzwischen vertraut, aber er kennt ihn nicht. Auch mit Martina N. hat er noch einmal gesprochen. Sie bestätigte lediglich das, was sie in der ersten Aussage bereits erklärt hatte.

Der Gaststättenleiter weiß ebenfalls nichts Neues zu sagen. Obwohl es doch Veränderungen gegeben hat. Lars P. kommt nicht mehr und liefert keine »Sonderzuteilungen« vom W 50. Er kann ihn nicht einmal nach dem Grund seines Ausbleibens fragen, denn er und seine Kumpel treffen sich auch nicht mehr zum Bier im »Cottbuser Eck«. Seit jener Nacht im November sind sie wie vom Erdboden verschluckt.

Doch der Wirt wird den Deibel tun und dies dem Kroll stecken: Wenn er das machte, rollten sie womöglich die ganzen Schiebergeschäfte auf, und dann hätten die Bullen auch ihn am Arsch. Nee, so blöd ist er nicht. Und darum schweigt er beharrlich auf Krolls Frage, ob ihm irgendetwas aufgefallen sei seit dem Verschwinden von Angelika M.

»Nein, nichts. Es ist alles so wie immer.«

Kroll tritt merklich auf der Stelle.

Selbst die Freiwilligen Helfer der K haben nichts zu berichten. Das ist mehr als ungewöhnlich. Außer diversen Männern, mit denen die Vermißte angeblich befreundet gewesen sein soll, haben sie nichts zu bieten. Die meisten Namen sind den Kriminalisten bereits bekannt, mancher Träger sitzt hinter Gittern: wegen asozialen Verhaltens, Arbeitsbummelei und Diebstahls. Jene auf der Liste, die nicht brummen, werden von den zuständigen Abschnittsbevollmächtigen in dieser Sache befragt.

Nicht der Hauch einer Spur.

Kroll zündet sich eine Zigarette an und betrachtet nachdenklich seinen Wandkalender. Der zeigt neben einem Winterbild des Hausberges der Stadt die Daten des Februars 1981. Der rote Schieber steht schon am Ende Monats und signalisiert Karnevalszeit. »Wie schnell die Zeit vergeht«, sinniert der Kriminalist. Gerade ist die Einsatzbereitschaft zum Jahreswechsel passé, nun heißt es schon wieder zusätzlichen Dienst wegen der Faschingsfeiern zu schieben.

Er drückt die Zigarette aus, geht zum Fenster und sieht dem Flockenfall zu. Es ist ein langer und kalter Winter, der seinem Namen alle Ehre macht. Für die Schulkinder gibt es Grund zum Jubeln, denn sie haben schöne Winterferien.

Kroll ist sich sicher: Sein Fall liegt nicht auf Eis, sondern darunter. Seine Hoffnung richtet sich nunmehr aufs Frühjahr, wenn der Schnee taut. Es wäre nicht zum ersten Male, daß man mit der Schneeschmelze manche unangenehme Entdeckung machte.

Es ist Samstag, der 14. März 1981. Es ist kein Wölkchen am Himmel zu sehen, die Sonne strahlt vom blauen Himmel. In den Vorgärten blühen die Schneeglöckchen, die Knospen der Forsythien stehen kurz vorm Platzen. Acht Grad über Null zeigt das Thermometer. Die meisten Städter, so sie denn einen Garten haben, sehen dort nach dem Rechten, andere flanieren durch die Parkanlagen.

Im Hof eines der grauen Mietshäuser putzt ein Mittvierziger seine ES 250 auf Hochglanz. Der Winterschlaf ist beendet, das Motorrad wird für die neue Saison fit gemacht. Nach dem Essen geht es auf Tour. Zunächst hinaus aus Görlitz, dann über die Dörfer. Gegen Abend will er bei seiner Schwester, die in einem fünfzig Kilometer entfernten Ort wohnt, eintreffen. Am Sonntag wird er dem Schwager beim Hausbau zur Hand gehen.

Der Motorradfahrer ist auch passionierter Angler. Und als er auf der Hauptstraße die Kalklöcher passiert, entschließt er sich zu einer Biege: Im Sommer badet er dort gern, im Frühjahr und im Herbst hängt er seine Angel ins Wasser. Mal sehen, wie es derzeit dort aussieht.

Auf dem Betonweg rollt es gut. Der Weg zum Teich allerdings ist schlammig. So bockt er das geputzte Krad ab, als die Platte endet und geht zu Fuß weiter bis zum Wasser. Die Brühe ist noch ziemlich trübe, auch unter seinen Füßen gluckert es morastig. Gedankenverloren läßt er den Blick übers Wasser und die Uferzone gleiten. In einigen Meter Entfernung glaubt er eine Matratze liegen zu sehen. Wut steigt in ihm auf, weil offensichtlich wieder jemand den Weg bis zur nächsten Deponie scheute und seinen Müll gleich hier entsorgt hat. Idioten, flucht er innerlich, als er schmatzenden Schrittes hinübergeht.

Allerdings merkt er beim Nähertreten, daß es sich doch nicht um eine Matratze handelt, sondern um ein verschnürtes Bündel. Er mustert genau das obere Teil. Das sieht ja fast wie ein Kopf aus, denkt er zunächst durchaus erheitert. Ulkig, wie einem mitunter die Sinne einen Streich spielen. Er starrt und guckt und beginnt langsam zu begreifen, daß er keineswegs Opfer einer optischen Täuschung ist: Das *ist* ein menschlicher Kopf! Im Wasser erkennt er jetzt auch die Beine. Der Körper ist mit einer Decke umwickelt.

Brechreiz steigt in ihm auf. Das kann doch nicht wahr sein. Wie kommt in dieses Loch ein toter Mensch? Er muß zur Polizei, das muß er melden.

Der Mann hastet zum Krad zurück, tritt den Kickstarter und schwingt sich auf die Sitzbank. Mit Vollgas donnert er in Richtung Görlitz zurück.

Im Raum des Diensthabenden im VPKA ist es an diesem frühen Samstagnachmittag ruhig. Es riecht nach Kaffee. Die drei Polizisten der Funkwagenbesatzung kommen von ihrer Routinefahrt durch die Stadt zurück, der Kaffee ist durchgelaufen, sie schenken sich ihn ein. In die beschauliche Behaglichkeit schrillt die Klingel am Eingang.

»Mist«, sagt der Genosse Unterleutnant der VP, nimmt noch einen Schluck aus seiner Kaffeetasse und macht sich auf

Die Betonpiste, die zu den Kalkteichen führt

den kurzen Weg in den Wachraum. Kaum hat er den Türöffner betätigt, stürzt der stämmige Motorradfahrer ins Haus. Er ist sehr erregt. Der Diensthabende hat Mühe, ihn zu beruhigen.

Kroll wird als erster über den Leichenfund informiert. Gleichzeitig informiert der Diensthabende des VPKA die Feuerwehr, Funkstreifenwagen, Schnelle Medizinische Hilfe mit Arzt, die Leiter des VPKA und der Kriminalpolizei, den diensthabenden Staatsanwalt und die Kriminaltechniker. Der Anzeige-Erstatter wird im Funkstreifenwagen zur Fundstelle mitgenommen. Die Morduntersuchungskommision der Bezirksbehörde in Dresden wird vom Leiter der K in Görlitz informiert.

Die ruhige und entspannte Schreibstubenatmosphäre im Polizeirevier ist hinüber und der restliche Kaffee bleibt auf dem Tisch zurück und wird kalt.

Kroll ist bereits vor Ort, als der Konvoi eintrifft. Der Diensthabende quittiert diese Tatsache mit einem mürrischen Nicken und fragt sich, wie der das bloß immer schafft.

Der Motorradfahrer, noch immer sichtlich blaß, wird gebeten, die Stelle zu zeigen, wo er die Person gefunden hat. Er deutet in die Richtung, die Feuerwehrleute tragen das Schlauchbot hinüber zum gegenüber liegenden Ufer und lassen es dort zu Wasser.

Kroll folgt ihnen.

Die Leiche liegt hinter einem Stein in unmittelbarer Ufernähe. Beim flüchtigen Hinschauen ist sie kaum zu sehen. Respekt, denkt Kroll, der Mann hat gute Augen. Er hält sich an einem Ast fest, um nicht auf dem glitschigen Grund auszugleiten, und beobachtet die Feuerwehrmänner, wie sie das menschliche Bündel mit dem Haken ans Ufer ziehen. Inzwischen ist auch der Staatsanwalt eingetroffen und beobachtet das wenig angenehme Schauspiel »Bergung einer Leiche«.

Am Ufer wird die Person auf den Rücken gedreht. An den Knöcheln und in Kniehöhe ist das menschliche Paket mit einem Kabel gefesselt; vom Hals bis zu den Füßen verläuft eine

*Der Fundort: links die Leiche, der Pfeil markiert den Ort, wo
der Motorradfahrer das Bündel entdeckte*

weitere Schnur. Mit einem Ruck durchtrennt der Kriminaltechniker die Schnüre, die Decke wird auseinandergeschlagen.
Der Motorradfahrer verschwindet im Gebüsch, man hört, wie
er sich erbricht. Auch Kroll, durchaus kein Weichling, wird
von Übelkeit und Abscheu erfaßt. Zunehmend aber gewinnen
Trauer und Wut die Oberhand.

Die Männer schweigen betroffen.

Der Staatsanwalt ruft schließlich mit barscher Stimme zur
Arbeit. Sofort beginnt die Tatortarbeit wieder zu laufen.
Obgleich niemand zweifelt, daß es sich um Angelika M. handelt, muß dies erst bewiesen werden. Das wird die Gerichtssektion erledigen. Die Ärztin schreibt auf den Totenschein, daß
es sich um eine unbekannte Person handelt, deren Tod
»unnatürlich« gewesen sei. Nun müssen die Kriminaltechniker ran. Genaueste Tatortarbeit ist das A und O. Ihnen braucht
man es nicht zu sagen, sie verstehen ihr Handwerk, was sie
wiederholt unter Beweis gestellt haben. Das wissen auch die
beiden von der MUK, die inzwischen aus Dresden eingetroffen

Der Leichnam von Angelika M.

sind. Ein paar kurze Bemerkungen an den Leiter der Techniker, was besonders gesichert werden soll – das reicht.

Für sie ist das Gespräch mit dem anwesenden Polizeichef und dem Leiter Kriminalpolizei wichtiger. Denn schon morgen wird die Tatortgruppe ihre Arbeit aufnehmen. Kroll gesellt sich wie zufällig zu der Gesprächsgruppe. Sein Verdacht wurde durch den heutigen Fund bestätigt – Angelika M. ist nicht abgehauen, sondern Opfer eines Verbrechens geworden. Doch Befriedigung darüber, daß er recht behalten hat, kann er nicht empfinden. Allenfalls Groll, daß man zu lange auf die Bremse trat, weil man glaubte, die Vermißte werde irgendwann irgendwo schon wieder auftauchen.

Auf dem Feldweg kommt das Auto des städtischen Bestattungsunternehmens. Es bringt die Leiche in die Pathologie des Bezirkskrankenhauses. Die Obduktion soll Aufschlüsse über Tat und Tathergang bringen. Und Herbert M. muß dort seine Tochter identifizieren. Kroll wird ihm die Nachricht überbringen.

Geraume Zeit später steht er vor dessen Wohnungstür. Das Treppenhaus erscheint ihm noch düsterer als sonst. Er drückt auf den Klingelknopf, M. öffnet.

Auch ohne Worte weiß er sofort Bescheid. Sein forschender Blick fand im traurigen Gesicht von Kroll Antwort.

Kroll nickt zur Bestätigung. »Sie müssen sie identifzieren.«
»Wo?«

Totenschein für Verstorbene, die bei Eintritt des Todes 1 Jahr oder älter waren **II**

Totenschein für eine – zunächst noch – Unbekannte

»Im Krankenhaus. Könnten Sie gleich …«

M. nickt. Er wolle aber noch schnell seiner Frau Bescheid geben, sagt er, und verschwindet in der Wohnung. Kroll wartet. Er überbringt höchst ungern solche Nachrichten.

85

M. kehrt in den Flur zurück, greift sich die Lederjacke an der Garderobe und zieht hinter sich die Tür zu. Erst im Auto findet er die Sprache wieder.

»Wo hat man sie gefunden?«

Kroll berichtet und bereitet ihn darauf vor, daß der Anblick seiner Tochter ziemlich starke Nerven erfordere. Sie sei nicht nur durch die Tat selbst verunstaltet, sie habe auch mehrer Monate im Wasser gelegen.

M. nickt. Es scheint, als falle von ihm eine Last ab. »Lieber ein Ende mit Schrecken als ein Schrecken ohne Ende«, sagt er müde. »Diese Ungewißheit war schrecklich.«

Die Pathologie befindet sich im Keller eines Gebäudes aus Backsteinen. Sechs davon bilden das Bezirkskrankenhaus, sie liegen in einem weitläufigen Park. In den Räumen der Pathologie herrscht in des Wortes eigentlicher Bedeutung Totenstille.

Die Tote liegt seit einer Stunde etwa im Kühlfach.

Mit einem Ruck zieht der Pathologie-Gehilfe die Bahre heraus. Sentimentale Gefühle kann man sich in seinem Beruf nicht leisten. Er zieht das weiße Laken zurück, ein zerschlagener Schädel, aufgequollen vom Wasser, in welchem der Körper lag, wird sichtbar. Kroll kennt das Bild. Herbert M. führt instinktiv die Hand zum Mund, er nickt stumm. Kroll bedeutet dem Pathologen mit eine Nicken, daß er den Leichnam wieder zurückschieben könne.

Plötzlich bricht es aus Herbert M. heraus. Die Anspannung der letzten Monate löst sich in einem Weinkrampf. Er schluchzt und schüttelt sich. Kroll legt den Arm um seine Schulter und führt ihn langsam ins Büro. Der junge Mann schiebt einen Stuhl herbei. »Wollen Sie ein Glas Wasser?«

Herbert M. reagiert nicht auf die Frage. »Was sind das für Menschen, die so etwas machen?« Er ringt mit seiner Fassung.

Kroll steht hilflos daneben. Was soll er Tröstendes sagen? Daß er den oder die Mörder fassen und ihn bzw. sie vor Gericht bringen werde. Plattheiten, die kaum über den tiefen Schmerz hinweghelfen. Egal, wie hoch die Strafe ausfiele – der

86

Vater bekäme dadurch nicht seine Tochter und die Tochter nicht ihre Mutter wieder. Ein Auto kann man reparieren, ein niedergebranntes Haus wieder aufbauen – aber ein getöteter Mensch ließ sich nicht wieder zum Leben erwecken. Das Aus war endgültig.

Das Tötungsverbrechen wird aufgeklärt

Am Montagmorgen versammelt sich 8 Uhr die gesamte Kriminalpolizei im Speisesaal des Amtes. Das geschieht selten und läßt auf die besondere Bedeutung schließen. Sogar das Kommissariat II ist erschienen – ein Seltenheitsfall, denn diese Kriminalisten unterstehen direkt der Bezirksbehörde. Sie bearbeiten Wirtschaftsdelikte und Verbrechen, die sich direkt gegen die DDR richten. Kroll und die Kriminaltechniker werden zuvor von allen Seiten mit Fragen bestürmt. Jeder will vor der offiziellen Besprechung noch ein Privatissimum. Doch dazu bleibt keine Zeit. Die Tür fliegt auf, und die Führungsriege nimmt energischen Schrittes Kurs Richtung Präsidiumstisch. Die Leiter des VPKA und der Kriminalpolizei sowie Vorgesetzte aus der Bezirksbehörde sind aufmarschiert. In den einleitenden Worten des VPKA-Chefs glaubt Kroll auch ein Hauch Schuldbewußtsein zu spüren.

Die Herren aus Dresden hingegen gehen direkt zur Sache und machen deutlich, wer bei der Aufklärung den Hut aufhaben wird. Kriminalisten des Kommissariats II werden die Leitung der zu bildenden Einsatzgruppe übernehmen. Die Zusammenstellung ist schon besprochen. Kroll ist mit von der Partie, die Kriminaltechniker auch. Daneben Schreibkräfte und zwei Schutzpolizisten. Das Sagen haben die Leute aus dem Kommissariat I, geführt wird alles von der Bezirksbehörde vor Ort. In einem Büro laufen alle Fäden zusammen. Sodann werden die Schritte für den sogenannten Ersten Angriff besprochen.

Nun ist Kroll gefragt. Kurz und präzise schildert er das bisher Ermittelte. Er hat aufmerksame Zuhörer. Sie stellen Zwi-

schenfragen zu den bereits erarbeiteten Details der Vermißtenanzeige. Seitdem sind fast fünf Monate vergangen – für
einen derartigen Fall eine lange Zeit, fast zu lang. Bei der Aufklärung kann es jetzt keine Kompromisse mehr geben.

Kroll räumt seinen Schreibtisch auf, er zieht in das Büro
der Einsatzleitung. Er greift mit einer Hand nach der Zigarette
und packt mit der anderen einen Korb. Als er damit fertig ist,
läßt er sich auf den Stuhl fallen und überlegt, ob er dem Hang
nach einer neuen Zigarette nachgeben soll oder nicht. Er gibt
nach, und während der blaue Dunst träge gegen die Zimmer-
decke schwebt, überkommt ihn ein ungutes Gefühl bei dem
Gedanken, der oder die Täter sind nicht mehr zu fassen, weil
die Zeit alle Spuren verwischt haben könnte. Das kann und
darf nicht sein. Energisch drückt der Oberleutnant die zur
Hälfte aufgerauchte Zigarette aus. Für die nächste Zeit wird es
keine mehr am Schreibtisch geben, denn im Einsatzbüro ist
rauchfreie Zone.

Als er dort ankommt, haben andere bereits mit der Arbeit
begonnen. Eine Landkarte der gesamten Region mit dem Tatort als Mittelpunkt hängt bereits an der Wand. Die Fähnchen
zum Markieren liegen noch unberührt in der Pappschachtel.
Die abkommandierten Schreibkräfte ordnen Papier und stellen
ihre Schreibmaschinen ein, die ersten Telefonanrufe kommen
an. Die Mördersuche beginnt.

Die Gerichtssektion ist für den späten Nachmittag geplant.
Die zwei Gerichtsmediziner kommen direkt aus der Hauptstadt, sie sind von der Humboldt-Universität zu Berlin. Staatsanwalt, Kriminalisten und Kriminaltechniker wohnen ihrer
Arbeit bei. Ein Sektionsgehilfe des Krankenhauses ist bereits
zugegen, er hat schon alles vorbereitet. Die beiden Gerichtsmediziner versuchen mit der Berlinern eigenen Schnoddrig-
keit dem Vorgang die weihevolle Würde zu nehmen, doch die
Einheimischen quittieren ihre lockeren Bemerkungen nur mit
süffisanten Lächeln.

Der Sektionsgehilfe schiebt schließlich die Tote auf den
Sektionstisch, der Staatsanwalt setzt das Tonband in Gang. Mit

fester Stimme beginnt er wie im Gerichtssaal sein Diktat. Kroll steht eingezwängt zwischen dem Kriminaltechniker, der für die Fotos der Sektion verantwortlich ist, und einem Kollegen der Bezirksbehörde. Die beiden Berliner stehen auf der gegenüberliegenden Seite des Tisches. Auch sie werden ihren fachlichen Kommentar aufs Band bringen.

Es ist ein jammervolles Bild von einer jungen Frau, das sich den Betrachtern bietet. Verstärkt wird dieser Eindruck durch die merkwürdige Sterilität des Körpers. Am Fundort vertuschten Schmutz und Dreck einiges, die Sauberkeit ist schonungslos und offenbart jede Wunde. Der Kopf ist völlig deformiert und zertrümmert. Barbarisch.

»Kann das ein Mensch gewesen sein? Wer ist derart bestialisch?« fragt sich Kroll nicht zum ersten Mal. Auch die Blicke der anderen offenbaren diese Art Hilflosigkeit.

Nach Öffnung der Leiche finden die Gerichtsmediziner drei erhebliche Stichverletzungen an der linken Brustkorbvorderseite, die bis ins Herz und zum Zwerchfell reichen und die Bauchhöhle eröffnen. Man braucht schon eine gewisse Abgeklärtheit, um diesen Anblick zu verkraften. Die drei Stiche im oberen Rückenbereich haben das linke Schulterblatt durchtrennt, den linken Lungenober- und -unterlappen sowie das Rückenmark verletzt. Doch damit nicht genug: Auf der linken Seite sind die dritte, fünfte, sechste und siebte Rippe gebrochen.

Die Sektion dauert etwa zwei Stunden. Mit einem derart massiven Befund hatte keiner gerechnet, auch wenn das Gesamtbild der Ermordeten bereits einiges erahnen ließ. Es steht außer Zweifel: Alle Verletzungen beweisen einen ausgeprägten Tötungswillen des Täters oder der Täter – es handelte sich um vorsätzlichen Mord. Die Zahl der Verletzungen und ihr unterschiedlicher Charakter legen die Vermutung nahe, daß es sich nicht nur um einen Mörder handelt. Hier gibt es mehrere Täter, da sind sich die Kriminalisten einig.

Nicht nur Kroll ist erschüttert von dem, was sich seinen Augen in den letzten zwei Stunden geboten hat. Da ist einmal die psychische Belastung der Sektion, die immer immens ist. Zum anderen hat ihn aber die Vorstellung, daß hier kollektiv gemordet wurde, tief getroffen. Diese Erfahrung ist neu. Sie wirft nicht nur die üblichen ethisch-moralischen Fragen auf. Das ist eine neue Dimension. Dieser Fall, da ist er sich bereits sicher, wird ihn nicht nur kriminalistisch, sondern auch seelisch noch lange bewegen.

Die Fotos sind gemacht, die Bänder besprochen, der Tisch mit Angelika M. darauf wird in den hinteren Teil des Saales geschoben, damit der zerschundene Körper für den letzten Gang hergerichtet werden kann.

Die Teilnehmer der Sektion treffen sich vor der Eingangstür. Eine Zigarettenschachtel wird herumgereicht. Spender kann nur einer der Berliner sein, stellt Kroll fest. Niemand sonst würde in diesem Kreis es wagen, »HB« zu verteilen, um nicht die Frage zu provozieren: Genosse, hast du unerlaubten Westkontakt? Bei denen in der Hauptstadt läuft die Uhr eben anders. Auch die Gerichtsmediziner sind auffällig still und nachdenklich geworden. Erst bei der Verabschiedung finden sie wieder ihren alten Ton. »Faßt die Schweine«, sagen sie, »wir drücken euch die Daumen«.

Die anderen kehren ins Einsatzbüro zurück. Die Pressemitteilung muß vorbereitet werden. Im Zeitalter der zweckgebundenen Nachrichten will jedes Wort gut überlegt sein. Eine Mitteilung mit Paßbild des Opfers wird es in der lokalen Presse geben. Außerdem die Bitte, die Volkspolizei bei der Fahndung nach dem oder den Tätern zu unterstützen. Die MUK entschließt sich, das vor Monaten erstellte subjektive Porträt hinzuzufügen. Vielleicht kommen Hinweise zu dem Mann.

Zur Leitungssitzung am Morgen liegen Bericht und Fotos der Sektion vom Vortag auf dem Tisch. Die Teilnehmer ergänzen mit subjektiven Wahrnehmungen und Reflexionen. Ihr Entsetzen überträgt sich auf die anderen in der Runde. Insbesondere auf die Leiter. »Wie ist eine solch abscheuliche und grausame Tat bei uns überhaupt möglich? Ausgerechnet in dieser Stadt. Unfaßbar!«

Denn das genau ist das Problem, was hier sichtbar wird. Nun führt zwar das gesellschaftliche Eigentum an Produktionsmitteln nicht automatisch zu einer gewaltfreien Gesellschaft, auch im Sozialismus existieren weiter Neid und Mißgunst, Haß und Habgier. Und auch im Affekt kommen Menschen ums Leben. Aber um gemeinschaftlich zu morden, muß man nicht nur seine Kinderstube, sondern all das verdrängt haben, was an humanistischen Grundregeln und Werten im Kindergarten, in der Schule und insgesamt in dieser Gesellschaft vermittelt wird. Wo rührte solche Bestialität her? Das war bar jeglicher Zivilisation, fernab jeglichen Anstandes. Das war Mittelalter, nicht 20. Jahrhundert.

Angesichts dieser Schlüsse scheint die Aufforderung des Chefs nicht nur verständlich, sie wirkt wie ein Schlachtruf: »Bringt die Halunken schnellstmöglich hinter Gitter!«

Wer den »Alten« kennt, weiß, was das heißt: Bei den Ermittlungen ist alles erlaubt, wenn es Erfolg verspricht. Vergessen ist die Tatsache, daß die Vermißtensache Angelika M. seinerzeit kaum jemanden interessierte – von Kroll abgesehen. Das ist Schnee von gestern. Jetzt müssen Resultate geschaffen werden – und das sehr schnell.

Die Ermittlungen kommen rasch auf Hochtouren. Alle Ansatzpunkte aus dem Vermißtenvorgang werden aufgenommen. Die Freiwilligen Helfer werden mit Aufträgen überhäuft. Jeder hat sein Gebiet zu bearbeiten: Betriebe, Schulen, Gaststätten, Verkaufsstellen und das eigene Wohngebiet. Alle Informationen laufen im Einsatzbüro zusammen und werden dokumentiert. Jeder noch so kleine Hinweis kann wichtig sein.

Zur Trauerfeier im Krematorium finden sich nur wenige Menschen ein. Kroll ist erschienen und kondoliert der Familie. Erst später soll der Friedhoftourismus in Mode kommen. Neugierige und Gaffer werden erscheinen, wenn jemand, der in der Zeitung stand, zu Grabe getragen wird. Angesichts der öffentlichen Anteilnahme an dem Fall Angelika M. erstaunt dennoch die geringe Anteilnahme. Als wolle man nichts damit zu tun haben.

Gleichwohl ist die ganze Stadt aufgescheucht, wie die zahlreich eingehenden Hinweise vermuten lassen.

Aufmerksam arbeitet Kroll Blatt um Blatt die Akten durch. Für ihn steht fest: Ausgangspunkt des Verbrechens ist das »Cottbuser Eck«. Hier muß erneut angesetzt werden. Vor allem bei den Zeugen, die seinerzeit befragt wurden. Er wird das selbst in die Hand nehmen – gemeinsam mit dem ABV.

Der Leiter der MUK gibt den beiden grünes Licht.

Wie damals im November ist die Kneipe um die Mittagszeit versperrt. Also betreten sie das Lokal wieder durch die Hintertür. Diesmal öffnet der Gastwirt selbst. Er weiß, was man von ihm will, er ist darauf vorbereitet. Es geht nicht mehr um eine vermißte Person, sondern um Mord. Das ist ein himmelweiter Unterschied. Dennoch bleibt der Kneiper bei seinen damals gemachten Aussagen. Die Fragen kreisen insbesondere um den dritten Mann am Nachbartisch. Kein Hiesiger war das, sagt er. Der Dialekt paßte nicht hierher. Vielleicht hinter Bautzen oder Oberland. Doch dafür wolle er seine Hand nicht ins Feuer legen. Der Typ habe gut ausgesehen, auf so was stünden die Frauen: halblange, lockige Haare. Das Gesicht angenehm, vielleicht für einen Mann ein wenig zu weich.

Der ABV hält dem Kneiper das Subjektive Porträt unter die Nase. Ja, sagt der, so hat er ausgesehen. Triumphierend schaut er der Staatsgewalt ins Gesicht: seine Beschreibung paßt – auch wenn es bereits März ist.

Selbstverständlich halte er sich zur Verfügung, sagt er, als sich die beiden verabschieden.

Kraftfahrer und Transportarbeiter hocken in der Frühstückspause auf der Rampe der Lagerhalle. Thermoskannen, daneben Brotbüchsen, dazwischen Männer unterschiedlichen Alters – alles reiht sich scheinbar durcheinander und dennoch gibt es eine Hierarchie. Mittendrin Karl D., der ausgelassen mit den anderen über den zotigen Witz eines Kollegen lacht. Doch sein Lachen erstirbt, als er die Zeitung sieht, die durch die Reihe wandert. Das ist Ralf. Es ist jene Zeichnung, die ihm damals während der Vernehmung bei der Kriminalpolizei

Die VP meldet S2 r. 18.3 81

Die vermißte Bürgerin A▉▉▉ M▉▉
▉▉, geboren am 18. November 1958,
wohnhaft in Görlitz, wurde am 15.
März 1981 tot aufgefunden. Es besteht
der Verdacht eines Tötungsverbre-
chens. Ermittlungen durch die Kriminalpolizei zur Aufklärung werden geführt. Eine weitere Information erfolgt
nach Abschluß der Untersuchungen.

Am 18. März 1981 meldet die Sächsische Zeitung *den Fund*

gezeigt worden war. Haargenau die selbe. Er hatte schon
damals Ralf St. erkannt, doch es bestritten, diesen Mann
jemals gesehen zu haben. Nun aber stand das Bild in der Zeitung. Er ist sich sicher: So werden ihn etliche erkennen und
bei der Polizei identifizieren.

Im kurzen Text daneben wird kurz über den Mord an
Angelika M. berichtet. Von den Tätern fehle noch jede Spur,
heißt es. Die Leser werden aufgefordert, Hinweise zu neben-
stehender Person unverzüglich dem nächsten Polizeirevier zu
melden.

Karl D. spürt ein Würgen im Hals. Es ist so weit – das
Schicksal hat zugeschlagen, es gibt kein Entrinnen. Was soll er
nur tun? Eine Woche, vielleicht auch zwei, dann haben sie uns,
schießt es ihm durch den Kopf. Panik breitet sich in ihm aus.
Wissen die beiden anderen schon davon? Was wird Lars unter-
nehmen?

Die Männer um ihn herum ergehen sich in wilden Spekulationen über Tat und Mörder. Karl steht auf, sein Gesicht ist
blaß. »Weichei« spotten die Kollegen, weil sie glauben, ihm sei

allein wegen der Mordmeldung schlecht geworden. Er schnappt sich die Thermoskanne und zieht ab in Richtung Klo. Die anderen grölen.

Karl D. eilt nach Hause und dann in die Wohnung von Lars P., doch der ist nicht zu Hause, nur seine Freundin. Sie bittet ihn herein, er wartet fast eine Stunde, dann trollt er sich, nervöser denn je, nach Hause. Wenn Lars komme, sagt er der Freundin, solle sie ihn gleich zu ihm schicken, er müsse dringend mit ihm reden. Bitte, fleht er sie an.

So klingelt denn Lars P. bald Sturm an der Wohnungstür von Karl D., den er umgehend anblafft, als dieser öffnet.

Er wisse bereits Bescheid. Im Betrieb spricht man von nichts anderem. Karl D. glaubt tatsächlich Stolz darüber zu erkennen. Lars P. wähnt sich im Mittelpunkt, ohne daß es die anderen wissen. Alle Welt redet darüber, was er getan hat.

Gleichwohl: Karl solle die Füße stillhalten, Ralf ist völlig abgetaucht, den finde man nie. Aber, so denkt Lars P. wieder laut: »Wir hätten damals doch abhauen sollen.«

Er ist sich ziemlich unsicher, ob diese Pfeife Karl nicht umfällt, wenn ihn die Bullen jetzt zum zweiten Male antippen werden. Er redet auf ihn ein.

»Wenn du die Schnauze hältst, kriegen die nichts raus. Du mußt nur die Schnauze halten. Verstehst du?«

Karl D. nickt.

»Du mußt mir versprechen, daß du keine Silbe über Ralf sagst. Du kennst ihn nicht, hast ihn nie gesehen. Dann kann uns auch nichts passieren. Zusammen sind wir unschlagbar.« Lars P. trommelt mit Worten auf den stummen Spießgesellen ein. Er legt sogar seinen Arm freundschaftlich um dessen Schulter, obgleich er dieses Weichei am liebsten erwürgen möchte. Vielleicht sollte er sich mit Ralf heimlich nach Polen absetzen, und diesen Trottel seinem Schicksal überlassen, denkt er nur kurz, doch auch in ihrer Abwesenheit könnte er sie belasten, und er würde es sogar besonders gern tun, wenn sie ihm sagten, daß wir auf und davon wären. Nein, sie sind aneinander gekettet, man kommt nicht mehr voneinander los.

»Okay«, sagt Lars P. und klopft ihm beim Abschied auf die Schulter, »keine Kontakte, keine Telefonate. Ist das klar?«

Wieder nickt Karl D. und folgt Lars in den Flur. »Und was ist, wenn sie mich verhaften?«

»Warum sollten sie? Niemand hat uns gesehen. Laß dich bloß nicht einschüchtern.«

Und in der Tat konzentriert sich die Suche auf den dritten Mann, nachdem fieberhaft gefahndet wird.

Auch das Kabel, mit dem Angelika M. verschnürt war, ist eine heiße Spur. Es stammt von einer LKW-Plane. Und am »Cottbuser Eck« will der Partner von Martina N. einen W 50 gesehen haben. Zwar einen Koffer, doch bestimmt gehörte das Fahrzeug zu einem größeren Fuhrpark, auf dem auch Planenfahrzeuge stehen.

Wer fährt die im Kreis?

Es gibt einige Fuhrunternehmen, die W 50 einsetzen. Sie nimmt man besonders unter die Lupe. Ein Freiwilliger Helfer meldet aus dem VEB Handelstransport, daß in der dortigen Werkstatt Ende November zwei Frontscheiben eines W 50 ausgewechselt worden seien – ein sehr ungewöhnlicher Umstand, zudem in zeitlicher Folge zur Tat.

Sofort macht sich der Chef der MUK auf den Weg. Der Lagerist erinnert sich, als wäre es gestern. Einer der Fahrer habe bei ihm beide Teile der Frontscheibe abgeholt. Das wäre bei ihm noch nie vorgekommen. Er demonstriert das dem Kriminalisten an einem Fahrzeug, das auf dem Hof steht: Die Frontscheibe ist zweiteilig. Beide Teile werden durch einen starken Dichtungsgummi zusammengehalten. Meist zerspringt bei einem Steinschlag nur ein Teil der Frontscheibe, die andere bleibt ganz. Technisch ist es kaum möglich, daß durch einen Steinschlag beide gleichzeitig kaputtgehen. Der Fahrer, der die Beschädigung meldete, habe angegeben, es wären Steine von einer Brücke herabgefallen. Er könne sich auch an einen großen Scherbenhaufen an der Bahnunterführung erinnern, weshalb er dem Fahrer geglaubt und ihm die Scheiben herausgegeben habe.

»Wie hieß der Mann?«

»Moment, das haben wir gleich«, sagt der Lagerverwalter und langt nach der Partiekarte. Sein Finger fährt die Spalte hinunter, dann stoppt die Bewegung. »Hier. Lars P. war das.«

»Kann ich das Buch haben?«

»Aber nur gegen Quittung«, entgegnet er. »Ich brauche das noch.«

Vom Lager zieht der Kriminalist aus Dresden weiter zur Werkstatt. Auch dort erinnert man sich an den Vorgang. Hier sei bis dato kein Fall bekannt geworden, daß beidseitig die Frontscheibe entzweigig. Im Arbeitsnachweisbuch steht der Name des Fahrers. Es ist der bereits bekannte.

Der Einsatzleiter fährt zurück ins Büro. Noch auf dem Hof sieht er einige seiner Kollegen, die zwei Autoschlosser befragen. Sehr gut, sie denken mit.

Noch ehe P. seine Vorladung erhält, haben verschiedene Befragte zu Protokoll gegeben, was er für ein Kollege ist. Keiner hat eine besonders gute Meinung von ihm. Er sei jähzornig, aufbrausend, liebe krumme Touren und nehme es mit dem Eigentum, insbesondere mit dem volkseigenen, nicht so genau. Er nehme hin und wieder den W 50 mit nach Hause und stelle diesen auf dem Konsumgelände ab.

Welches Konsumgelände?, wird nachgefragt.

So und so.

»Ist da nicht das ›Cottbuser Eck‹ in der Nähe«, erkundigt sich der Kriminalist.

»Ja, das ist um die Ecke.«

Oberleutnant Erler, der dies erfährt, macht sich umgehend zum genannten Ort auf.

Ein roter Backsteinbau, langgestreckt und zweistöckig, nimmt die ganze Seite des Geländes ein. Zum Objekt gehört die Konsum-Bäckerei mit Lehrwerkstatt, die Getränkeherstellung und kleinere Lagerräume. Auf dem Hof ist Betrieb. Von hier werden nicht nur die Geschäfte der Stadt, sondern auch die kleinen Landläden in der Umgebung mit frischen Brötchen, Brot und Kuchen sowie mit Brause und anderen Erfrischungsgetränken versorgt. Der Pförtner behält als einziger die Übersicht, wer kommt und wer fährt.

Oberleutnant Erler hält ihm den Dienstausweis unter die Nase. Das scheint den Mann hinter der Scheibe wenig zu erschrecken. Er ist Profi.

Der Hof des Konsum-Objektes, 1981

»Was gibt's, Genosse Oberleutnant«, fragt er unbeeindruckt. So und so.

Ach, um die LKW geht es. Alle notiert.

»Stimmt es, daß manchmal über Nacht hier auch fremde Lieferfahrzeuge abgestellt werden?«

Der Pförtner verliert merklich an Selbstbewußtsein. Er weiß, daß man ihm an dieser Stelle etwas am Zeug flicken kann.

»Hm«, reagiert er einsilbig, »kann schon mal vorkommen«.

»Hören Sie, Kollege, ich habe nicht vor, Sie dafür bei der Leitung anzuschwärzen«, erklärt Erler. »Mich interessiert nur ein bestimmtes Fahrzeug.«

Über das Gesicht des Pförtners huscht ein entspanntes Lächeln. »Ach so. Um wen geht's?«

»Sagen wir mal so: Ich will wissen, wer im November Nachtdienst hatte. Haben Sie die Kladde da?«

Ja, selbstverständlich. Bitte sehr.

Erler studiert den Dienstplan.

»Wer ist das, der vom 24. bis 27. November Wache schob?«

Der Pförtner blickt ins Buch. »Das war ich ich.«

»Wunderbar«, sagt Erler, »da können wir es kurz machen: Hat am 25. ein fremdes Transportfahrzeug auf dem Hof gestanden?«

Dem Pförtner wird es heiß, weil er sich sehr wohl an die Flasche Braunen erinnern kann, die ihm Lars P. an jenem Abend zuschob. Wenn das rauskommt, gibt es einen Verweis, da ist die Prämie zum 1. Mai futsch.

Darum schüttelt er den Kopf. »Nein, daran kann ich mich beim besten Willen nicht erinnern. Das ist ja auch fast ein halbes Jahr her. Wissen Sie, wie viele Fahrzeuge seither durch dieses Tor gerollt sind?«

Erler ist verärgert. Er spürt, daß er belogen wurde. Um den Kopf auszulüften, macht er sich zu Fuß zur nächstenKreuzung auf. Dort befindet sich das »Cottbuser Eck«. Für die Distanz benötigt er keine fünf Minuten …

Karl D. und Lars P. sind am Morgen des nächsten Tages einbestellt. 9.00 Uhr wird P. vernommen, 11 Uhr D. Beide gelten als Hauptzeugen, nicht als Verdächtige.

Pünktlich betritt Lars P. das Volkspolizei-Kreisamt. Er hält dem Diensthabenden die Vorladung unter die Nase und sagt etwas von Unverschämtheit und daß er etwas mehr Verständnis für die Planerfüllung erwartet habe. Der Uniformierte nimmt es gelassen; solche Typen kennt er zur Genüge. P. muß nicht lange im Besucherraum warten. Erst einmal sind die Vernehmer der MUK an der Reihe.

Es geht um die Vermißtensache vom 25. November 1980. Daß diese inzwischen ein Mordfall geworden sei, werde er sicher schon erfahren haben. Lars P. nickt. »Meinen Aussagen von damals habe ich nichts hinzuzufügen.«

Der Vernehmer tut so, als sei ihm dieses Protokoll nicht bekannt. »Was haben Sie denn damals gesagt?«

P. repetiert beinahe wörtlich den Text von damals, gleichsam als habe er ihn auswendig gelernt. Er weicht nicht ein Jota von seiner Darstellung ab.

Der Kriminalist hört zu und nickt von Zeit zu Zeit.

Manchmal unterbricht er den Redefluß des Zeugen mit Fragen. Wie kam der Kontakt mit dem dritten Mann zustande, hat man sich verabredet oder später zufällig noch einmal unterwegs getroffen?

Lars P. bleibt bei seiner Darstellung, daß der Fremde nicht von hier gewesen sei. Der Kriminalist wechselt zum W 50 und dem Glasbruch.

Das läßt Lars P. stutzen. Im November spielte der LKW keine Rolle. Wieso jetzt? Er hat damals den W 50 nicht einmal ansatzweise erwähnt. Er ist gewarnt.

»Schildern Sie mir doch mal Ihren Arbeitstag«, bittet der Kriminalist. »Wo steht Ihr Fahrzeug über Nacht, wo wird es be-, wo entladen, und wann ist Feierabend?«

Lars P. wird unruhig. Solche Fragen liegen ihm nicht. Zumal wenn alles mitgeschrieben wird. Die Antworten fallen kurz aus.

»Es heißt, daß einige Kraftfahrer aus Bequemlichkeit ihren LKW nicht auf dem Betriebshof, sondern in der Nähe der Wohnung abstellen. Sie auch?«

Auch wenn P. äußerlich gelassen bleibt, spürt man seine wachsende Erregung. Ja, das habe er schon gehört, sagt er.

»Und Sie?«

Er bläst die Backen auf. »Vielleicht ein-, zweimal, als ich es sehr eilig hatte. Familienangelegenheiten.«

»Welcher Art?«

»Was weiß ich«, reagiert P. unwirsch. »Beerdigung oder Kindtaufe. So in der Richtung.«

»Sie fahren mit dem LKW zur Kindtaufe?«

»Nee, natürlich nicht, ich war nur spät dran.«

»Und da haben Sie das Fahrzeug auf dem Betriebshof des Konsum abgestellt. Das ist ja zulässig«, sagt der Vernehmer.

Dankbar nimmt P. den Paß auf. »Jaja. So war's wohl.«
»Auch am 25. November?«

Er überlegt scheinbar, dann sagt er, daß er sich an den Tag nicht mehr erinnern könne. »Eher nicht. Da war ich doch mit meinem Kumpel Karl im ›Cottbuser Eck‹ auf ein Bier. Den Rest kennen Sie ja bereits.«

Die Fragen werden immer drängender und P. immer unsicherer. Ab und an kommt er richtig ins Stottern, von seinem großmäuligen Auftritt zu Beginn ist nicht mehr viel übrig. Die Fragen kommen wie Peitschenhiebe.

Wann sind Sie gegangen?

Mit wem sind Sie gegangen?

Warum sind Sie gegangen?

Wann ist der dritte Mann am Tisch gegangen?

Mit wem?

Sie sollen mal kurze Zeit weggewesen sein? Wo waren Sie?

Als die Vernehmung endet, ist P. in Schweiß gebadet. Er steht mit dem Rücken zur Wand und durchschaut die Taktik der Vernehmung: Knieschuß, Bauchschuß, Kopfschuß. Das ging voll ins Knie, er spürt das.

Mit dem bekannten Spruch: »Halten Sie sich bitte zu unserer Verfügung« wird er aus dem Zimmer entlassen.

Im Flur trifft er auf Karl D. Dem steht die Unsicherheit ins Gesicht geschrieben. Er weicht dem Blick von P. aus, es fällt kein Wort.

Auch Karl D. bestätigt seine frühere Zeugenaussage.

Als er auf den W 50 von P. angesprochen wird, reagiert er vergleichsweise gelassen. Er habe ein eigenes Fahrzeug und wisse nicht, wo P. über Nacht seins abstelle. Man habe sich immer erst in der Kneipe getroffen. Auch an jenem Abend.

Seiner Meinung nach war diese Angelika M. ein Flittchen. Die habe immer mit Jungs rumgemacht, schon in der Schule. Auch er habe sie damals gebumst. Naja, und an jenem Novemberabend habe es sie auf den Fremden an ihrem Tisch abgesehen. Das habe ihn jedoch nicht weiter gestört.

»Wie stehen Sie zu Lars P.?«, erkundigt sich der Vernehmer.

»Wie meinen?«

»Na, ob Sie Freunde sind …«

»… oder Geschäftspartner«, ergänzt Kroll, der das Zimmer betreten hat. »P. hat doch Waren schwarz verkauft, die er von der Ladung abgezweigt hat.« Und als genüge das noch nicht, schiebt er nach: »War der große Unbekannte vielleicht auch einer seiner Geschäftspartner?«

Nun ist Karl D. völlig verunsichert. Kalter Schweiß tritt ihm auf die Stirn. »Ich weiß davon nichts«, stammelt er.

»Oh doch«, sagt Kroll. »Sie hängen voll mit drin. Und das wissen Sie auch.« Und an den Vernehmer gewandt: »Ich denke, Sie sollten den Zeugen entlassen. Machen wir heute Schluß.«

Völlig verstört geht D. zur Tür.

»Halten Sie sich …«

»Ja, ich weiß. Ich werde Ihnen schon nicht abhanden kommen.« Dann fällt die Tür uns Schloß.

Kroll feixt. »Der ist nun völlig verunsichert. Wetten, daß der beim nächsten Mal singt wie eine Nachtigall?«

Als nächstes erscheint die Freundin der Ermordeten. Auch Martina N. hat ihrer damaligen Aussage nichts hinzuzufügen. Jenen Mann, dessen Porträt nach ihren Angaben gezeichnet worden war, hat sie seither nicht wieder gesehen. Vermutlich sei er wirklich nicht von hier gewesen, sagt sie. Der Sprache nach aus dem Oberland. Das ist die Gegend zwischen Zittau und Bautzen. Die dort lebenden Menschen rollen das R wie sonst nirgends.

»Kein Berliner?«

Martina N. lacht. »Nie im Leben.«

Diese Richtung hatte auch Karl D., wenngleich nicht derart präzise, ebenfalls angegeben. Kroll glaubt, nunmehr die Suche konzentrieren zu können. Im Oberland gibt es nur kleine Dörfer, da könnte man mit dem subjektiven Porträt arbeiten. Und kleine Textilbuden. Schon möglich, daß auch mit Waren von dort so verfahren wird, wie Lars P. es tat. Vielleicht arbeiteten er und der Unbekannte, denkt Kroll, sogar Hand in Hand. Eine Schieberbande …

Nein, sagt Martina N., sonst sei ihr nichts Besonderes an dem aufgefallen. Kein Hinken beim Gehen, kein zitternder Arm. Er war gepflegt und gut beieinander, eben top. Die Ergebnisse der Zeugenvernehmungen werden dem Chef der Morduntersuchungskommission und dem Leiter der Einsatzgruppe vorgelegt. Wie erwartet, entschließt man sich, die Ermittlungen aufs Oberland und den hiesigen Möbelhandel sowie auf die Warenlager auszudehnen. Zu diesem Zweck wird das subjektive Porträt weitere hundert Male kopiert. Allen Abschnittsbevollmächtigten und Freiwilligen Helfern wurde es bereits zugestellt.

In unmittelbarer Nähe des »Cottbuser Ecks« befinden sich der Güterbahnhof der Deutschen Reichsbahn, das Konsum-Gelände sowie Lagerhäuser der Bäuerlichen Handelsgenossenschaft (BHG) und des Möbelhandels. Dort arbeiten Kraftfahrer, Beifahrer, Transport- und Hofarbeiter. Der ABV wird wieder in die Spur geschickt. Er kennt die Betriebe und die meisten der dort tätigen Menschen zumindest vom Sehen. Er war gelegentlich bei den Männern im Möbelhandel und hat mit ihnen über dies und das geschwätzt und auf diese Weise manch interessante Information etwa über fragwürdige Auslieferungspraktiken erhalten.

Der Abschnittsbevollmächtigte trifft auf dem Hof ein, als die Schichten wechseln. Die Männer stehen in Gruppen auf dem Hof. Den ABV kennt man. Einige grüßen, andere nehmen ihn nicht zur Kenntnis, je nachdem, wie man eben zur Staatsmacht steht.

»Kommst du wegen der toten Frau?«, ruft einer. »Habt ihr schon den Mörder?« ein anderer. Der großgewachsene Polizist hebt die Hände. »Nicht alle auf einmal. – Kommt mal her.« Schnell bildet sich um ihn ein Kreis. Die Männer mustern den ABV neugierig.

»Wir suchen noch Zeugen«, beginnt er. »War einer von euch am 25. November im ›Cottbuser Eck‹?«

Zwei Arme gehen hoch. »Wir waren da.«

»Und?«

»Nischt: und. Wir haben am Tresen unser Bier getrunken und sind dann zusammen gegangen«, sagt der eine, und der Kollege nickt zur Bekräftigung. »Wir haben nichts mitgekriegt. Die kamen erst, als wir schon wegwaren.«

»Gebt mal trotzdem euren Namen und die Anschrift«, sagt der ABV und zückt sein Notizheft. »Man weiß ja nie.«

Nachdem er die Kladde in seiner Umhängetasche verstaut hat, zieht er ein Blatt daraus hervor. Er hält die Zeichnung über den Kopf und dreht es in alle Richtungen.

»Kennt einer von euch diesen Mann?«

Die Männer äugen neugierig bis kritisch. Dann platzt es aus einem heraus. »Klar kennen wir denn. Das ist Ralf St., der arbeitet hier als Beifahrer.«

»Nein, das ist er nicht«, ruft einer dazwischen. Ein anderer: »Das könnte er sein, aber beschwören würde ich es nicht.«

Der ABV ist mehr als glücklich. »Schwören sollst du ja nicht. Am besten, wir fragen ihn selbst, ob er der Mann ist.« Er schaut sich in der Runde um. »Ist er heute hier?«

»Nee, noch nicht«, ruft einer von hinten. »Der kommt immer auf den letzten Drücker zur Schicht. Mußte einfach nur warten.«

»Wer bist du?«, ruft der ABV.

»Der Kraftfahrer. Ich fahre in dieser Woche zusammen mit St. Wetten, daß der jede Minute hier aufkreuzen wird.«

Und tatsächlich: Wenig später erscheint jemand auf dem Hof und nähert sich der Gruppe. Die johlt, als sie ihn erkennt. »Mensch, dich haben sie gemalt«, brüllt einer.

St. ist irritiert. »Was ist los?«

»Der ABV hat eine Zeichnung von dir, du bist berühmt.«

»Was für eine Zeichnung?«

Der massige Polizist arbeitet sich durch die Menge. Er vergleicht das Bild mit dem Ankömmling. Die Ähnlichkeit liegt auf der Hand. Er fragt nach. »Sind Sie Ralf St., der hier als Beifahrer arbeitet?«

»Ja. Aber was wollen Sie von mir? Gibt es irgendwelche Kratzer auf an gelieferten Möbeln oder was?«

Der Polizist schüttelt den Kopf. Er sei ein wichtiger Zeuge in einer Straftat, womit er völlig recht hat. »Wo kann ich mal telefonieren?«

»In der Verwaltung. – Kann ich gehen?«

»Nein, begleiten Sie mich mal. Es kann sein, daß man Sie gleich auf dem Volkspolizeikreisamt vernehmen will. Ich will dort anrufen.«

Widerwillig folgt Ralf St. dem Polizisten ins Büro. Der teilt sachlich, aber innerlich sehr erregt mit, daß er soeben den dritten Mann gefunden habe. Er heiße Ralf St. und arbeite als Beifahrer im Möbellager. Dann nickt er nach einer Weile. »Zu Befehl!« Danach legt er den Hörer auf. Und an die Sekretärin gewandt fragt er, ob es ein Zimmer gäbe, wo er mit Herrn St. warten könne. Es kämen gleich einige Herren vorbei.

Es dauert kaum eine Viertelstunde, da rollt der »Wartburg« der VP auf den Hof. Der Einsatzleiter springt heraus und eilt mit Riesenschritten ins Verwaltungsgebäude. Ein kurzer Blick auf St. und ein leiser Wortwechsel mit dem ABV, das ist alles. Dann sagt er: »Begleiten Sie mich bitte, Herr St., ich würde mich gern mit Ihnen auf dem VPKA unterhalten.«

Der Angesprochene ist reichlich verunsichert und leistet hinhaltenden Widerstand. »Um was geht es denn überhaupt? Außerdem beginnt gleich meine Schicht.«

»Ich kläre das mit Ihrem Meister«, sagt der ABV. »Sie fahren jetzt mit zur Zeugenvernehmung. Alles andere erfahren Sie dort.«

Der Einsatzleiter deutet auf die Tür, St. solle vorgehen, heißt das. »Mein Wagen steht auf dem Hof.«

Natürlich weiß Ralf St., was die Glocke geschlagen hat. Doch er beschließt, sich dumm zu stellen. Eine andere Strategie hat er nicht, zumal ihn weitaus stärker die Frage beschäftigt, wer ihn gezeichnet und damit verraten hat. Er kann sich nicht vorstellen, daß Lars P. oder Karl D. ihn ans Messer geliefert haben. Die sitzen doch mit im Boot und würden sich selbst belasten, gäben sie seinen Namen preis. Die Nutte kann's auch nicht gewesen sein, die ist tot. Vielleicht das Pärchen, was noch am Tisch saß?

Viel Zeit zum Grübeln bleibt nicht.

Die Zeugenvernehmung findet im Büro des Kriminal-Dauerdienstes statt. Nachdem die Personalien aufgenommen sind, geht man gleich in media res. »Sie waren am Abend des 25. November 1980 am Abend im ›Cottbuser Eck‹. Mit wem?«

»Keine Ahnung. Ich kannte den einen nur flüchtig vom Sehen. Der andere war mir fremd.«

»Waren das Kollegen.«

»Ja, der eine war Kraftfahrer oder so was. Beim Handelstransport, glaube ich.«

St. rollt das R in »Kraftfahrer« und »Handelstransport« unüberhörbar. Und nicht nur das: Er will den einen zumindest flüchtig gekannt haben. Die beiden anderen Zeugen hatten erklärt, man habe sich erstmals gesehen.

Der Vernehmer geht zunächst auf diesen Widerspruch nicht ein und wechselt das Thema. »Sie haben mit einer Frau am Nebentisch geflirtet?« St. bläst abschätzig die Wangen auf. »Die hat mich angemacht, nicht umgekehrt. Sie war nicht mein Fall. Ihre blonde Freundin gefiel mir besser. Aber die hatte ihren Macker bei.«

»Aber Sie sind dann doch mit ihr vor die Tür gegangen. Warum?«

»Warum, warum. Ich hab' sie mir eben schöngesoffen.«

»Aber Sie geben zu, daß Sie zusammen mit dieser Frau das Lokal verlassen haben.«

»Ja, das stimmt. Wir sind zusammen gegangen.«

»Und?«

»Nischt: und. Wir haben draußen noch ein bißchen rumgeknutscht, ich hab' sie gefingert und aus. Zum Ficken war ich zu besoffen. Dann bin ich nach Hause.«

»Allein?«

»Klar doch.«

»Und die Frau?

»Was weiß ich. Vielleicht ist sie zurück in die Kneipe, vielleicht auch nach Hause. Keine Ahnung. Ich habe mich nicht umgedreht und bin gegangen.«

»Wann waren Sie zu Hause?«

Nun beginnt es für Ralf St. brenzlig zu werden. Er darf keine Angaben machen, die notfalls überprüft und gegen ihn verwandt werden können. »Das muß so nach 23 Uhr gewesen sein.«

»Gibt es Zeugen?«

»Meine Frau. Sie ist wachgeworden, als ich kam.«

»Wird sie das bestätigen.«

»Aber sicher.«

»Gut, werden wir also auch sie befragen.« Der Kriminalist macht sich eine Notiz. »Ich will aber noch einmal auf die beiden Herren zurückkommen, mit denen Sie am Tisch saßen.«

»Bitte, aber was es dazu zu sagen gibt, habe ich Ihnen bereits gesagt. Mehr weiß ich nicht.«

»Sie sagten, Sie kannten einen ›flüchtig vom Sehen‹. Können Sie sich erinnern, wann und wo Sie ihn flüchtig gesehen hatten?«

St. bleibt scheinbar gelassen, doch die Fingerknöchel färben sich weiß. Er preßt ganz offensichtlich die Hände zusammen, um seine Nervosität zu unterdrücken. Er schweigt, als grüble er nach.

»Keine Ahnung.«

»Aber wenn Sie wissen, daß er beim Handelstransport war, müssen Sie doch die Begegnung bewußt wahrgenommen haben.«

»Ich habe gesagt: Ich nahm an, daß er dort beschäftigt war. Drehn Sie mir doch nicht das Wort im Halse herum.«

»Ich gebe nur das wieder, was Sie gesagt haben.« Der Kriminalist blättert in seinem Notizbuch zurück. »Sie sagten: ›Der eine war Kraftfahrer oder so was. Beim Handelstransport, glaube ich.‹ Das klingt doch ziemlich überzeugt.«

»Sie sollten nicht den Klang beurteilen, sondern die Aussage«, entgegnete St. ziemlich patzig. Er schien Oberwasser zu gewinnen.

»Also gut. Sie sind sich nicht sicher, sondern Sie vermuten nur, daß der eine der beiden als Kraftfahrer beim VEB Handelstransport beschäftigt ist. Aber Sie wissen nicht seinen Namen.«

»Genau.«

»Aber Sie haben schon mal arbeitsmäßig miteinander zu tun gehabt. Dabei haben Sie sich ›flüchtig‹ gesehen. Wo kann denn das gewesen sein?«

St. beginnt auf seiner Unterlippe zu nagen. Er spürt instinktiv, wie er in die Enge getrieben wird. Verweigert er sich vollständig, belastet ihn das mindestens so wie die Wahrheit. Also muß er dem Frager etwas anbieten.

»Kann sein, daß die vom Handelstransport mal ›sozialistische Hilfe‹ in unserem Lager geleistet haben.«

»Was heißt ›sozialistische Hilfe‹?«

»Personal ist überall knapp. Und die vom Handelstransport beschwerten sich, wenn wir immer so lange brauchten, um die Ware an die Rampe zu bringen. Da hat dann mancher Kraftfahrer schon mal mit angefaßt, damit er schneller vom Hof kam. Vielleicht war er so ein Drängler.«

»Und seinen Namen wissen Sie nicht.«

»Glauben Sie, daß die sich vorstellen? ›Mein Name ist Paul Schulze, ich bin Kraftfahrer beim VEB Handelstransport, darf ich dir beim Suchen und Heraustragen der Vitrine helfen?‹ Wo leben Sie denn?«

Der Vernehmer überhörte auch diese Frechheit und zählt einfach ein paar Vornamen auf. »Hieß er Peter, Klaus, Otto, Kurt, Mark ...« Zwischen jedem Namen macht er eine lange Pause, in der er St. aufmerksam mustert und dessen Reaktionen registriert. Bis dahin zuckte er mit keiner Wimper. »... Rainer, Felix, Bernd, Jochen, Lars ...« Zum ersten Mal gibt es eine Reaktion. Nur ein Wimpernschlag. Aber nicht zu übersehen für einen trainierten Kriminalisten.

»Also Lars. Er hieß Lars.«

»Wie kommen Sie darauf? Ich habe nichts gesagt. Aber wenn ich ganz tief in mich schaue ...«

»Das sollten Sie unbedingt tun.«

»Es könnte sein, daß er Lars hieß. Irgendwie kommt mir der Name bekannt vor. Aber mehr weiß ich auch nicht.«

»Gut«, sagt der Vernehmer. »Dann nehmen wir das mal ins Protokoll auf.« Er spannt ein Blatt mit mehreren Durchschlägen in die Schreibmaschine und beginnt zu tippen.

Am nächsten Morgen, es ist der 25. März 1981, lasten schwere Regenwolken über Görlitz. Im Terminkalender der Morduntersuchungskommission steht als erste Position: Zeugenvernehmung Iris St. Noch während ihr Mann gestern im VPKA war, hatten ihr Mitarbeiter der Einsatzgruppe die Vorladung ins Haus gebracht. Die Zeugin macht einen gepflegten Eindruck und tritt selbstbewußt auf. Sie antwortet präzise auf jede Frage. Nur als der Vernehmer auf den 25. November zu sprechen kommt, wird sie auffallend einsilbig.

Sie sei gegen 16.30 Uhr mit ihrem Sohn Alexander, den sie aus der Krippe abgeholt hatte, in der Wohnung eingetroffen. Dann habe sie noch etwas vom Geburtstagskuchen gegessen, der vom Vortag übriggeblieben sei. Sie sei nämlich am 24. November 22 Jahre alt geworden. Alexander sei ein wenig erkältet gewesen und schwer nur eingeschlafen. Sie habe noch ein wenig gelesen und sei dann ins Bett gegangen.

»Ihr Mann war nicht zu Hause?«

»Nein.«

»Wann ist er denn gekommen.«

Die Zeugin hebt die Schulter. »Ich hatte bereits geschlafen.«

»Er sagt, es wäre gegen 23 Uhr gewesen.«

»Kann sein. Ich habe nicht auf die Uhr geschaut. Ich habe ihn ja auch nicht gehört.«

»Wie haben Sie ihn dann überhaupt bemerkt?«

»Ich mußte auf die Toilette, da war er im Bad und wusch seine Hose. Ich war erschrocken.«

»Was hat Sie erschreckt.«

»Na, das Blut.«

»Welches Blut?« Der Vernehmer fährt alle Antennen aus.

Fast widerwillig reagiert sie auf die Nachfrage. »Seine Jeans waren voller Blut. Ich habe ihn gefragt, woher das stamme. Er sagte mir, daß sich sein Fahrer geschnitten und sich über ihn gebeugt habe, als er nach dem Sani-Kasten langte … Die Hose war ruiniert. Ich habe versucht, die Flecken zu entfernen, aber das ging nicht. Am anderen Tag habe ich sie in den Müll geworfen.«

»Sie haben die Jeans entsorgt?«, fragt der Kriminalist nach, wohl wissend, daß Jeans aus dem Westen nicht einfach weggeworfen werden, selbst wenn sie Flecken haben. Notfalls wird umgefärbt. Das ist schon merkwürdig.

Frau St. nickt. »Schweren Herzens, ja.«

»Und Sie waren gegen 23 Uhr im Bad?« Der Kriminalist tut so, als stelle er diese Frage zum ersten Mal und gibt sich überascht, als die Antwort wieder so vage ausfällt wie zuvor.

»Und der verletzte Kratfahrer. Wie hieß der?«

Die Zeugin zuckt die Achsel. »Habe ich vergessen.«

»Ihr Mann hat seinen Namen also genannt?«

»Ja, sicher. Ich weiß ihn nur nicht mehr. Ich war sauer wegen der Hose. Da interessierte mich der Idiot nicht, der sie versaut hatte.«

»Würde es Ihnen helfen, nennte ich Namen?«

Frau St. schüttelt den Kopf. »Ganz bestimmt nicht. Der Name ist weg. Wirklich. Ich habe keine Ahnung. Mit wem mein Mann zusammenarbeitet und mit wem er sich sonst so rumtreibt, weiß ich wirklich nicht.« Sie stellt die Beine nebeneinander und deutet damit an, daß sie das Gespräch damit für beendet hält.

»Wir sind gleich fertig«, sagt der Vernehmer, der dieses Zeichen zum Aufbruch durchaus zu deuten vermag. »Ist Ihr Mann oft unterwegs?«

Diese Frage hätte er besser nicht stellen sollen. Jetzt brechen alle Dämme. Die frustrierte Ehe- und Hausfrau kippt den angestauten Unmut aus. Er rücke abends immer häufiger aus, sei mit Kumpels unterwegs, es ginge immer um Absprachen für die Arbeit und dergleichen. Das Kind habe nichts von seinem Vater und sie nichts von ihrem Mann, alles laste auf ihr, der ganze Haushalt, der Einkauf, Alexander. Sie wisse nicht, wie lange sie das noch ertragen wolle, irgendwann werde sie abhauen. Sie habe das Ralf auch schon gesagt. Als Bettvorleger und Haussklavin sei sie sich auf Dauer zu schade. Sie wolle noch was vom Leben haben …

Der Polizist nickt verständnisvoll, die Dienstvorschrift gestattet bei Zeugenaussagen keine verbale Zustimmung oder Bekundung. Man hat neutral zu bleiben.

Draußen auf der Treppe läuft sie an Lars P. vorbei. Auch er läuft grußlos an ihr vorbei: Sie kennen sich wirklich nicht von Angesicht zu Angesicht. Seinen Namen jedoch kennt sie durchaus. Sie hat diesen ebenso verschwiegen wie die Uhrzeit und die Herkunft der Blutflecken. Die sollten von der Schramme an Ralfs Oberschenkel herrühren. Schmarrn. Und wieso waren dann gleich beide Hosenbeine vollgetropft? Ihr war schon damals in der Nacht bewußt, daß Ralf log. Doch er war, bei allem Ärger, noch immer ihr Mann. Den liefert man nicht ans Messer.

Lars P. ist sauer. Schon wieder ist er vorgeladen worden. Er weiß nicht, was die Bullen diesmal von ihm hören wollen. Hat sich Karl verquatscht? Er ist merklich verunsichert. Und diese Unsicherheit wächst, als ihn nicht nur einer, sondern zwei Kriminalisten begrüßen und ihm der Stuhl vor dem Schreibtisch zugewiesen wird. Der Ton scheint merklich kühler als gestern. Oder kommt ihm das nur so vor?

Die Fragen kommen im Stakkato. Es geht wieder um den dritten Mann am Tisch im »Cottbuser Ecke«.

Lars P. bleibt bei seiner Linie. Er wiederholt, was er bereits am Vortag und damals im November zu Protokoll gegeben hat. Nein, er kenne den dritten Mann nicht. P. lügt. Und das wissen die beiden inzwischen. Also nehmen sie sich Zeit. »Kaffee? Zigarette?«

P. lehnt ab. Zwei Türen weiter schwitzt Karl D. auf seinem Stuhl. Auch er war gleich nach dem Frühstück von der

Schutzpolizei quasi zugeführt worden. Er weiß nicht, daß Lars nebenan sitzt. Wüßte er es, wäre er bestimmt noch eine Spur nervöser, als er ohnehin ist. Sein Blick ist unstet, unsicher knetet er die Hände, die Stimme klingt bisweilen brüchig. Obgleich er bei seinen Aussagen bleibt, zeigt die Festungsmauer Risse.

»Kaffee? Zigarette?«

D. nimmt an.

Auch bei ihm haben die Kriminalisten Zeit.

Und außerdem ist man noch dabei, im Lichthof des Amtes eine Gegenüberstellung vorzubereiten. Zwei Zivilangestellte, zwei Kriminalisten und zwei weitere Polizisten in Zivilkleidung haben sich bereits eingefunden. Ralf St., der von der Arbeit abgeholt wird, soll sich dann einreihen.

Auch Martina N. ist bereits zum VPKA unterwegs. Sie wird die erste sein, die die Reihe mit den sieben Personen abschreiten soll. Dann folgen die anderen Zeugen.

Ralf St. bekommt ein Pappschild mit der Nr. 2 in die Hand gedrückt. Die anderen haben seine Statur, Frisur und Aussehen weichen nicht sonderlich voneinander ab. Der Leiter der Morduntersuchungskommission ist über die Auswahl zufrieden. Denn wenn bei einer Gegenüberstellung die Typen zuweit voneinander abweichen, ist die Möglichkeit des Irrtums größer. Gleichen sie sich, wählen nur jene Zeugen, die eine sehr präzise Erinnerung haben, den Richtigen.

Bevor Martina N. den Männern ins Gesicht schaut, ist sie vergattert worden, nichts zu sagen oder sich anmerken zu lassen. Sie solle ruhig vorbeilaufen, könne auch stehen bleiben – aber nicht reagieren.

Sie tut, wie ihr geheißen. Die Männer starren geradeaus, fixieren einen Punkt an der Wand. Auch Ralf St. zuckt mit keiner Gesichtsmuskel, als die Frau vor ihm steht und ihn genau mustert. Einmal auf-, einmal abwärts, dann nickt sie dem Polizisten zu, der führt sie hinaus.

Hinter der Tür fällt die Anspannung merklich von ihr ab. Sie läßt sich auf einen Stuhl fallen und atmet tief durch.

»Und«, fragt der Leiter der MUK. »War er dabei?«

Die Zeugin nickt. »Der Kerl mit der Nr. 2 ist es. Da bin ich mir absolut sicher. Er hat mit Angelika geflirtet und ist auch mit ihr losgezogen.«

Ihr wird das Protokoll zur Unterschrift vorgelegt. Sie quittiert die belastende Aussage. Doch als sie unterschrieben hat, bricht plötzlich Sorge auf. »Der wird mich doch auch erkannt haben. Nicht daß ich anschließend mit dem Ärger kriege.«

»Sie müssen sich nicht fürchten«, sagt der Mann von der MUK. »Sie können ganz beruhigt sein. Dazu wird er keine Gelegenheit bekommen.« Er nickt ihr vertrauensvoll zu. Martina N. hat verstanden.

Dann ist Lars P. an der Reihe. Ein Schutzpolizist bringt ihn von der zweiten Etage in den Lichthof. Im Vorraum wird er vom Leiter der Morduntersuchungskommission in Empfang genommen und eingewiesen. Der Text ist der gleiche, den er auch vorhin gebrauchte. P. gibt ihm mit der Mimik zu verstehen, wie ihn das alles anödet.

Das hält nicht lange vor. Noch bevor das Defilée beginnt, hat er Ralf St. entdeckt, er verlangsamt merklich den Schritt. Der Leiter der MUK, der ihm folgt, merkt das sofort, aber er reagiert nicht. Dann schaut er, wie aufgegeben, jedem ins Gesicht. Beim zweiten weicht sein Blick ein wenig ab. St. schaut seinem Gegenüber nicht in die Augen. Der Kriminalist bemerkt diesen Sekundenbruchteil der Irritation. Das geschieht auch beim zweiten Durchlauf. Hinter der Tür erklärt der Zeuge wie erwartet, daß er keinen der Angetretenen kenne.

»Sind Sie sich sicher? Nicht einer wies auch nur eine gewisse Ähnlichkeit mit dem unbekannten Dritten an Ihrem Tisch auf?«

St. schüttelt den Kopf. »Allerdings …«

»Ja?«

»Die Nr. 5 und die Nr. 8 könnten vielleicht ein bißchen ähnlich gewesen mit dem Typ von unserm Tisch.«

»Nr. 5 oder Nr. 8?«

»Ja, ich bin mir aber nicht sicher. Die Haare waren, glaube ich, etwas länger. Und welliger. Ja, welliger und länger.«

»Gut, das nehmen wir auf. Kommen Sie bitte mit.«

Der Protokollant haut die Aussage kommentarlos in die Maschine. Er weiß, daß St. lügt und müßte ihn dennoch gehen lassen, was er vermeiden möchte. Denn Karl D., der ebenfalls zur Gegenüberstellung kommt, wird garantiert umfallen, und damit ist die Sache sicher. Er muß also auf Zeit spielen.

»Mist, das Farbband ist hin, ich muß ein neues holen.«

Der Zeuge St. verzieht das Gesicht. »Naja, typisch DDR. Nicht mal ordentliche Farbbänder kriegen sie hin.«

»Wollen Sie solange einen Kaffee trinken.«

Jetzt möchte er. St. wähnt sich bereits wieder obenauf. Die Gegenüberstellung hat aus seiner Sicht bestens geklappt, die blöden Bullen haben nichts gemerkt. Die Kuh ist vom Eis.

Der Leiter der Mordkommission eilt in den zweiten Stock. Dort ist die Befragung von Karl D. noch im Gange. Er winkt einen Kriminalisten vor die Tür. »Die Zeugin N. hat Ralf St. eindeutig identifiziert, Lars P. bestreitet bzw. lügt. Wir brauchen unbedingt die Aussage von diesem Karl D. in der Gegenüberstellung. Wie weit seid ihr?«

»Gleich durch.«

»Dann bringt ihn sofort runter. Dann können wir den Sack zumachen. — Im übrigen: Hast du mal ein Farbband übrig? Kriegst es nachher wieder.«

Nach drei Minuten sitzt der Kriminalist wieder hinter seiner Schreibmaschine und fädelt das Farbband ein. Wie erwartet schmiert er sich die Hände voll und verabschiedet sich zur Toilette. Die Uhr läuft.

Schließlich kommt Karl D. aus dem zweiten Stock in den Lichthof. Er wird gebeten, die Reihe abzulaufen und sich die Gesichter genau anzuschauen. Als er vor der Nr. 2 steht, läuft er leicht rot an. Dann geht er weiter. Auf dem Rückweg verharrt er ebenfalls bei Ralf St., obgleich er sich nichts anmerken läßt.

Nachdem die Gegenüberstellung beendet ist, verlassen die Komparsen den Lichthof. Zurück bleibt lediglich die Nr. 2.

Im Büro wird auch Karl D. die Frage vorgelegt, ob er unter den sieben Personen jemanden erkannt hat. Er verneint.

»Und Ähnlichkeiten mit dem dritten Mann in der Kneipe?«

Er zögert. »Vielleicht die 5 oder die 8. Aber festlegen will ich mich nicht. Es ist schon zu lange her.«

»Na schön. Wir nehmen das zu Protokoll, dann können Sie gehen.«

Unterdessen erreicht den Leiter der Morduntersuchungskommission ein Anruf aus dem Kommissariat I. Dessen Chef hatte sich im tagsüber im VEB Handelstransport umgeschaut, Fahrtenbücher, Reparaturscheine und Anwesenheitslisten angeschaut. Dabei hat er einige keineswegs uninteressante Entdeckungen gemacht.

Da ist zunächst die Sache mit dem W 50, dem Koffer.

In der Nacht vom 25. auf den 26. November war der Werkleiter, wie er bei der Befragung erzählte, in der Nacht vom zuständigen Abteilunsgleiter angerufen worden. Er sei informiert worden, daß im Straßengraben neben der Hauptverkehrsstraße ein Firmenfahrzeug liege. Offensichtlich hat sich mal wieder jemand eine Spitztour mit einem geklauten Fahrzeug genehmigt, die dann so endete. So etwas lief als »unerlaubte Benutzung«, nicht als Diebstahl. »Schick einen Wagen raus. Sie sollen das Fahrzeug auf den Hof schleppen und wieder flott machen, damit wir es morgen wieder einsetzen können.« Das habe er noch in der Nacht angewiesen. Später hörte er von den Kollegen, die rausgefahren waren, sie hätten an der Eisenbahnbrücke Glasscherben auf der Straße gesehen und schon befürchtet, daß die zu unserem W 50 gehörte, der unweit davon im Straßengraben eingesackt war. Doch dessen Scheiben waren alle ganz.

Die andere Sache heißt Lars P., auf den der Werkleiter nicht gut zu sprechen ist. Seine Personalakte ist randvoll mit Aktennotizen von Aussprachen, mit Abmahnungen und Verweisen. Wenn er könnte, wie er wollte, hätte er ihn schon längst entlassen. Zum einen braucht er jede Hand, sagt der Genosse Betriebsdirektor, Arbeitskräfte sind rar. Zum anderen hat er ja den Vogel von der Abteilung Inneres zugewiesen bekommen. Wer in der DDR strauchelt, um den kümmert sich die Gemeinschaft. Kriminelle erhalten nach Verbüßen ihrer Haftstrafe eine Wohnung und einen Arbeitsplatz, und wenn sie nicht wieder straffällig werden, hat ein Betrieb bisweilen ein Problem am Hals, wenn denn das Kollektiv bei seiner Erziehung keine meßbaren Erfolge erzielte.

»Mensch, Genosse«, brach es aus dem Werkleiter heraus, »weißt du, wie ohnmächtig du bist, wenn dir solche Glücksritter und windigen Burschen, die sie dir zuweisen, auf der Nase tanzen? Ich habe ja nichts dagegen, wenn jemand nach seiner Fasson glücklich werden will. Den Zahn habe ich mir schon vor geraumer Zeit ziehen lassen, daß unsere Volksbildung nur tolle Sozialisten ins Leben entläßt. Aber wenn dieses Typen sich auf Kosten anderer einen Bunten machen, ist nicht nur mein Gerechtigkeitsempfinden nachhaltig getroffen. Ich hab' nichts dagegen, wenn die Kraftfahrer sich mal eine Banane oder eine Büchse Letscho, die sie als Transportbruch deklarieren, mit nach Hause nehmen. Geschenkt. Der Schwund ist in der Lieferung enthalten. Aber wenn du mal die Transportverluste von dem P. ansiehst, weißt du, daß der das Zeug verschiebt: Soviel verbraucht einer oder eine ganze Familie nicht. Das ist unverschämt.« Nein, kriminell, warf der Kriminalist ein. Und warum gehe der Betrieb nicht dagegen vor?

»Ich sagte doch schon: Mir sind die Hände gebunden. Und wenn diejenigen nicht klagen, die er beklaut, passiert nichts. Wo kein Kläger, da auch kein Richter. Wir sind nur das Transportunternehmen. Ach«, der Werkleiter machte eine resignative Handbewegung, »unter uns leben inzwischen Menschen, die glauben, das ganze Land ist ein einziger Selbstbedienungsladen. Und es werden offenbar immer mehr.«

»Und der Glasbruch dort geht wohl auch auf P.s Konto, den er am 26. November meldete.«

»Ja, sicher. Er hat es ja selbst in der Werkstatt gesagt, daß es an der Unterführung passiert sei.«

Der Chef des Kommissariats I pfeift durch die Zähne. »Ja, ich weiß. Aber die Straße führt auch an diesem Tümpel vorbei, wo wir die Leiche der Angelika M. fanden. Das scheint mir ein nicht unwesentliches Indiz zu sein.« Als die Sekretärin ein paar Minuten später mit dem Tablett in das Zimmer kommt, beugen sich beide Männer über die Fahrtenbücher und Tanknachweise. Die Kontrolle ist aufwendig. In einer Spedition gibt es in jedem Fahrzeug noch einen Fahrtenschreiber. Der notiert alles: Wieviele Kilometer und Stunden das Fahrzeug in Betrieb war, wie hoch der Verbrauch war etc. Das vergleicht man nun mit den handschriftlichen Angaben des Fahrers im Fahrtenbuch.

Auf dem ersten Blick scheint alles zu stimmen. Die Abweichungen sind minimal, läßliche Sünden einschließlich jener, einigen Fahrern zu gestatten, den LKW nicht unbedingt auf dem Betriebshof abzustellen. Allerdings gibt es eine auffällige Abweichung: Die von P. angegebenen Kilometerstände am 25. und 26. November weichen erheblich von den Aufzeichnungen des Fahrtenschreibers ab.

»Na bitte«, sagt der Kriminalist. »Irrtum ausgeschlossen?«

»Die Fahrtenschreiber funktionieren«, sagt der Betriebsdirektor. »Das aber hätte dem Meister auffallen müssen.«

»Mal was anderes. St. hat auf die Frage, woher er P. kenne, was von sozialistischer Hilfe erzählt. Angeblich hätte die Transporter im Möbellager ausgeholfen.«

»Ja, das trifft zu«, sagt der Betriebsleiter und ruft der Sekretärin durch die Wechselsprechanlage zu, sie möge mal die Akte mit dem Arbeitseinsatz 1980 bringen. Und tatsächlich: Im August war P. für vier Wochen zum Möbelhandel abgestellt, weil die mit dem Plan hinterherhinkten. »Treffer«, stellte der Mann vom Kommissariat I befriedigt fest. »Damit haben wir ihn.«

Über diese Feststellungen berichtet er am Telefon dem Leiter der Morduntersuchungskommission. »Und wie seid ihr voangekommen.«

Die Gegenüberstellung habe das erwartete Ergebnis gebracht, sagt er. Die Freundin hat St. identifiziert, P. und D. haben gelogen. »Wir wissen, daß sie sich kennen müssen, doch wenn wenn die bei ihrer Aussage bleiben, haben wir es schwer. Es gibt Belege, aber keine Beweise, daß einer oder zwei oder gar alle drei an dem Mord beteiligt waren. Wir wissen noch nicht einmal, ob der Fundort auch der Tatort war. Wir wissen, daß Glasscherben des LKW, den P. fuhr, in der Nähe des Fundortes der Leiche auf der Straße lagen. Das hat er selbst zugegeben. Wir wissen ferner, daß die Leiche mit einer Schnur umwickelt war, die zum Festzurren von LKW-Planen dient. Und schließlich haben wir von St.s Frau gehört, daß dessen Jeans Blutflecken hatten, die sie veranlaßten, die Hose zu entsorgen. Alles fügt sich logisch zusammen – aber überführen können wir sie damit nicht.«

»Und wenn sich die Kriminaltechniker den W 50 von P. vornähmen?

»Da ist seither mit gefahren worden. Die werden nach fünf Monaten weder Fingerabdrücke noch Blutspuren der Ermordeten finden, so weit ist die Technik noch nicht.«

»Wir sollten es dennoch versuchen. – Und was ist mit den drei Kerlen?«

»Wie ich schon sagte: Wir haben nur wenig in der Hand. Es langt nicht für eine Inhaftierung.«

»Ihr habt sie gehen lassen.«

»Ja, sicher. So will es nun mal das Gesetz.«

»Wir sehen uns morgen zur Dienstbesprechung im Büro.«

Am nächsten Morgen läßt Oberleutnant Erler den Pförtner des Konsum-Objektes von zwei Schutzpolizisten zum VPKA bringen. Er begrüßt ihn freundlich. Der Alte ist sauer, er wolle nach der Nachtschicht nach Hause, er müsse ins Bett. Am Abend habe er wieder Schicht.

Das wisse er, sagt Erler. »Deshalb sollten wir uns auch nicht lange bei der Vorrede aufhalten. Ich habe mir mal ihre Akten angeschaut. Diebstahl, Hehlerei, Körperverletzung …«

»Das liegt ja eine Ewigkeit zurück. Ich habe mir in den letzten Jahren nichts zuschulden kommen lassen. Können Sie nicht die ollen Kamellen ruhen lassen. Ich habe dafür genug gebüßt.«

»Mich interessieren die ›ollen Kamellen‹ auch nicht. Mich beschäftigen die aktuellen.« Er breitet auf dem Tisch einige Fotos aus. »Von wem kriegen Sie den Schnaps, den Sie unter der Hand zum Vorzugspreis verscherbeln?«

»Wie kommen Sie darauf?«

»Hören Sie zu: Ich will nicht Sie wegen Hehlerei vor den Kadi bringen, sondern diejenigen, die das Zeug klauen. Also: Wer von den Männern ist Ihr Lieferant.«

Der Pförtner mustert die Porträts, die vor ihm auf dem Tisch liegen. Nach einer Weile tippt er auf ein Foto, das unmittelbar neben dem von Lars P. liegt.

»Treffer«, lächelt Oberleutnant Erler. »Das ist ein Kollege von der Polizei. Wir wollen uns doch nicht die Taschen vollhauen, oder? Gut, Sie können es sich ja noch einmal überlegen. Unterdessen können Sie mir die Frage beantworten, wer bei Ihnen als Betriebsfremder gelegentlich seinen W 50 abstellt. Schauen Sie sich die Fotos genau an.«

Der Mann tut so, als studiere er das Dutzend Konterfeis. Diesmal unterläßt er es, auf ein Foto zu tippen. »Der ist nicht dabei.«

»Wirklich nicht?«

Er schüttelt den Kopf.

Erler sammelt die Fotos wie ein Kartenspiel ein und zieht ein Bild heraus. Das knallt er wie einen Kreuzbuben beim Grand auf die Platte. »Und von dem kriegen Sie den Schnaps.«

»Nein, wieso …«

Nun beginnt Erler zu bluffen. Das beherrscht er ziemlich gut. »Wir wissen, daß dieser Mann am 25. November seinen W 50 auf Ihrem Hof abgestellt hat. Dafür gibt es Zeugen. Ich vergesse jetzt die Schnaps-Geschichte – und Sie sagen mir dafür, wann er das Fahrzeug wieder abgeholt hat.«

»Früh bei Schichtschluß stand es noch auf dem Hof.«

»Ist bekannt.«

»Warum fragen Sie dann, wenn Sie es wissen.«

»Sie sollten besser hinhören. Ich habe nicht gefragt, ob am Morgen, als Sie nach Haus gingen, der LKW auf dem Hof stand, sondern wann er das Fahrzeug abgeholt hat.«

»Weiß ich nicht.«

»Dann werde ich ganz schnell nicht mehr wissen, daß ich Ihnen versprochen habe, wegen der Hehlerei ein Auge zudrücken zu wollen. Also letzter Versuch: Wann hat der Mann den W 50 während Ihrer Schicht abgeholt?«

Der Pförtner schweigt.

»Ich fürchte, Sie spielen mit Ihrer Zukunft. Wann hat der Mann den W 50 geholt? Übrigens, der Mann heißt Lars P., aber das werden Sie ja wissen.«

Damit hat Erler den nächsten Trumpf ausgespielt. Der Pförtner soll glauben, daß er alles längst weiß, man ihn lediglich auf Herz und Nieren prüft, ihn auf seine Kooperationswilligkeit testet. Auch bei den kleinen Ganoven geht es am Ende nur um die eigene Haut. Und genau so funktioniert es denn auch. Oberleutnant Erler liegt mit seiner Erwartung völlig richtig. Er sieht, wie es in dem Mann arbeitet, wie er abwägt. Warum, so denkt der Pförtner, soll er P. decken. Schließlich geht es hier um seinen eigenen Kopf.

»Ich schätze, es war so nach 22 Uhr.«

»Ja, das könnte stimmen«, sagt Erler und suggeriert damit, daß er eine ähnliche Uhrzeit wisse. »Und wann ist er wieder zurückgekommen?«

»Vielleicht zwischen 0 und 1 Uhr. Ich habe nicht darauf geachtet.«

Erler nickt. »War die Windschutzscheibe defekt oder entfernt?«

»Ich sagte doch schon, daß ich nicht darauf geachtet habe.«

»Sie haben gepennt?«

»Dann hätte ich ja wohl kaum die Rückkehr von Lars P. bemerkt.«

»Sagen wir so: Sie haben ein kleines Nickerchen gemacht.«

Der Pförtner nickt verschämt.

»Halbe Flasche? Oder mehr?«

»Wo denken Sie hin. Ich sauf doch nicht im Dienst!«, entrüstet er sich. »Nur zum Aufwärmen habe ich einen Schluck genommen.«

»Na schön, können wir also festhalten: Der W 50 war in der Nacht vom 25. auf den 26. November 1980 zwischen zwei und drei Stunden unterwegs.«

»Kann man so sagen.«

Festnahme

Während der Zusammenkunft am Nachmittag beim Einsatzleiter treten die Unarten mancher Kollegen offen hervor. Die Fortschritte bei den Ermittlungen lassen auf eine baldige Überführung des Täters oder der Täter schließen. Bekanntlich hat der Erfolg viele Väter. Immer mehr drängen sich nunmehr in diese Vaterschaft. Der Tag der Volkspolizei am 1. Juli ist in sichtbarer Nähe, der Anmeldeschluß für Beförderungen und Auszeichnungen ist noch hin. Das heißt: Wenn man sich jetzt hervortut, kann man noch auf diese oder jene Liste geraten. Ein kontraproduktiver Aktionismus beginnt um sich zu greifen.

Der Einsatzleiter aus Dresden vermag Ruhe in die Mannschaft zu bringen. Ihm ist solches Gedränge nicht unbekannt, es wohnt in hierarchisch geordneten Institutionen, in denen Sterne auf dem Schulterstück für Magengeschwüre oder für seelisches Wohlbefinden sorgen.

Er bremst nicht den überall zutage tretenden Eifer – er kanalisiert ihn nur. Der Abgesandte der Dresdner Bezirksbehörde faßt die Ermittlungsergebnisse zusammen. Für den Hauptmann sind Lars P. und Ralf St. dringend der Tat verdächtig, Karl D. sieht er eher als Mittäter. »Was wir an Indizien haben, reicht für eine vorläufige Festnahme.«

»Wann?«, fragt Oberleutnant Kroll.

»Der Zugriff erfolgt morgen 6.00 Uhr. Sie, Genosse Kroll,

werden Lars P. festnehmen.« Dann folgen weitere Namen und
die Festlegung bestimmter Maßnahmen. Eine ist die Erarbei-
tung eines Vernehmungsplanes. Es soll noch einmal eine
Gegenüberstellung erfolgen, Alibis müssen überprüft werden,
und die Wohnung von P. soll zusätzlich nach gestohlener Ware
durchsucht werden. Das Klagelied des Betriebsdirektors hat
den Mann von der Morduntersuchungskommission durchaus
erreicht.

Eine Stunde vor Beginn der konzertierten Aktion treffen sich
die dafür eingeteilten Kriminalisten im K-Dienstzimmer. Mit
Kaffee versucht man sich wachzubekommen, einige gähnen
ziemlich ungeniert. Man wartet auf die Haftbefehle. Sobald sie
von der Staatsanwaltschaft eintreffen, kann man aufbrechen.
Schließlich bringt ein Kurier die roten Bögen.

Kroll wirft sich mit Schwung neben den Schutzpolizisten
auf den Beifahrersitzes im Funkstreifenwagen. Der Fahrer
kennt die Adresse und fährt in Richtung Altstadt. Kroll schaut
aus dem Fenster: eine schöne Stadt. Sie wäre noch schöner,
bekämen die Hausfassaden etwas Farbe und die kahlen Ecken
etwas Putz. Überall fehlt es. Kroll stöhnt voll Wehmut. Man-
ches müsse eben in Schönheit sterben, hatte unlängst ein
Funktionär erklärt, als bei einer Versammlung der Verfall der
Innenstadt angesprochen wurde. Unsere Decke sei nun mal zu
kurz. – Damit dürfe man sich aber nicht abfinden, hatte er,
Kroll, eingeworfen. Erst wenn man sich selber aufgibt, hat man
verloren. Dafür hatte er Beifall bekommen.

Der Wartburg bollert über das Kopfsteinpflaster der Altstadt. Die Straße und das Auto sind von gestern, Kroll spürt
es im Kreuz. Mit einem Ruck stoppt das Auto vor einem der
alten Häuser, die zwischen Mittelalter und Barock entstanden
sind. Gemeinsam mit dem Schutzpolizisten geht er ins Haus.
Die Tür steht offen, er muß nicht klingeln. Zwar wird immer
wieder darauf hingewiesen, zumindest über Nacht die Hau-
stüren zu verschließen, doch die wenigsten halten sich daran.
Ist das nun Sorglosigkeit und das Gefühl von Sicherheit?

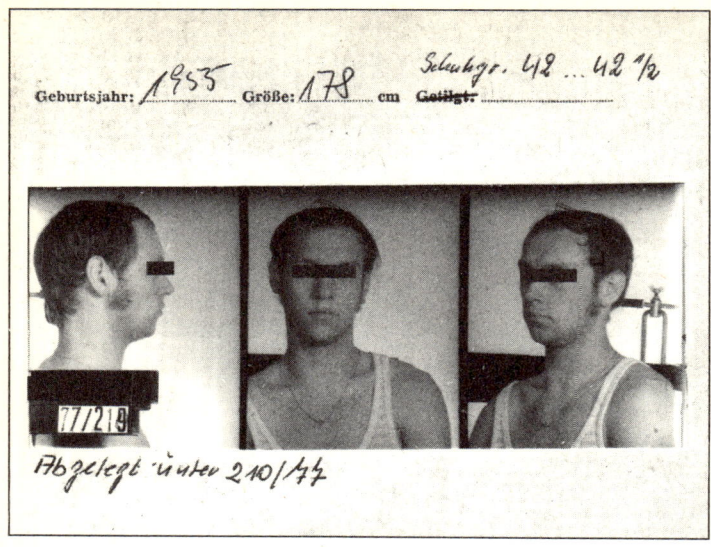

Geburtsjahr: *1955*   Größe: *178* cm   ~~Getilgt:~~   *Schuhgr. 42 ... 42 ½*

77/219

Abgelegt unter 210/77

Karteikarte Lars P.

Die beiden stiefeln zwei Etagen hoch. Kroll findet das Namensschild und drückt auf den Klingelknopf. Lars P., in Pyjamahose und noch halb im Schlaf, öffnet. Er wird hellwach, als ihm Kroll den Haftbefehl unter die Nase hält. »Ziehen Sie sich an«, fordert er P. auf. Der Schutzpolizist drängt an Kroll vorbei und folgt ins Schlafzimmer. Aus dem dringen Flüche.

Wenig später steht P. angezogen auf dem Flur. »Kann ich mir wenigstens die Zähne putzen?«

»Aber sicher« sagt Kroll, »und packen Sie die Bürste gleich ein.« Wenig später fällt die Wohnungstür ins Schloß

Die Festnahme von Karl D. erfolgt ebenfalls ohne Probleme. Nur bei St. geht der Zugriff ins Leere. Seine Frau hat ihre Ankündigung wahrgemacht und ihren Mann rausgeworfen. Als der Kriminalist Iris St. den roten Bogen zeigt, zeigt diese ihm die kalte Schulter. »Der ist nicht hier.«

»Und wo finden wir ihn?«

Sie nennt die Adresse eines Freundes in der Innenstadt, bei dem er möglicherweise untergekommen ist. »Sie wissen, daß

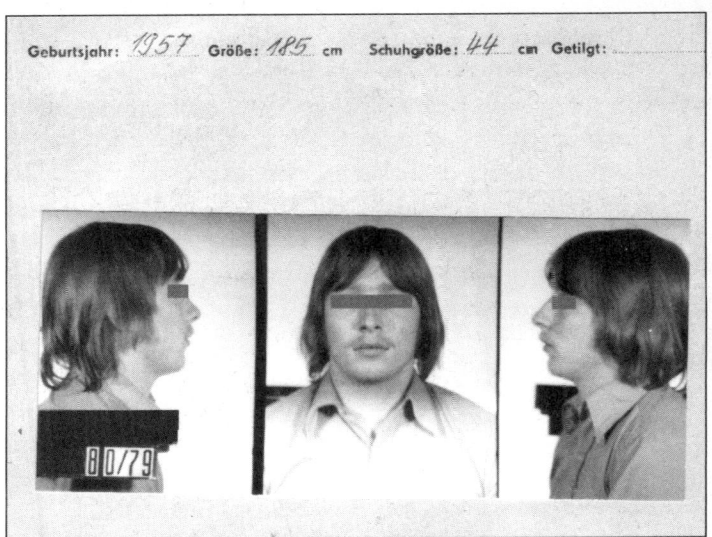

Geburtsjahr: *1957* Größe: *185* cm Schuhgröße: *44* cm Getilgt: ....

8 0/79

Karteikarte Karl D.

Sie sich strafbar machen, wenn Sie uns belügen. Ihr Mann ist wirklich nicht in der Wohnung, sondern unter der von Ihnen angegebenen Adresse zu erreichen.«

»Sie können gern reinkommen und ihn suchen«, erklärt sie belustigt. »Sie werden ihn nicht finden.«

Darauf verzichten die beiden und verabschieden sich.

Die Tür, an der sie wenig später läuten, öffnet ein Mittvierziger. Er trägt einen Vollbart und wirkt ungepflegt. Aber wer wirkt schon sonderlich gepflegt, wenn er aus dem Tiefschlaf gerissen wird? Als er den Haftbefehl gesehen hat, brüllt er in die Wohnung: »Ralf, die Bullen sind da und wollen mit dir spazieren fahren. Zieh dich an, das Taxi wartet.«

Der Gerufene erscheint schlaftrunken im Flur. Er ist sofort wach und fügt sich, wie es scheint, sofort in sein Schicksal. Nahezu servil sagt er, er ziehe sich sofort man. »Einen Augenblick, bitte.« Der Schutzpolizist drängt ihm nach. Man will es nicht riskieren, im letzten Moment noch das Nachsehen zu haben.

123

Es ist noch nicht einmal 7 Uhr, als alle drei Männer im VPKA sind. Jeder wird in ein Büro der K gebracht. Die Vernehmungen sollen unverzüglich und parall geführt werden.

P. hat einen ersten Zusammenstoß mit dem Polizisten bereits hinter sich, als der Kriminalist im Zimmer erscheint. Der Uniformierte hatte von ihm ziemlich barsch die Papiere verlangt, und dieser hatte in der gleichen Tonlage zurückgeraunzt.

»Gestern habe ich Sie als Zeuge vernommen, das hier ist eine Beschuldigtenvernehmung. Ist Ihnen das klar?«

»Und was wirft man mir vor?

»Das steht im Haftbefehl. Den hat man Ihnen verlesen.«

»Kann ich ihn noch mal hören? Ich fand ihn so witzig.«

»Hören Sie zu: Hier ist kein Platz für Witze. Es geht um Mord und um ihren Kopf. Haben wir uns verstanden?«

Unterdessen stellt eine Gruppe von Kriminalisten die Wohnung von Lars P. auf den Kopf. Sie suchen Diebesgut. Aber außer drei Flaschen »Goldbrand« finden sie nichts. Aber sie entdecken stapelweise Westillustrierte und Schallplatten aus der Bundesrepublik. Deren Besitz ist nicht strafbar, zeigt aber, in welcher Welt er lebt. Die Blätter und Platten werden beschlagnahmt – wie jener Fund, den man in der Besenkammer macht. Dort lagert ein Benzinkanister, eine Rolle weißen Stoffs, Gummischläuche unterschiedlicher Länge und verschiedener Durchmesser, eine Propangasflasche, zwei Flaschen mit einer trüben Flüssigkeit, ein Drahtgestell und zwei Schnellhefter. Der eine enthält eine Ausgabe des Hamburger *stern*, in welchem eine Republikflucht mit einem Ballon geschildert wird. Und, wie die Polizisten beim Blättern feststellen, auch Baupläne für ein solches Gefährt.

Die Entdeckung schlägt ein wie eine Bombe. Und nicht nur, weil bis dato unbekannt war, daß sich Lars P. mit der Absicht trug, die DDR zu verlassen. Da kann sich der Staatsanwalt freuen, sagt der eine Kriminalist und deutet damit an, daß zur Mordanklage auch noch dieser Punkt kommen wird: geplante Republikflucht. »Und wenn es geklappt hätte«, sagt er, »wäre der drüben als Freiheitskämpfer gefeiert worden«.

»Er wäre nicht der erste«, ergänzt sein Kollege. »Der Schritt über die Grenze adelt. Auf dem Weg von Ost nach West wird mancher Kriminelle zum Vorkämpfer für Demokratie und Menschenrechte. Verfluchte Heuchelei.«

Die Vernehmungen der drei Beschuldigten gehen den üblichen Gang. Da wie dort tasten sich die Vernehmer langsam an die eigentlich Tat heran. Bei P. kreisen die Fragen zunächst um seine Schiebereien, weil von dem weitaus schwerwiegenderen Delikt – der geplanten Flucht – noch nichts bekannt ist. Die Anzeige wegen Diebstahls sozialistischen Eigentums verwirrt und erheitert ihn gleichermaßen. Haben die wirklich die Sache mit der Frau beiseite gelegt, fragt er sich. Und wer könnte ihn wegen der Geschäfte angeschissen haben? P. zermartert sein Hirn. Der Säufer in der Pförtnerloge vielleicht?

Karl D. wird von Oberleutnant Erler in die Mangel genommen. Das heißt, er beginnt ganz harmlos. Er erkundigt sich nach seiner Schulzeit, der Lehre, nach Familie und die 18 Monate bei der Fahne. Erler will Charakter und Psyche ergründen, um die Punkte zu finden, wo er ansetzen muß. Psychologie ist alles.

Die Antworten kommen zögernd. Je näher sie an die Gegenwart reichen, desto einsilbiger fallen sie aus.

»Würden Sie sagen, daß Sie mit Lars P. befreundet sind?«

Er macht eine Geste, die alles bedeuten kann. Ja und nein, ich weiß nicht, was ist Freundschaft, was soll ich dazu sagen.

»Hat er Sachen verschoben, die er bei seinen Transporten abgezweigt hat?«

Warum reiten die darauf herum, denkt sich D., wollen die nicht einen Mord aufklären, zumindest hieß es so im Haftbefehl. »Ich habe keine Ahnung. Wir haben nie darüber geredet.«

»Hat er Ihnen was angeboten: Schnaps, Gemüse, Südfrüchte, Fleisch?«

»Nein, nie.« Das ist noch nicht einmal gelogen.

»Fühlen Sie sich wohl in der DDR?«

Was soll denn das nun wieder? »Bin ich hier bei der Polizei oder im Parteilehrjahr?«

Erler lächelt. Er wolle nur wissen, mit wem er es zu tun habe. Aber wenn er darüber nicht reden wolle, könne er auch die Frage zurückziehen. Für ihn gehörten Gesinnung und Gesellschaft zusammen. Wer sich in einer Gemeinschaft aufgehoben und wohlfühlt, ist auch eher bereit, deren Regeln und Gesetze zu achten.

»Das ist mir zu philosophisch«, antwortet D., ihm ist übel. Er fühlt sich immer schlecht, wenn man so mit ihm redet. Was soll dieses Gelaber? Er ist zufällig hier geboren worden, er konnte sich das Land so wenig aussuchen wie den Zeitpunkt. Dann versucht man mit den Verhältnissen klarzukommen. Und wenn das nicht geht, versucht man es eben woanders. Man hat schließlich nur das eine Leben. Es nervt, unablässig von denen, die glauben, für sein Glück zuständig zu sein, gefragt zu werden, ob er auch glücklich und zufrieden sei. Nein, er ist es nicht. Aber das wird er dem, der das wissen will, nicht auf die Nase binden.

»Sie waren am Abend des 25. November 1980 im ›Cottbuser Eck‹?« Erler wechselt abrupt Thema und Gangart.

»Das wissen Sie doch.«

»Worüber haben Sie am Tisch geredet?«

»P. hatte Ärger mit einem Kollegen. Dem wollte er einen Denkzettel verpassen.«

»War da der dritte Mann schon dabei?«

»Nee, das hätte den auch nicht interessiert. Darüber haben nur Lars und ich gesprochen.«

»Und dann kam der andere hinzu?«

»Ja.«

»Wie sah er aus?«

Karl D. macht einige nichtssagende Ausführungen. Erler legt wieder die Fotogalerie vor. »Ist er dabei.«

»Zum wiederholten Male: nein.«

»Sie lügen!«

»Können wir mal eine Pause machen? Ich muß auf Toilette.«

Erler schaut auf die Uhr. Seit zwei Stunden sitzen sie hier, er ist noch keinen Schritt weiter. Er nickt und gibt dem Polizisten ein Zeichen, damit er D. begleitet.

Während der Beschuldigte unterwegs ist, telefoniert Erler. Er hört von dem Fund in P.s Besenkammer. Vernehmlich pfeift er durch die Zähne. Ahnte er's doch. Und es soll eine neue Gegenüberstellung mit St. geben.

Ralf St. indes bleibt, im Nebenzimmer befragt, bei seiner Linie. Und er geht sogar in die Offensive: Wieso man ihn überhaupt festgenommen habe. Der Vernehmer sagt nur, er sei schließlich der Letzte gewesen, der mit der Ermordeten zusammen war. Außerdem sei sein Alibi nicht überzeugend.

»So, dann wollen wir mal«, sagt der Vernehmer. »Kommen Sie mit.«

»Wohin denn nun schon wieder?« St. gibt sich ungehalten, er glaubt noch immer, das Heft des Handelns in der Hand zu haben. Er spielt mit denen – nicht die mit ihm.

Die Gegenüberstellung findet diesmal in kleiner Runde und im Konferenzraum des Volkspolizeikreisamtes statt. Lediglich zwei Schutzpolizisten flankieren ihn, als Karl D. hereingeführt wird.

Dessen Gesicht verfärbt sich auffällig, als er St. gegenübersteht. Und dieser verzieht merklich sein Gesicht. In seiner Miene steht zu lesen: Was willst du Ratte von mir, hast du mich verpfiffen?

Erler fragt: »Kennen Sie den Mann?«

D. beginnt zu stottern. »Vielleicht.«

»Was heißt ›vielleicht‹? Saß er mit Ihnen am Tisch im ›Cottbuser Eck‹, oder saß er nicht. Ja oder nein?«

Als müsse er jede Pore im Gesicht des andern studieren, tritt D. erst ein paar Schritte zurück und dann ganz nah an St. heran. Er schweigt.

»Sagen Sie mal etwas«, fordert Erler St. auf.

»Was«, fragt der zurück.

»Irgend etwas. In Görlitz gräbt man gern Geranien in die Rabatten.«

St. wiederholt den Satz, das R rollt durch den Raum.

»Ist das die Stimme? Sie sagten, der Dritte habe nicht wie ein Hiesiger gesprochen?«

Ja, so habe die Stimme geklungen, antwortet D. nach einigem Zögern.

Dann wird er wieder ins Vernehmungszimmer geführt.

Die Gegenüberstellung von P. und St. ist weniger ergiebig. Lars P. bestreitet sowohl eine optische wie eine akustische Ähnlichkeit.

Am Nachmittag gehen die Vernehmungen weiter.

Erler hat kein Mitleid mit D., er treibt ihm den Schweiß auf Stirn und Hände. Er spürt, daß D. das schwächste Glied ist, hier sind die Erfolgsaussichten am größten, daß die Kette reißt.

»Geben Sie endlich zu, daß Sie St. kennen. Man hat sie auch an anderen Tagen zusammen gesehen.«

Irgendwann kann D. nicht mehr. Er gibt auf.

»Ja, ich kenne ihn.«

Oberleutnant Erler jubelt innerlich. »Und weiter?

»Wir waren am fraglichen Abend im ›Cottbuser Eck‹, er ist der unbekannte dritte Mann und ein Freund von Lars.«

Das Tonband läuft. Karl D. beginnt zu flennen. Das Selbstmitleid hat ihn übermannt. Auch das noch, denkt Erler. Erst tun diese Typen so, als könnten sie die ganze Welt zum Zittern bringen, doch wenn man ihnen ihre Grenzen aufzeigt, reagieren sie wie Kinder. Das vermeintliche Selbstbewußtsein verzieht sich wie der Morgennebel von einer Frühlingswiese.

D. schildert, wie er das Lokal verlassen habe und in den LKW gestiegen sei und darum nichts davon mitbekommen habe, was im Fahrerhaus geschehen sei. Und nachdem der W 50 gehalten habe und er ausgestiegen sei, hätten sich die beiden anderen an der Frau vergangen. Sein fahriger Bericht wird gelegentlich von Heulkrämpfen unterbrochen, er stammelt zusammenhanglos und schneuzt sich die Nase. Er sei unschuldig, die anderen hätten sie erschlagen, beteuert er wieder und wieder.

Im Moment ist es auch unerheblich festzustellen, wie groß sein persönlicher Beitrag an dem Verbrechen war. Entscheidend ist seine Aussage als Beteiligter: Er bezeugt, daß sie zu dritt Angelika M. umgebracht haben. Damit ist der Fall definitiv aufgeklärt. Wie groß die Schuld jedes einzelnen ist, wird noch ermittelt werden. Aber der erste Dominostein ist gefallen – nun fällt ein Stein nach dem anderen.

Erler informiert nach dem Geständnis sofort seine Kollegen. Denn nunmehr haben sie ein überzeugendes Argument. Dennoch leugnen P. und St. hartnäckig weiter. Letzterer verstrickt sich immer mehr in seinen Lügen, er verheddert sich in seinen eigenen Fallstricken, schließlich räumt auch er seine Mitwirkung ein. Allerdings habe er quasi unter Zwang gehandelt, von Lars P. dazu getrieben, der schließlich auch die Frau allein erschlagen habe. Der Mörder heiße Lars P., er sei an allem schuld. P. sei ein Killer, er habe wie im Blutrausch an jenem Abend gehandelt, und daß es diese Frau getroffen habe, sei Zufall gewesen. Eigentlich habe er es auf seinen Beifahrer abgesehen, der ihm bei seinen Geschäften dazwischen funkte. Dem wollte er an jenem Abend an die Wäsche, aber weil man ihn habe besänftigen können, sei eben die Frau am Nachbartisch in seinen Blick geraten. Er selbst, erklärt Ralf, sei jedenfalls nur mit hineingezogen worden. Aus Angst vor P. habe er sich ihm gefügt und mitgemacht. Das habe er noch am selben Abend bereut, aber da war es schon zu spät.

Was St. von sich gibt, ist in jeder Hinsicht mies und niederträchtig, es entspricht aber durchaus dem Charakter der Tat, an der er maßgeblich beteilig war. Und es ist auch ziemlich dumm anzunehmen, er könne den eigenen Kopf retten, indem er andere belaste. Angewidert nimmt der Vernehmer die Aussage ins Protokoll.

Lars P. beharrt auf seiner Position. Sein Name ist Hase. Er kennt den dritten Mann nicht. Die Differenz zwischen Fahrtenbuch und Fahrtenschreiber bei seinem LKW am 25./26. November 1980 kann er sich nicht erklären. Der Pförtner vom Konsum lügt. Der Wirt vom ›Cottbuser Eck‹ auch. Er kann sich das nicht erklären.

Erst als ihm die Aussage von St. vorgelesen wird, rastet er

aus. Die Wut über diesen »Verräter« ist größer als die Vorsicht. Er tobt und zetert, sein ganzer Unmut richtet sich gegen seine falschen Freunde. Und als er sich beruhigt hat und die Vernehmung fortgesetzt wird, bricht es plötzlich aus ihm heraus: »Ja, ich habe die Schlampe kaltgemacht, sie hat es nicht anders verdient!«

Er habe das Recht des Stärkeren wahrgenommen, wie es sich gehört, giftet er. Mit geschwollen Adern an der Stirn schreit er seine kruden Wahrheiten ins Mikrophon. Er ist außer sich, ohne jegliche Selbstkontrolle und vermittelt den Polizisten in diesem Raum eine Ahnung, wie er auf sein Opfer eingeschlagen haben muß. Daß er nicht bei Sinnen ist, bezeichnet seinen Zustand am besten. Ist so einer überhaupt zurechnungsfähig? Das muß das Gericht feststellen und nicht die Kriminalpolizei.

Der Schock über diesen Ausbruch wirkt noch Stunden nach, auch wenn am Abend dieses 24. März 1981 die Polizei in Görlitz und alle an der Aufklärung Beteiligten sich anerkennend auf die Schultern klopfen. Formal ist der Mord an der 22jährigen Angelika M. aufgeklärt. Nunmehr müssen die Beweise für die Justiz erarbeitet, zusammengetragen und dokumentiert werden.

Hinter Lars P., Ralf St. und Karl D. schließen sich die Türen in der Zelle der Untersuchungshaftanstalt.

Beweisaufnahme

Am nächsten Tag kommen alle Beteiligten zur planmäßigen, d. h. schon lange im Kalender stehenden Dienstversammlung im Volkspolizeikreisamt zusammen. Die Konferenz findet drei Wochen vor einem Ereignis statt, das sich vom 11. bis 16. April in der Hauptstadt zutragen wird. Seit Wochen schon sind die Zeitungen voll von Selbstverpflichtungen. Persönlichkeiten und Betriebe verpflichteten sich zu Höchstleistungen. Ordentliche Arbeit allein genügt nicht. Schneller, höher, weiter lautet die Devise.

Der Leiter der Morduntersuchungskommission macht aus seinem Herzen keine Mördergrube. Es ist nicht die Stunde der Bescheidenheit. »Genossen«, jubelt er sichtlich bewegt, »wir haben unseren Kampfauftrag erfüllt: Zu Ehren des X. Parteitages wurden die Mörder von Angelika M. überführt! Wir können uns mit den erreichten Ergebnissen in der polizeilichen Arbeit stolz der breiten Öffentlichkeit präsentieren. Insbesondere die Erfolge in der Kriminalitätsvorbeugung und -bekämpfung interessieren die Bürger. Hier können wir seit gestern etwas vorweisen, was uns republikweite Anerkennung verschafft. In den letzten Jahren hat kein Fall so von sich reden gemacht wie dieses Verbrechen. Und noch nie zuvor wurden so viele Bürger in die Aufklärungsarbeit mit einbezogen.«

Die Anwesenden hören sich das geduldig an. Jedem ist bewußt, daß es zwischen dem Mord, seiner Aufklärung, der Festnahme der Täter und dem SED-Parteitag keinen kausalen Zusammenhang gibt. Doch es gehört zu den üblichen Ritualen, über jeden Vorgang die Folie politischer Bedeutsamkeit zu breiten.

Im übrigen erfüllt es zwar jeden Polizisten und Zeitgenossen mit Genugtuung, daß drei Kriminelle dingfest gemacht wurden – doch davon wird Angelika M. auch nicht wieder lebendig. Und auch die Fragen bleiben: Wie ist so etwas möglich? Woher rührt diese Gewalt? Was macht normale Bürger zu solchen Bestien? Hat das auch etwas mit der Gesellschaft zu tun, oder ist das nur ein zufälliger Ausbruch, der individueller Deformation geschuldet ist?

Am Ende der Zusammekunft wird Stillschweigen vereinbart. Auch gegenüber den Kollegen im Hause. Am Nachmittag soll entschieden werden, wann und wie man damit an die Presse geht. Denn daß man diesen Aufklärungserfolg an die große Glocke hängen will, steht außer Frage.

Allerdings weiß man auch, daß die Fragen, die man sich selber stellt, auch von anderen gestellt werden.

9 Uhr, man ist wieder an die Arbeit gegangen, wird Ralf St. zur neuerlichen Vernehmung gebracht. Seine erste Nacht in

Die VP meldet SZ v. 28.3.81

Tötungsverbrechen aufgeklärt

Durch umfangreiche Untersuchungen der Kriminalpolizei wurde das Tötungsverbrechen an der Görlitzer Bürgerin A████ M████ (siehe „SZ" vom 18. März) aufgeklärt. Gegen die drei Täter, 22, 24 und 26 Jahre alt, wurden Ermittlungsverfahren eingeleitet. Sie befinden sich in Untersuchungshaft. Die Volkspolizei dankt allen Bürgern, die durch aktive Unterstützung zur Aufklärung dieses Verbrechens beigetragen haben. Von der Gerichtsverhandlung wird zu gegebener Zeit berichtet.

Meldung in der Sächsischen Zeitung, *28. März 1981*

der U-Haftanstalt war nicht sehr angenehm. Vor allem, wenn man die ungewollte Komik der Stadtväter vor Augen hat: Der Knast befindet sich am Platz der Befreiung. Im Unterschied zum Vortag wirkt er ein wenig ruhiger und abgeklärter. Er beantwortet die Fragen ausführlich, wobei er natürlich vermeidet, sich selbst zu belasten.

Nein, er habe nie beabsichtigt oder gar geplant, der M. an die Wäsche zu gehen. Ja, sie habe ihn angemacht, und er habe im ersten Moment auch gewollt. Aber gedrängt habe der P., deshalb holte Ralf St. ja auch seinen W 50. Er sollte faktisch den Leim warmmachen, und P. habe dann absahnen wollen.

Doch ihm sei schon die Lust im Auto vergangen. »Ich habe mich vor der geekelt. Der Geruch nach Schweiß, die teigige

Haut und die etwas dickliche Figur – das war sowas von abtör-
nend …«

Wenn es nach ihm gegangen wäre, hätte man sie rauswer-
fen und laufen lassen sollen, egal wohin. Doch P. habe
gemeint, sie renne direkt zur Polizei, dann wären wir drei geliefert. Also habe er mitgemacht. »Ich wollte, daß alles schnell
vorbei ging. Ich habe auf sie eingeschlagen. P. forderte mich
auf, mit dem Messer zuzustechen, das wollte ich nicht. Ich
fand das widerlich. Ich habe dann sogar beruhigend auf die
Frau eingeredet, um sie zur Vernunft zu bringen. Doch die hat
einfach nicht kapiert, was ich sagte.«

Karl D. bestätigt mit seiner Schilderung zumindest jenen
Teil, dessen Zeuge er war. Später sagt er vor dem Staatsanwalt:
»Ich hatte Angst, von Lars P. getötet zu werden, wenn ich nicht
mitmachte.«

Lars P. wird ebenfalls noch am Vormittag vernommen.

Er beschwert sich zunächst über die Zustände in der U-
Haft, dann über das karge Frühstück. Er stößt auf taube
Ohren. Herablassend reagiert er auf die Fragen zu seinem Wer-
degang. Nahezu jeder, der irgendwann seine Lebensbahn
gekreuzt hat, wird von ihm schuldig gesprochen. Die Welt hat
schwer an ihm gesündigt: Eltern, Lehrer, Arbeitskollegen.
Seine Halbgeschwister nimmt er ein wenig von seinen Vor-
würfen aus, die wußten sich ihrer Haut zu wehren. Das habe
ihm seinerzeit imponiert. So gleicht denn sein bisheriges Leben
einem einzigen Rachefeldzug. Er widersetzt sich der Schmach
und aller Unbill, die ihm fortgesetzt angetan wird. David
gegen Goliath, die reine Seele gegen die Grausamkeit der Welt.

»Sie haben einen Menschen ermordet: Bereuen Sie wenigstens das?«

»Warum? Ihr Fehler war: Sie war am 25. November am
falschen Platz. Sie ist doch selbst schuld. Hätte sie meinen
Kumpel Ralf nicht angemacht, wäre doch der Abend nicht so
aus dem Ruder gelaufen.«

»Sie waren sauer, weil Sie abgemeldet waren.«

»Naja, in gewisser Weise schon.«

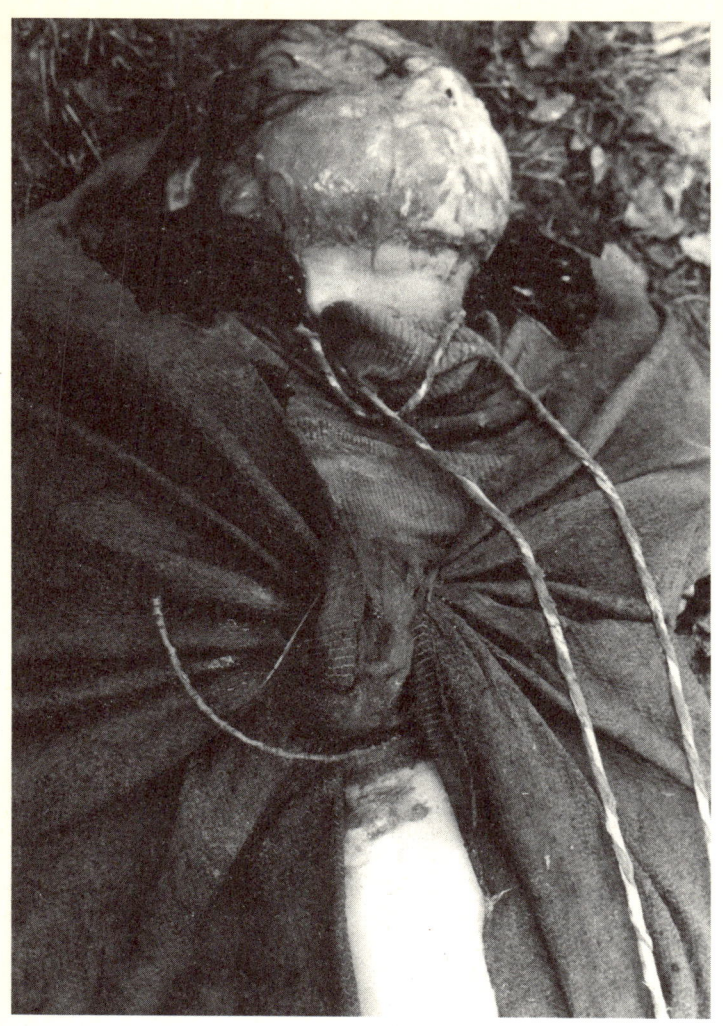

Das Opfer Angelika M.

»Und darum haben Sie den LKW geholt. War das Ihre Idee?«

»Na klar. Das Weichei Karl wäre nie auf so etwas gekommen. Andererseits wollte er ja auch mitmachen, sonst wäre er

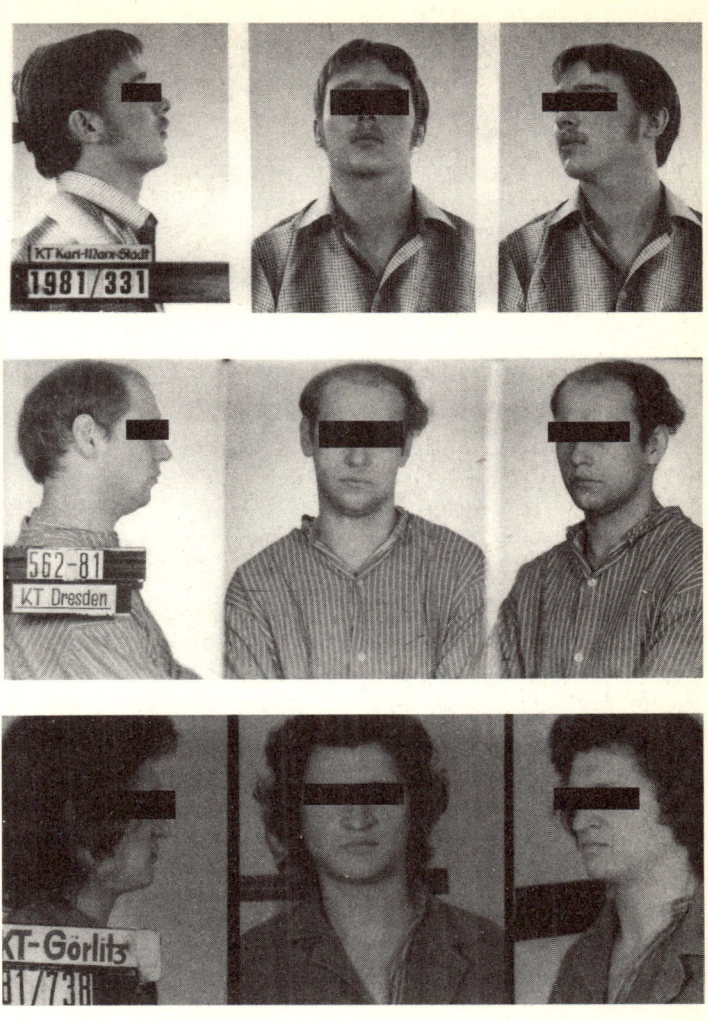

Und die Täter Karl D., Lars P. und Ralf St. (von oben nach unten)

nicht in den Koffer gekrochen. Der hätte auch nach Hause gehen können. Ist er aber nicht. Am Anfang zickte er noch rum, dann machte er mit, was sonst.«

»Und der andere?«

»Ralf war nicht so begeistert, als er langsam nüchtern wurde.«

Ihr ständiges Geschrei sei auch ihm bald auf den Wecker gegangen. Da habe er St. sein Taschenmesser in die Hand gedrückt, er solle ihr damit eins verpassen, damit sie Ruhe gebe.

»Was heißt das?«, fragt der Vernehmer. »Sollte er sie erstechen?«

»Nein, das nicht«, rudert P. zurück, »nur ruhig stellen«.

Das habe aber nicht geklappt, St. habe versagt und das Messer nicht durch die Felljacke bekommen. Dann habe sie auch noch die Windschutzscheibe eingetreten, da wäre dann alles zu spät gewesen.

»Was heißt das?«

»Als die Scheibe brach, war meine Geduld zu Ende. Ich habe den Entschluß gefaßt, das Weibsstück kaltzumachen, das heißt: Ich mußte sie kaltmachen. Eine andere Lösung kam nicht in Frage.«

»Und die anderen haben Sie angestiftet mitzutun?«

Der Vernehmer rechnet mit Widerspruch. Doch nein: Es scheint P.'s Eitelkeit zu schmeicheln, daß er als Kopf der Mordaktion wahrgenommen wird. In seiner Stimme schwingen Genugtuung und Stolz darüber, daß dies endlich mal einer ausspricht.

Aus dieser Perspektive schildert er auch die letzten Minuten von Angelika M. Er tut es eiskalt und gleichsam um Anerkennung heischend. Er läßt kein widerliches Detail aus, nicht der geringste Anflug von Scham mischt sich in seine Rede. Er rühmt sich nahezu, als berichte er von einer Heldentat. Es gibt keinerlei Distanz, keinerlei kritische Reflexion, nichts. Da ist weder ein Unrechtsbewußtsein noch ein Gewissen.

Einem der anwesenden Kriminalisten, noch jung an Jahren, wird speiübel, er verläßt fluchtartig den Raum und eilt zur Toilette.

Karl, die Pfeife, habe heulend hintem Fahrzeug gesessen, während er die Leiche verschnürt und mit Ralf St. ins Wasser geworfen habe.

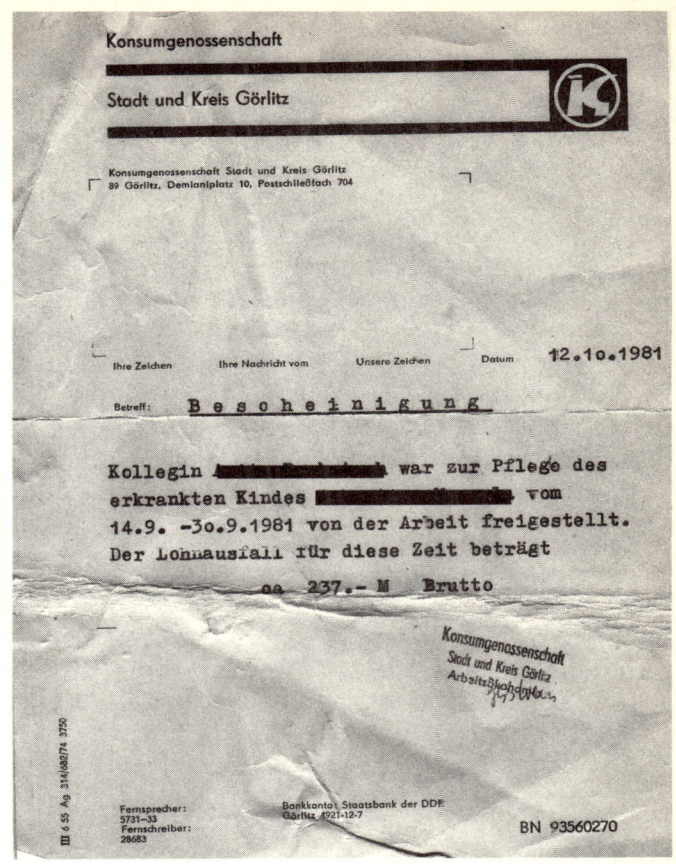

Konsumgenossenschaft

Stadt und Kreis Görlitz

Ⓚ

Konsumgenossenschaft Stadt und Kreis Görlitz
89 Görlitz, Demianiplatz 10, Postschließfach 704

| Ihre Zeichen | Ihre Nachricht vom | Unsere Zeichen | Datum 12.10.1981 |

Betreff: **B e s c h e i n i g u n g**

Kollegin ▬▬▬▬▬ war zur Pflege des
erkrankten Kindes ▬▬▬▬▬ vom
14.9. –30.9.1981 von der Arbeit freigestellt.
Der Lohnausfall für diese Zeit beträgt

oo 237.– M Brutto

*Konsumgenossenschaft
Stadt und Kreis Görlitz
Arbeits...*

Fernsprecher:
5731-33
Fernschreiber:
28683

Bankkonto: Staatsbank der DDR
Görlitz 4921-12-7

BN 93560270

Das Kind der Ermordeten wird von den Großeltern aufgenommen, die Arbeitsstelle zeigt Verständnis für die Aufgabe und behandelt die Großmutter wie die leibliche Mutter

Nein, vergewaltigt habe man sie nicht. Weder er noch die anderen beiden waren scharf auf sie. Selbst als sie sich in ihrer Todesangst angeboten habe, hätte sich ihr Ekel nicht verloren.

Der Vernehmer fragt nach, um es zu präzisieren. »Sie haben sich nicht vor Ihrer Tat und vor sich selbst geekelt, sondern vor der Frau?«

»Ja, ihr Angstschweiß roch widerlich.«

Noch während die Vernehmungen am Nachmittag laufen, informieren der Görlitzers Amtsleiter und der Dresdner Leiter der Morduntersuchungskommission auf einer Dienstversammlung, daß der Mord an der Bürgerin Angelika M. aufgeklärt sei. Die Täter seien gefaßt. Im Saal wird geklatscht.

Auch Kroll ist zufrieden, daß die drei hinter Schloß und Riegel sitzen, freilich ist er auch überzeugt, daß man sie dort schon wesentlich früher gehabt hätte, wäre man seinem Drängen gefolgt. Doch in solchen Momenten hält man sich mit Kritik zurück. Die Sache ist erledigt und gut. Ob man die drei nun im Dezember gefaßt hätte oder im Januar: Angelika M. wäre auch dann nicht mehr lebendig gewesen.

Am nächsten Tag steht in der Lokalpresse die Meldung.

Die Stadt hat ihr Gesprächsthema.

Die Ermittlungen fördern zutage, daß sich offenkundig alle drei mit dem Gedanken trugen, gemeinschaftlich in den Westen zu türmen. Ralf St., so heißt, will eine größere Erbschaft in der Bundesrepublik in Aussicht gehabt haben, was P. zu der protokollierten Bemerkung veranlaßte: »Dann kannst du auch bezahlen, was Karl und ich für die Flucht an Arbeit leisteten.«

Das Kriminaltechnische Institut liefert die chemische Analyse der trüben Flüssigkeit in jenen beiden Flaschen, die in P.s Besenkammer sichergestellt worden war. Sie wird als höchst explosiv bewertet.

Die drei Täter werden von Görlitz in die Haftanstalt nach Dresden verlegt. Dort wird auch vor dem Bezirksgericht gegen sie verhandelt werden. Sie werden weiter vernommen, Ärzte, Psychologe und andere Experten untersuchen sie gewissenhaft. Denn angesichts des Irrsinns der Tat stellt sich die Frage nach der Zurechnungsfähigkeit. P. hat sich inzwischen selbst für geistig verwirrt erklärt, zumindest für den Zeitpunkt der Tat.

Das Gericht wird dieser Auffassung nicht folgen. Dafür sehen die Mediziner keinen Grund. Die Hauptverhandlung findet an zwei Tagen im Oktober 1981 statt. Die Staatsanwaltschaft klagt Lars P. und Ralf St. wegen Mordes, versuchter Vergewaltigung, unbefugter Benutzung eines Kraftfahrzeuges und Verkehrsgefährdung durch Trunkenheit am Steuer an. Karl D. steht wegen Beihilfe zum Mord sowie gemeinschaftlicher Vorbereitung eines illegalen Grenzübertritts vor dem Richter.

Auch während des Verfahrens zeigen die drei keine Gefühlsregung oder gar Reue. Das bleibt nicht ohne Wirkung auf die Richter. Die Kammer verurteilt verurteilt Lars P. und Ralf St. zu lebenslanger Haft und Aberkennung der staatsbürgerlichen Rechte auf Lebenszeit. Karl D. wird wegen Beihilfe zum Mord zu einer Freiheitsstrafe von 11 Jahren und der Aberkennung der staatsbürgerlichen Rechte für 5 Jahre verurteilt. Alle drei müssen Schadensersatz leisten.

Ein Vierteljahr zuvor, am 1. Juli, hatte die Deutsche Volkspolizei einschließlich Kriminalpolizei ihren Ehrentag begangen. Es gab wie in jedem Jahr Auszeichnungen und Prämien, für die Kriminalisten in Görlitz wurde der Fonds aufgestockt. Kroll bekommt auf seinen Schulterstücken sogar einen weiteren Stern

Alle drei Täter verbüßten ihre gesamte Strafe.

Das Ende der DDR brachte ihnen, im Unterschied zu anderen Straftätern, nicht die Freiheit, die sie erwartet hatten. P. hatte zwar versucht, seinem Handeln ein politisches Motiv zu unterlegen, doch damit kam er nicht durch.

1996 wurden er und Ralf St. aus der Haft entlassen.

Wie man so sagt, der Fall ist erledigt;
das Boot meiner Liebe am Alltag zerschlug.
Bin quitt mit dem Leben.
Gebt niemandem die Schuld, daß ich sterbe, und bitte kein
Gerede. Der Verstorbene hat das ganz und gar nicht gemocht.

W. W. Majakowski (1893-1930),
in seinem Abschiedsbrief vom 14. April 1930

Abschiedsbrief auf Kassette

Die Kriminalpolizei ermittelt bei jedem Toten, dessen Ende dem ersten Anschein nach nicht natürlichen Ursprungs ist. Sie tritt auch im Falle eines Suizids auf den Plan; nicht ohne Grund besteht der Begriff »Selbstmord« aus zwei Worten. Wer Hand an sich legt, ist de facto ein Mörder. Als Ausdruck des Selbstbestimmungsrechts ist dieser Akt zwangsläufig straffrei: eine Bestrafung wegen vollendeter Selbsttötung ist nicht möglich. Somit sind auch der Versuch und die Teilnahme (Beihilfe, Anstiftung) straffrei.

Warum ein Mensch den Freitod wählt, weiß nur der Betreffende allein. Doch selbst wenn er (oder sie) eine Nachricht hinterläßt, muß daraus der Grund nicht zwingend hervorgehen, wie auch das nachfolgend veröffentlichte Dokument bezeugt.

Weltweit, so schätzt die Weltgesundheitsorganisation, nehmen sich etwa eine Millionen Menschen das Leben, die Zahl der Versuche ist vermutlich zehn- bis zwanzigmal so hoch.

In den 80er Jahren schieden laut Statistik in der Bundesrepublik 30 von 100.000 Menschen freiwillig aus dem Leben, in der DDR waren es 44. Das war keineswegs politisch motiviert: Auch im Deutschen Reich wiesen Sachsen und Mecklenburg erhöhte Suizidraten auf. Gegenwärtig, so heißt es, läge die Selbstmordrate bei den Männern bei 20, bei den Frauen bei sieben. In summa registriert man jährlich in der Bundesrepublik zwischen 11.000 und 12.000 Selbsttötungen. Allerdings habe die Zahl der Suizidversuche in den letzten Jahren bundesweit erheblich zugenommen, heißt es auch. Das allerdings habe nachweislich gesellschaftliche Ursachen.

In der Altersgruppe der 15- bis 35jährigen ist nach dem Unfalltod der Suizid die zweithäufigste Todesursache.

In eben jenes Raster paßt der Fall von Klaus W., der am
29. Mai 1989 in Görlitz den Gashahn aufdreht. Die Kriminalpolizei wird am Vormittag informiert. Die Mieter haben Gas-
geruch im Hause festgestellt. Kroll findet neben der Leiche des
NVA-Soldaten auf Urlaub einen Kassettenrekorder. Das Band
wird zur Beweisaufnahme mitgenommen. Es ist der gesprochene,
unredigierte Abschiedsbrief eines Selbstmörders, der mit dem
Leben und mit den Frauen nicht klarzukommen schien.
Auch ohne Gerichtsmediziner sieht Kroll, als er dem Toten die
Gasmaske vom Gesicht nimmt, daß der Exitus vor einigen Stunden eingetreten ist: Die Haut schimmert bläulich, das Gesicht ist
leicht aufgedunsen. So etwas sieht er nicht zum ersten Male.
Seit Anfang der 80er Jahre scheiden hier häufig junge Menschen
aus dem Leben, viele machten es mit Autoabgasen. Allein zwischen 1980 und 1982 registrierte Oberleutnant Kroll in Görlitz
29 Selbstmordversuche, 19 gelangen. Es war auffällig, daß die
meisten von diesen jungen Menschen im »Teekeller« verkehrten,
den der Volksmund darum nur noch »Todeskeller« nannte. Der
von der Kirche betriebene Jugendtreff ist beliebt, von dieser Sorte
gibt es nur wenige in der Stadt. Görlitz, so empfinden nicht nur
die dort verkehrenden Jugendlichen, liegt am »Arsch der Welt«.
Vor sich hat man die polnische Grenze, die seit Verhängung des
Kriegsrechts beim östlichen Nachbarn nun endgültig dicht ist.
Und vor sich das Tal der Ahnungslosen. Bis Görlitz reicht kein
Fernsehsender der Bundesrepublik. Hier ist für Jugendlichen
wenig los, überall gähnende Langeweile. Auf der Suche nach
dem Sinn des Daseins steuern viele den »Teekeller« an. Dort
kümmert sich ein Diakon um die irrenden Seelen. Daß er über-
dies homosexuell sei und pädophilen Neigungen nicht nur nach-
hänge, wird gleichfalls gerüchteweise verbreitet. Doch die Leute
reden viel, wenn der Tag lang ist. Und sie erzählen, daß er auch
Ratschläge erteile, wie man dem irdischen Jammertal am wirk-
samsten entkommen könne. Doch nichts Genaues weiß man
nicht, nicht einmal die K, die jeden Selbstmordfall als sin-
gulären Vorgang betrachtet und auch untersucht, sofern ihnen
nicht andere Institutionen den Fall aus den Händen nehmen.

Einige Zeit wurde der Kirchenmann aus dem Verkehr gezogen, indem man ihn in eine Klinik steckte, doch irgendwann war er wieder da.

Kroll kann 1 und 1 zusammenzählen und ahnt, daß dieser Jugendtreff gewiß auch interessant sein könnte für eine Einrichtung, die auf die Sicherheit des Staates spezialisiert ist. Meist pflegt diese an neuralgischen Plätzen eigene Quellen zu installieren, und oft greift sie dabei auf Leute zurück, die erpreßbar sind. Das ist eine Erklärung für Kroll, warum die Ermittlungen meist im Sande verlaufen, und auch in diesem Falle wird es so sein. Denn Klaus W. ist Angehöriger der NVA, also muß der Militärstaatsanwalt informiert werden, der sofort den Fall an sich zieht. Und dort bleibt er für alle Ewigkeit, die schließlich am 2. Oktober 1990 endet. Nunmehr liegen die relevanten Akten, auch diese, in der Gauck-Birthler-Behörde. Und als ein Fernsehmann im August 2007 erstmals daran rührt, kehrte auch dort schon bald wieder Ruhe ein. Nach der Ausstrahlung des Films zu mitternächtlicher Stunde verschwinden alle Hinweise auf die Dokumentation von der Homepage. Es hatte den Film offenkundig nie gegeben.

Kroll forderte seinerzeit die Kassette von der Militärstaatsanwaltschaft mit der Begründung zurück, er müsse den letzten Willen des Selbstmörders Klaus W. erfüllen. So kam sie in seinen Besitz, wo sie sich noch heute befindet.

Hier die Abschrift:

Monolog eines Selbstmörders. Hier kommt die Geheimkassette 1, Fortsetzung von Teil 7. Das ist wieder einer von meinen dummen Späßen. Es ist jedenfalls die Fortsetzung von Teil 7 aus der Geheimakte. Und die schließt mit den zwei Sätzen: »Ich kenne viele, die sich das Leben nehmen wollten, aber das waren alles Dilettanten. Da kenne ich wirklich einen, das muß ich dazusagen. Ich will es besser machen, der Tod muß kurz und schmerzlos sein.«

Tja, kurz und schmerzlos?

Nun hatte ich mir schon vor ein paar Monaten zwei Stricke

besorgt zwecks Aufhängen, aber das ist natürlich ein bißchen unschön.[1]

Da dachte ich, läßt du dir mal was anderes einfallen, und ich habe also im Betrieb so eine schwarze Atemschutzmaske mitgehen lassen. Oder sagen wir mal, ich habe mir eine geborgt.

Nun hatte ich das eigentlich so gedacht: Da passen genau zwei ausrangierte Gasmasken-Schläuche rein, die ich noch mitgenommen habe. Die schließe ich direkt an einen Gasanschluß an, das Gas strömt aus – so stelle ich mir das jedenfalls theoretisch vor. Wir werden ja sehen, ob das klappt. Sonst muß ich die Stricke nehmen.

Und das Gas strömt also aus, geht direkt in die Maske rein. Durch das Ausatmungs-Ventil kann ich nichts einatmen, sondern nur ausatmen, und so tritt das Gas, was ausritt, auch wieder ein.

Um keine Personen hier im Haus zu gefährden, werde ich auch die Fenster aufmachen.

Die Sache ist also so, ich atme praktisch das Gas ein. Und was zusätzlich ausströmt – denn ich werde ja nicht mehr in der Lage sein zuzudrehen –, tritt durch das Ausatmen-Ventil raus und zieht ab mit der Luft, so daß keine Explosionsgefahr oder dergleichen entstehen kann. So hatte ich mir die Sache vorgestellt.

Das zu den Vorbereitungen von KF[2].

Ich will erst mal einen kleinen Schluck Wein trinken, also Prost! Ich mache nämlich gerade meine Abschlußfete hier.

Hmh … wirklich köstlich, der griechische Wein. Eigentlich wollte ich den ja mit meiner Mutter trinken, aber die hatte Besuch von Herrn Krause. Dann trinke ich ihn eben alleine.

Kommen wir also zur Sache, Aktion KF.

Das ist ja nun vor 50 Wochen so geplant worden, daß die stattfindet kurz vor der Einberufung.[3]

Am 21. 4. 1989 habe ich im Jugendklub Nord eine gewisse Barbara kennengelernt. Lange blonde Haare, na ja … Sie hat eine fünfjährige Tochter, ist 24. Wie gesagt, ich habe sie ken-

144

nengelernt abends in diesem Nordklub, wir haben ein bißchen getanzt, und dann habe ich sie mit heimgeschleppt und zusammen gepennt, wie man das so nennt. Die nächsten Tage war ich bei ihr und habe bei ihr gewohnt, die hat eine Wohnung in Nord. Und ihre Tochter hat sich dermaßen in mich verliebt, könnte man sagen, das ist schon richtig aufdringlich. Die Kleine kann nichts dafür. Die sieht in mir ihren Ersatz-Vati, weil die ja geschieden ist, die Barbara. Und die Kleine hat ja nun in dem Moment keinen Vater. Ist ein fünfjähriges Mädel, aufgeweckt, blond. Man muß dazu sagen, ich habe mir ja immer eine Tochter gewünscht, davon abgesehen.

Und nun bin ich natürlich in der Zwickmühle. Was soll ich nun machen? Einerseits glaubt die Barbara, daß ich sie aus der Scheiße hole. Wieso aus der Scheiße holen? Das muß ich noch kurz erklären. Die Barbara ist durch die Scheidung ganz schön finanziell am Ende. In der Wohnung steht nichts, kein Radio, kein Rekorder, nichts. Das einzige, was läuft, ist der Fernseher. Keine Teppiche, nichts, also ziemlich ärmlich. Da müßte ich voll reinschustern. Und die Kleine, die sieht mich ja nun als Papi an. Gut, ich kaufe auch immer eine Schokolade usw.

Mich dort fast einzunisten habe ich eigentlich nicht vor. Ich wollte im Grunde … Ich meine, um die Kleine tut es mir ja leid. Ich mach' mir da ehrlich einen Kopf, ehrlich mal. Aber Barbara? Gut, ich meine, wir haben ein paarmal zusammen geschlafen und okay, ich habe dort gewohnt, aber … Ich liebe sie nicht. Ich kann ganz ehrlich sagen: Ich liebe sie nicht. Ich meine, da lernt man eine kennen, und dann schläft man mit der und was weiß ich nicht alles noch. Aber irgendwie muß man doch sehen, daß man sie eben nicht liebt. Gut. Dasselbe ist mit ihrer Freundin Ramona. Die blonde Ramona meine ich jetzt.

Sie hat zwei Freundinnen, die Ramona heißen, aber ich meine jetzt die blonde. Das ist die größte Hure, die mir je begegnet ist. Mit der habe ich es auch getrieben, aber das ist ihre Schuld. Ich bin ja auch bloß ein Mann, aber sie hat es eben so gewollt. Die ist verheiratet, hat zwei Kinder. Tja. Nun stand ich da. Was sollte ich machen? Aktion KF? Die sollte eigentlich spätestens am 1. Mai ablaufen.

Nun stand ich da. Zwei Weiber. Ich meine, gut, die Ramona können wir abschreiben, okay. Aber die Barbara? Und die Dani, die Daniela, ihre Tochter. Die haben ja gewisse Ansprüche erhoben. Und die Barbara hat natürlich ganz schön abgekotzt, als ich ihr die Sache mit der Armee erzählt habe. In letzter Sekunde kann man bald sagen. Zuerst habe ich ihr das natürlich nicht gesagt, da habe ich die Sache verschwiegen, weil: Reden ist Silber und Schweigen ist Gold. Und das hat sich ja auch wieder mal bezahlt gemacht, davon abgesehen. Natürlich war sie ganz schön stinkig und blöde, aber sie hat sich nie konkret geäußert, was nun wird.

Und ich stand da und wußte überhaupt nicht, was ich machen sollte. Einerseits stand KF fest, das war sowieso so geplant. Nach Ablauf der Frist von 50 Wochen, daß es total abgeht hier, daß es losgeht. Ich meine, nun stand das Problem Dani und das Problem Barbara. Und dann kam noch die Sache mit der Mutter dazu, mit der Hochzeit. Ich habe ja versucht, ihr die Sache auszureden. Ich meine, wenn sie unbedingt heiraten will? Da soll sie lieber einen auf Lebensgemeinschaft machen. Das habe ich versucht, ihr andauernd einzureden. Ich meine, das kotzt mich dermaßen an. Ich will der Mutter die Hochzeit nicht versauen.

Aber andererseits, wenn ich jetzt warte bis zum 7. Juni und es dann mache, dann wäre es kurz vor ihrem Urlaub. Und dann wäre der Urlaub wieder versaut. Das geht auch wieder nicht.

Heute ist der 28., noch. Aber in drei Minuten ist Mitternacht, dann ist der 29. Wie gesagt, ich habe jetzt gerade den ersten Urlaub von der NVA. Ich war so blöde gewesen, ich bin zur NVA gegangen. So blöde war ich. Weil ich echt nicht wußte, was ich machen sollte, total verwirrt war ich im Prinzip durch die Weiber und wegen der Bedenken, die ich hatte wegen Mutters Hochzeit. Ich wußte echt nicht, was ich machen sollte.

Ich hatte auch immer Zweifel, ob es richtig ist, was ich vorhabe und so. Na ja. Das versteht sowieso keiner, das kann keiner verstehen. Die Mutter würde das sowieso nie begreifen, daß ich die Simone immer noch liebe, und daß ich nicht ohne sie leben kann. Ach, das würde sie sowieso nicht verstehen. Es ist sinnlos, darüber zu reden, ganz egal.

Auf jeden Fall, in dem Moment am 2. Mai damals, da wußte ich wirklich nicht, was ich machen sollte. Ich dachte, gehst du erst mal zur Armee und guckst mal, wie es dort ist. Dort hast du dann Zeit, um über alles nachzudenken.

Ich meine, ich bin jetzt zurückgekehrt. Nach vier Wochen. Vier Wochen Armee. Knapp vier Wochen Armee, davon abgesehen. Aber für mich steht fest, ich werde diesen Wahnsinn nicht länger mitmachen. Diese Schikanen, diese Qualen, was man da alles durchmachen muß. Daß man sich da von solchen Schwachköpfen Befehle geben lassen muß. Ich meine, ich bin ja nicht einer, der irgendeinem gleich auf die Fresse kloppt, der durchdreht oder so. Aber ich werde diesen Wahnsinn nicht länger mitmachen. Ich werde nicht nach Strausberg zurückkehren, das sage ich ganz klipp und klar. Wie ich das hier vorhabe, wird die Aktion KF am heutigen Tage noch, wir haben jetzt den 29., stattfinden.

Ich habe alles vorbereitet jetzt hier. Ich meine, es geht noch eine Weile hier, das werden dann wahrscheinlich die Morgenstunden werden. Angesichts der nahen Endlösung, sagen wir das mal so, der Endlösung dieses Problems, sind die unerhörten Strapazen der letzten Wochen bald vergessen.

Ich meine, ich will ja nicht übertreiben oder so. Aber ich sehe da keinen Sinn drin. Und ich habe mir das bei der Armee noch immer reichlich überlegt. Es gibt ja viele Dinge, die noch mit reinspielen. So war ich zum Beispiel gestern, da wollte ich zur Barbara. Ich hatte ja geschrieben, daß ich komme. Da muß ich dazu sagen, das Miststück war da gewesen. Ich habe geklingelt, da hat die Kleine noch gebläkt, die Dani: »Mutti, es hat gebimmelt.« Und die hat den Fernseher laufen gehabt. Aber hat nicht aufgemacht. Natürlich bin ich dann gegangen. Ich dachte mir, das machst du hier nicht, daß du hier stundenlang klingelst oder vielleicht noch bettelst, daß du rein darfst. Ich meine, das war nur ein Routinebesuch. Ich dachte, wenn sie mit mir pennen will, von mir aus, dann pennen wir eben zusammen, ansonsten bleibt sie eben. Ich bin nicht drauf angewiesen. Da bin ich wieder abgehauen. Und da bin ich eigentlich ganz froh, daß das Problem auch geklärt ist. Und ich meine, das mit der Ramona, das war sowieso bloß so nebenbei. Und im Grunde genommen war ich auch froh an dem Tage, wo ich zur Armee gegangen bin, daß ich erstmal dieses Problem Barbara und Daniela hinter mir gelassen hab, weil es nur irgendwelche Probleme gebracht hätte. Ich hätte da voll zugeschustert, voll mich eingesetzt, um die beiden aus der Scheiße zu holen.

Ich meine, für die Kleine hätte ich das ja gemacht, aber die Barbara, muß ich dazu sagen, ist doch ganz schön schlampig. Und außerdem hat sie auch Umgang mit irgendwelchen zweifelhaften Elementen, um nicht zu sagen Abschaum. Ich meine, ich kenne da welche zum Beispiel mit Namen, mit denen die so verkehrt. Das ist wirklich der letzte Husten. Und aus dem Grunde bin ich eigentlich ganz froh. Ich meine, die ist auch eine ganz schöne Hure. Nicht so schlimm wie die Ramona, aber ich würde mich nicht wundern, wenn die alle Furz lang fremdgeht. Das kann man ihr zutrauen.

Ich will sie ja nicht schlecht machen. Ich meine, sie hat auch ihre guten Seiten. Aber man muß das so sehen, wie es ist. Okay, jetzt dachte ich, im Prinzip ist der Fall auch geklärt. Das ist ja wohl klar. Ich meine, damit ist das Problem gelöst. Die Armee verhindert, daß ich mich mit Caroline treffe zum Beispiel. Die wollte mich ja vom Werkhof aus besuchen. Wenn sie Urlaub kriegt im Werkhof, wollte sie zu mir kommen. Das verhindert die Armee auch. Genau mit Manuela, die sich in ihren Diskjockey vernarrt hat. Ich meine, die wird auch nicht mehr kommen, jetzt wo sie weiß, daß ich nicht mehr da bin, daß ich nicht präsent bin.

Also was hält mich noch hier im Prinzip? Nichts, nichts.

Und Simone hat nicht ein einziges Mal geschrieben. Bis auf die eine Karte, die sie mir geschickt hat. Und dann hab ich auch noch Post gekriegt von Holger und Annette, ihrem Bruder

148

praktisch. Aber sonst hat sie nicht einmal geschrieben. Und das kotzt mich eigentlich ein bißchen an, ehrlich mal. Erst wollte sie mich heiraten und was weiß ich alles noch. Ach Mensch! Und dann hat sie mir nicht einmal geschrieben. Na ja. Das ist schwer.

Ich weiß, was ich tun muß. Es bleibt mir nichts anderes übrig. Ich muß jetzt meine Entschlossenheit bewahren, die ich jetzt wiedergefunden habe, den Mut und die Entschlossenheit.

Ich frage mich, wie man sagen kann, daß Selbstmörder, wie man sie nennt oder Freitod-Kandidaten, feige sind? Mein Gott, wißt ihr überhaupt, was da für ein Mut dazugehört, das zu tun? Ich bin froh, wenn ich nicht wieder die Nerven verliere.

Ich werde jetzt erstmal ein paar Stunden schlafen, und dann morgen werde ich es tun. Der Zug fährt so gegen halb sieben. Bis dahin muß die Sache erledigt sein.

So, und ich komme jetzt zu meinem, sagen wir, akustischen Testament. Ich vererbe hiermit meiner Mutter, Ursula W., geborene E., mein gesamtes Geld in Höhe von ungefähr 15.000 Mark. ... 14.500 Mark sind schon auf ihrem Konto, auf ihrem Sparbuch. Und der Rest ist auf meinem Giro-Konto.

Meinem Bruder, Enrico W., vererbe ich mein Tonband und meine Kassetten und das Radio und die Boxen und den Fernseher. Was zum Beispiel mit dem Moped geschieht, überlasse ich meiner Mutter, weil ich alles andere außer dem Geld und den eben genannten Dingen ihr ebenfalls vererbe, und sie muß dann selbst entscheiden, was daraus wird. Ob sie das Moped nun dem Achim gibt oder der Ramona, das ist mir im Prinzip egal. Und alle anderen Sachen, Kunstgewerbe und Bücher usw., Schrankwand, Möbel, da muß sie selber entscheiden, was daraus wird. Ich meine, sie kann das Zeug teilweise verkaufen, und da kommt auch noch mal eine ordentliche Summe zusammen, wie ich mir einbilde. Ich setze sie praktisch als Universalerben ein bis auf die Dinge, die ich meinem Bruder vererbe. Ansonsten erbt meine Mutter alles andere.

Natürlich unter der einen und einzigen Bedingung, daß ich erdbestattet werde. Ich will auf keinen Fall, und das ist mein letzter Wille, ich will auf keinen Fall verbrannt werden. Es ist mein letzter Wunsch, mein letzter Wille. Und ich möchte und bitte, daß er mir erfüllt wird. Ich will in einem ordentlichen Sarg begraben werden und auf jeden Fall nicht verbrannt werden. Es soll auch kein großes Aufsehen gemacht werden, im Gegenteil.

Wir könnten zum Beispiel eine Geschichte erfinden. Zum Beispiel, daß ich Aids hatte. Ich meine, wir waren ja gestern in Kunnersdorf, und da hatte ich doch mit dieser 15jährigen Anke rumgeschäkert. Da habe ich mir eine kleine Geschichte einfallen lassen. Anke hat mich zu einer Mopedspritztour eingeladen. Ich fahre mit. In einer Kurve kommt sie ins Schleuern. Das passiert alles dort in Kunnersdorf. Wir stürzen, und sie ist schwer verletzt, und ich bin leicht verletzt. Je frecher die Lüge, umso mehr wird sie ja geglaubt, oder wie man immer sagt. Ist ja egal. Auf jeden Fall kommen wir beide ins Krankenhaus, und man stellt fest, daß sie eine Bluttransfusion bekommen muß, weil sie soviel verloren hat. Und ich habe zufällig, wie das so ist, dieselbe Blutgruppe und erkläre mich natürlich bereit, zu spenden. Und man nimmt mir also Blut ab und stellt dabei aber fest, daß ich Aids habe. So. Und aufgrund dieser bitteren Wahrheit drehe ich durch und nehme mir praktisch das Leben, indem ich mich vergase.

Ich meine, die schwarze Maske, die könnt ihr ja verschwinden lassen. Du warst weg, und da habe ich eben den Gashahn so aufgedreht, das ist ja egal. So könntet ihr das zum Beispiel den Massen erzählen. Der Polizei erzählt ihr, daß ich schon längere Zeit unter Depressionen gelitten habe und mir deshalb eben das Leben genommen hab, sagen wir mal so. Dann sind die erstmal befriedigt und tun nicht lange rumschnüffeln, was die eigentlichen Ursachen sind.

Denn das mit der Simone, das brauchen sie nicht zu wissen. Ich will nicht, daß die Simone davon erfährt und sich dann lebenslang Vorwürfe macht. Auf jeden Fall möchte ich mich noch mal bedanken für den gestrigen Tag. Das war wirklich ein wunderschöner Tag. Das schöne Wetter, die schöne Gegend und die schönen Mädels, die dort rumgelaufen sind, überhaupt war das ein herrlicher Tag. Und ich möchte mich noch mal bedanken. Es war wirklich herrlich. Ein herrlicher Tag gestern.

Und diese Anke war wirklich ein hübsches Mädel. Da gab es einige hübsche Mädel, das muß ich dazu sagen. Aber mir sind eben die Hände gebunden. Zum einen wegen der Armee, und zweitens, weil dieser blöde Großvater von der Anke, der hat ja aufgepaßt wie so ein Schießhund auf seine Enkelin, daß die auch gar nicht mit irgendwelchen Männern loslegt oder was. So ein Knaller. Und das andere ist ja mit der Aktion KF. Das ist ja nun vorgesehen, muß ich nun auch durchziehen. Da muß ich durch. Ich kann jetzt nicht wieder anfangen rumzueiern. Das geht auf keinen Fall, daß ich jetzt wieder einen Rückzieher mache. Das geht nicht. Ich meine, daß Problem steht ja lange genug an. Und ewig genug habe ich rumgeeiert. Es muß passieren, davon abgesehen.

Es ist natürlich unschön, daß es für dich speziell ein ganz schöner Schock wird. Ich meine, es klingt jetzt idiotisch, aber ich habe mir zigmal gewünscht, daß ich jetzt irgendwie eine tödliche Krankheit hätte, Leukämie oder Knochenkrebs oder irgend so was, wo ich wirklich nichts dafür könnte, und jeder Mensch würde dann verstehen, wenn ich Selbstmord begehe. Wie die eine, die Tochter vom Schneider, die sich aufgehängt hat, weil sie Magenkrebs hatte. Jeder würde das verstehen, und keiner würde darüber meckern.

Aber mein Motiv, aus Liebeskummer oder wie man das nennt, das sieht wieder keiner ein. Da würden sie alle wieder rumzetern und rummeckern, daß er sich wegen einem Weib das Leben nimmt und was weiß ich nicht alles. Also könnt ihr denen das so auftischen mit dem Aids. Das ist eigentlich eine ganz gute Idee. Ich meine, vielleicht hast du eine bessere, aber das könnte man den Massen erzählen. Und vor allen Dingen, ich meine, das brauch ja keiner zu wissen weiter.

Wie gesagt, du findest die ganze Geschichte, alles, wie es dazu kam usw., findest du in der Schrankwand in der grauen Mappe, unter dem Glasteil. In der grauen Mappe liegt ein brau-

ner Hefter. Also die Mappe ist auch braun. Also ein brauner
Hefter in einer braunen Mappe, da steht alles drin. Brauchst
du dir bloß durchlesen. Das ist eine Geheimakte. Das geht keinen was an außer dich. Das habe ich alles aufgeschrieben. Ich
habe auch selber Zeichnungen gemacht und Briefauszüge usw.
Das wirst du dann alles sehen.

Und vielleicht wird dir die Mappe helfen, dazu habe ich es
gemacht, daß du mich und das, was passiert ist, besser verstehst.
Die Kassette ist bald zu Ende. Ich verabschiede mich. Und
bitte: erfüllt mir meinen letzten Wunsch. Ich meine, 15.000
Mark kriegst du von mir. Und diese kleine Bitte kannst du mir
doch nicht abschlagen.

Jetzt haben wir es Montag, kurz vor halb zwei. Ich werde
noch mal schnell rübergehen zu Mutter. Und wenn ich wieder-
komme, muß es passieren. Also ich darf mir nichts anmerken
lassen. Es muß passieren. Um halb sieben fährt der Zug ab. Entweder oder. Ich habe schon alles fertig gemacht hier, die Gasmaske ist schon angeschlossen. Also, ich muß es machen. Ich
kann nicht zurück. Es gibt kein Zurück mehr jetzt. Ich muß es
tun. Irgendwie werden sie mich schon finden. Den Schlüssel
haben sie ja. Wenn sie kommen, werden sie mich finden. Na ja.

Also dann, macht's gut und verzeiht mir, bitte. Verzeiht mir
wirklich. Ich hätte mir auch bei der Armee eine Kugel in den
Kopf jagen können. Bloß ich wollte lieber hier sterben, in den
eigenen vier Wänden. Das könnt ihr vielleicht verstehen. Oder
vielleicht auch nicht. Es ist im Prinzip egal jetzt, wo sowieso so
vieles egal ist. Es tut mir leid.

Erklärungen

1 Plutarch berichtet davon, daß in der kleinasiatischen Stadt Milet eine Selbstmordepidemie unter jungen
  Frauen ausgebrochen war. Dem Rate eines weisen Mannes folgend, erließen die Behörden ein Dekret,
  wonach die nackten Körper dieser Frauen auf dem Marktplatz auszustellen waren. Aufgrund dieser Entscheidung hörte die Epidemie praktisch über Nacht auf. Offenkundig spielt es für Selbstmörder eine
  wichtige Rolle, wie sie danach wahrgenommen werden.
2 KF = Kandidat Freitod, eine Verballhornung des bei der NVA gebräuchlichen Kürzels EK = Entlas-
  sunsgkandidat.
3 Ende April und Anfang Oktober fanden in der DDR die Einberufungen zum 18monatigen Grund-
  wehrdienst in der NVA statt. Die letzten Rekruten der NVA wurden im Frühjahr 1990 gezogen.

Ende einer Trinkerkarriere

Der Kalender zeigt den 22. Oktober 1981, einen Donnerstag. Es ist ein sehr schöner Herbsttag, mit blauem Himmel und einer wärmenden Sonne. Die Bäume im Stadtpark und entlang der Neiße zeigen sich in ihrer vollen herbstlichen Pracht.

Es ist Vormittag, und um diese Zeit sind auf den weitläufigen Fußwegen entlang des Grenzflusses kaum Menschen anzutreffen. Nachmittags oder an den Wochenenden sieht das ganz anders aus, da sind jede Menge Spaziergänger und Radfahrer unterwegs. Nicht zu vergessen die Angler, für sie ist dieser Flußabschnitt ein Paradies. Es ist ruhig, und durch die dicht bewaldeten Hänge ist der Straßenlärm nicht zu hören. Auf dem ebenso idyllischen anderen Ufer sieht es nicht anders aus. Mit dem Unterschied, daß jenes Ufer bereits zu Polen gehört. Der Fluß ist seit 1945 Grenze und teilt die Stadt in zwei Teile. Sie sind verbunden durch einen Viadukt, der sich in weiten Bögen über die Neiße spannt.

Manfred Rathner streicht ziellos am Ufer entlang. Er ist bereits eine Weile unterwegs. Erst durch die Stadt, dann durch den Park, und nun ist er schließlich hier unten am Wasser angekommen. Die Hände in den Manteltaschen vergraben, den Blick auf den Boden gerichtet, läuft er allein und gedankenverloren dahin. Andere sind um diese Zeit gewöhnlich arbeiten. Für Manfred Rathner gilt das jetzt nicht mehr. Seit einer Woche ist er zu Hause. Wieder einmal. Diese Situation ist für ihn nicht neu. In den letzten Jahren hat sich das wegen seiner Trunksucht während der Arbeitszeit und aufgrund von Bummelschichten mehrfach wiederholt, und er ist deshalb fristlos gefeuert worden.

Die Auszeit von der Arbeit ist nur begrenzt, dafür sorgt der Staat mit gesetzlich verordneten Meldepflichten. Nach der jüngsten fristlosen Entlassung Anfang voriger Woche hat Rathner allerdings noch keine Anstalten unternommen, sich um eine neue Beschäftigung zu kümmern. Die eindringliche Aufforderung seitens der Behörde liegt schon im Briefkasten. Ein paar Tage will er aber noch geruhsam vertrödeln. In den Tag hinein leben, keinen Weisungen folgen müssen, nur tun, was einem gefällt – das ist nach seinem Geschmack. Nur eine Schattenseite hat das Ganze: Rathner hat kein Geld mehr, ist völlig blank. Er wird ohne Arbeit auch nichts bekommen. Da ist guter Rat teuer.

Seine Kumpel aus dem Trinkermilieu geben ihm zwar mal einen aus, aber das reicht ja nicht. Er braucht schon etwas mehr. Im Laufe der Jahre ist sein notwendiger Pegel immer höher gestiegen. Eine Flasche Klaren am Tag *konnte* er früher weghauen – inzwischen *braucht* er sie. Sein Verlangen nach Alkohol beherrscht alle anderen Gedanken und Wünsche. Er ist krank, alkoholkrank. Das aber will er sich nicht eingestehen.

Wenn er am Morgen in den Spiegel sieht, haßt er sich wegen seiner Trunksucht. Dieses Gefühl schwindet nach dem ersten Klaren. Manchmal, wenn Manfred einen sehr guten Tag hat, denkt er darüber nach, weshalb das so ist. Zu einem schlüssigen Ergebnis ist er aber bisher nicht gekommen. Kein Wunder, denn in seinen Überlegungen sind alle anderen schuld an seiner Situation, er selbst ist das Opfer.

Manfred Rathner stammt aus der Lausitz, er ist Jahrgang 1949. Seinen Vater kennt er nicht, und die Mutter ist ihm auch fremd. Als er drei Jahre alt ist, liefert ihn diese Frau bei der Oma ab. Sie selbst sucht ihr Glück im Westen. Vermutlich hat sie es gefunden: Sie läßt nie wieder etwas von sich hören.

Die Großeltern sind schon betagt, die Sorge um das Enkelkind wächst ihnen über den Kopf. Manfred ist gerade sechs Jahre alt, als der Großvater stirbt. Mit elf trägt Rathner die Großmutter zu Grabe. Da es keine weiteren Verwandte gibt, muß der Junge ins Heim. Hier hat er zwar ein geordnetes Leben, doch es fehlt die Zuwendung. Die Erzieher achten auf die Lernergebnisse in der Schule und darauf, daß Manfred sauber gekleidet ist. Äußerlichkeiten, gewiß notwendig, aber eben nicht alles. Ein Heim ist ein Nest ohne Wärme. Da ist keine Mutter, die den Sohn schützend in den Arm nimmt, kein Vater, der ihm über den Scheitel streichelt, wenn er was Ordentliches gemacht hat.

Er ist kein aggressives Kind, auch als Jugendlicher ist Rathner unauffällig. Er hat kein Ziel, nichts motiviert ihn, ein Tag verrinnt wie der andere, er ist labil und läßt sich gern treiben, auch schubsen. Er macht, was ihm gesagt wird. Als es heißt, er solle eine Lehre als Zerspanungsfacharbeiter im Waggonbau beginnen, macht er das. Mit Lehrbeginn in einem der größten Betriebe der Stadt endet seine Heimzeit: Manfred Rathner muß sich eine eigene Bleibe suchen.

Das geht nicht gut. Er findet sich nun überhaupt nicht mehr zurecht. Die neu gewonnene Freiheit, für sich selbst sorgen zu können, empfindet er als Last: Er *muß* jetzt für sich sorgen.

Die Bürde drückt ihn. Seine Leistungen in der Ausbildung lassen dramatisch nach. Er schmeißt die Lehre und entzieht sich jedem Zwang. Viel lieber hängt er mit Gleichgesinnten herum, die auch keinen Bock haben, jeden Morgen vom Wecker aus dem Schlaf gerissen zu werden. Man redet und vertrödelt den Tag, und wenn man dazu noch ein Bier hat, ist es ein wunderschöner. Zum Bier kommt bald noch Hochprozentiger. Mit Wodka der Marke »Lunikow« sind die Runden noch angenehmer.

In der Tischlerei im Waggonbau ist er jetzt als Ungelernter beschäftigt. Die Arbeit ist für ihn notwendiges Übel, von irgendetwas muß man ja leben. Daß die Tätigkeit ihn befriedigt, gar Spaß macht, läßt sich nicht behaupten – obgleich es genügend Kollegen gibt, die ihm helfen, ermuntern und beistehen, wenn es nottut. Sein Meister in der Lehrwerkstatt bemüht sich sehr um ihn. Hans Krowald versucht zu erklären, zeigt Verständnis für persönliche Dinge – mit ihm kann Manfred reden. Krowald ist wie ein Vater, den er nie besaß. So aber stellt er sich einen vor. Doch nach ein paar Monaten übernimmt der Meister eine andere Aufgabe. Der nächste Ausbilder, ein älterer Mann, in seiner Arbeit ein Perfektionist, findet keinen Draht zu dem für ihn oberflächlichen Jugendlichen. Manfred macht darauf hin das, was er für richtig hält: Er kommt erst gar nicht zur Arbeit. Fehlschichten, Aussprachen, Verweise – dies wiederholt sich über längere Zeit.

Dann hat die Kaderabteilung ein Einsehen und kapituliert: Sie versetzt Manfred Rathner zu den Transportarbeitern, im Betriebsjargon Hofkolonne genannt. Hier geht es mit ihm eine ganze Weile gut. Zwar trinkt er unverändert – gemeinsam mit seinen Kumpels oder auch ohne sie –, doch während der Arbeit hält er sich zurück und ist bei der Sache.

Plötzlich aber wird er zum ersten Male von Ehrgeiz befallen. Er will unbedingt so einen Elektro-Karren fahren, mit denen seine Kollegen im Betriebsgelände unterwegs sind. Doch dafür muß er eine Prüfung absolvieren. Selbst diese erweist sich für Manfred als zu schwierig. Er ist keineswegs zu dumm – er ist zum Lernen zu faul. Doch auch ohne Führerschein fährt er im Betriebsgelände mit solch einem Gefährt umher. Bis er eines Tages gegen einen Warenstapel fährt. Aus der Traum – ein Verweis ist die Quittung.

Doch wenn es im Betrieb nicht klappt, dann eben auf der Straße, denkt er sich. Mit einigen Gläsern Bier hat er Mut genug, ein Moped zu klauen, das jemand vor der Haustür zu stehen hat. Eines Nachts, nach lustigem Umtrunk mit jeder Menge Klaren, ist der erste Trabant fällig. Die Fahrt ist kurz, sie endet am nächsten Laternenpfahl. Die Polizei tritt auf den Plan, erstmals steht er vorm Kadi. Im Strafregisterauszug wird eingetragen: Diebstahl, unbefugtes Benutzen, Fahren unter Alkoholeinfluß.

Das ist der Auftakt zu einer bald langen Liste, die unablässig wächst.

Einmal bietet man Manfred Rathner eine Entziehungskur an. Er nimmt das Angebot an. Die Wirkung hält nicht lange vor. Er kehrt in seine Kreise zurück. So wechseln sich Arbeitsbummelei und Rausschmisse ab. Ohne Alkohol geht bei Rathner nichts mehr – und die Jahre vergehen.

Er ist jetzt 32, hat keine Arbeit, kein Einkommen, aber er hat immer Durst. Unendlichen Durst. Er wütet in den Eingeweiden und läßt die Glieder schmerzen. Rathner ist wie ein Drogensüchtiger auf Entzug. Er ist ja auch süchtig. Der Körper schreit nach der Droge Alkohol. Wenn ich jetzt nichts kriege, schreit er, verweigern die Füße den Dienst, da kannst du sehen, wie du von der Stelle kommst.

Rathner ist ratlos. Er schleppt sich am Ufer der Neiße dahin. Er hat keinen Blick für die Natur und den blauen Himmel, er hat nur einen Gedanken: Wo kriege ich einen Schnaps her! Besser zwei. Auf einem Bein kann man bekanntlich nicht stehn. Zwei Schnäpse, und die Welt wäre wieder in Ordnung. Der rasende Kopfschmerz würde ebenso verfliegen wie das Ziehen in den Kaldaunen.

Seit er heute morgen die Wohnung in der Altstadt verlassen hat, ist ihm kein einziges bekanntes Gesicht begegnet. Kein Trinkbruder, den er hätte auffordern können, ihn einzuladen oder ihm einen Zehner zu pumpen. Zuerst graste er die Straßen in der Innenstadt, dann den zentralen Platz vor der Schule ab. Er setzte sich auf verschiedene Bänke, die um die großen Blumenrabatten aufgestellt sind. Ein schöner Platz, die Herbstastern blühten noch prächtig. Rathner beobachtete, wie die Schüler vorbeihasteten, um rechtzeitig zum Unterricht in der Schule zu sein. Ein lang anhaltender Klingelton schrillte laut über den Platz – dann war es wieder still und einsam um ihn herum. Von seinen Saufkumpanen ließ sich keiner zu dieser frühen Stunde blicken. Die meisten lagen gewiß noch in ihren Betten und schliefen sich ihren Rausch vom Vorabend aus. Der Durst trieb ihn weiter in Richtung Park. Auch dort war er mit sich allein.

Und nun ist er hier, am Neiße-Ufer.

Der Viadukt liegt schon längst hinter ihm. Der Weg vor ihm wird dunkel überschattet vom Blattwerk der alten Bäume. Das Wasser steht an dieser Stelle des Flusses fast still. Der

Flußarm hat mehrere kleine Inseln. Am Ufer befindet sich die Anglerstelle. Zu jeder Jahreszeit hängen die Petrijünger ihre Haken ins Wasser. Auch heute haben vier Angler sich das Revier friedlich geteilt, stehen schweigend nebeneinander und warten auf den Biß. Es sind Rentner, die sich zweimal wöchentlich hier treffen – bei jedem Wetter. Sie haben untereinander Freundschaft geschlossen, kennen nicht nur die Geschichte des anderen, sondern auch die der Familie. Im Winter, wenn das Wasser gefroren ist, verziehen sie sich in die Kneipe und dreschen Skat. Ab und an kommt noch ein fünfter hinzu. Er lebt allerdings noch nicht das Rentnerleben wie die anderen. Deshalb nimmt er nur unregelmäßig an den Treffen der vier Freunde teil.

Dieser Hans Krowald ist 57 Jahre alt. Er ist 1924 in Görlitz geboren und der Stadt in guten und in schlechten Zeiten treu geblieben. Die Eltern besaßen einst ein kleines Lebensmittelgeschäft. Es warf keinen großen Gewinn ab, doch in der Zeit der Weltwirtschaftskrise hielt es die Familie über Wasser. Als Hans Krowald eingeschult wurde, ging es den meisten etwas besser. Große politische Erschütterungen kamen in Schlesien nur als schwache Welle an – die Auswirkungen waren auf dem Weg bereits reguliert. So ging das Leben auch unter veränderten Bedingungen ungebrochen weiter. Als er seine Lehre als Tischler begann, war Krieg. Zuerst hatte dieser kaum spürbare Auswirkungen auf das Leben im schlesischen Land. Hans lernte ganz ordentlich, wie es sich gehörte. Sein Gesellenstück, eine Truhe, konnte sich sehen lassen. Dann wurde er dienstverpflichtet und arbeitete in einem Rüstungsbetrieb. Zum Kriegsende schickte man ihn an die Heimatfront – zum Hauptbahnhof. Dort sollte er helfen, Ordnung in die Flüchtlingsströme aus dem Osten zu bringen. Die Stadt selbst blieb von Angriffen verschont. In der Konferenz in Potsdam erklärten die Siegermächte den Fluß, der die Stadt teilt, zur deutschen Grenze. Ein Teil von Görlitz wurde polnisch.

Langsam normalisierte sich das Leben wieder. Auch für Hans Krowald. Arbeit gab es genug, und bald heiratete er. Es sollte eine gute Partnerschaft werden mit seiner Erni. Gemeinsam hatten sie einen Sohn, waren glücklich und zufrieden. Bis Erni unheilbar krank wurde. Zwei schwere Jahre zwischen Hoffen und Bangen. 1976 erlag Erni K. dem Krebs. Ihr Sohn Gunther war 22 Jahre alt, als sie starb. Auch er arbeitete wie der Vater im Waggonbau als Schlosser. Doch ein Jahr nach dem Tod seiner Mutter heiratete er und zog zu seiner Frau in den Norden. Der Vater blieb allein zurück. Sein Leben wurde einsam – reduziert auf ein Pendeln zwischen Arbeit und Alleinsein. Er hatte keine Verpflichtungen und keine große Ansprüche ans Leben. Er verdiente gut. Was er übrig hatte, gab er dem Sohn …

Hans Krowald sorgt allein für die Wohnung, er lernt kochen und waschen und kommt gut über die Runden. Wenn er sich verlassen fühlt, und das kommt häufig vor, trinkt er einen über den Durst. Unauffällig, daheim, beim Fernsehen. Zur Arbeit erscheint er pünktlich. Niemand merkt etwas.

Seit seiner Jugendzeit angelt er. Das ist sein einziges Hobby. Wenn er Zeit und Lust hat, packt er die Sachen zusammen und gesellt sich zu den anderen Petrijüngern an der Neiße. Wegen seiner offenen und unkomplizierten Art findet er Anschluß und vier Freunde. Diese Beziehungen sind unkompliziert und offen. Man trifft sich, feiert zusammen, wie es eben so kommt. Seit einem guten Jahr allerdings kränkelt Hans Krowald. Sein Asthma macht ihm zu schaffen, das Atmen fällt ihm zunehmend schwerer. Immer wieder wird er vom Arzt für längere Zeit krankgeschrieben. Eine Heilkur an der Ostsee bringt nur kurzzeitig Linderung.

Trotz des schönen Spätherbstes hat Hans Krowald wieder arge Atembeschwerden. Der Arzt in der Betriebspoliklinik hat ihm zu Wochenbeginn eine Spritzenkur verpaßt und krankgeschrieben. Nun, nach einigen Tagen, geht es ihm schon wesentlich besser. Am morgigen Freitag soll er sich wieder beim Betriebsarzt vorstellen. Und so macht er sich am Donnerstagmorgen auf, um seine Angelfreunde zu treffen. Man hat sich auch verabredet, um einen Termin in der kommenden

Woche zu vereinbaren. Heinz, einer der der Petrijünger, begeht nämlich seinen 68. Geburtstag und will diesen gemeinsam mit ihnen feiern. Als Krowald eintrifft, sind die anderen bereits beim Angeln und erwarten ihn. Zur Begrüßung wird mit einem kühlen Bier angestoßen. Dann ist »Presseschau« angesagt: Was gibt es für Neuigkeiten seit dem letzten Treff? Ist das geschehen, besinnen sich die Männer an den eigentlichen Grund ihr Hiersein. Schon bald kehrt Ruhe eine, der Blick ist stumm auf die Posen auf der Wasseroberfläche gerichtet.

So vergehen gewöhnlich ein bis zwei Stunden. Dann werden, wie von einer unsichtbaren Hand kommandiert, die Haken mit großem Schwung aus dem Wasser gezogen. Die Erträge sind in der Regel mäßig, daran sind sie gewöhnt. Das kollektive In-sich-Ruhen aber ist mindestens so wichtig wie die Fische, die man aus dem Wasser zu ziehen hofft. Es ist die Umkehrung des landläufigen Schlusses, daß Angeln die einzige Philosophie sei, von der man satt werde.

So auch an diesem Vormittag. Die Angelruten liegen schon bald verpackt im Gras, das Zubehör ist zum größten Teil verstaut. Man bespricht nunmehr, wo der nächste Skatnachmittag stattfinden soll. In diesem Moment kommt ein Mann auf dem Weg daher. Die kleine Gruppe nimmt ihn nur beiläufig wahr. Hier kommen immer Menschen vorbei. Es gibt nichts, was sie ablenken könnte.

Manfred Rathner registriert die Angler ebenfalls nur im Unterbewußtsein. In seinem Kopf überlagert ein Gedanke alle Sinne, er hämmert im Hirn im Takt. Ihm schmerzen die Glieder, er ist fertig, als habe er stundenlang Holz gehackt, obgleich er das noch nie in seinem Leben getan hat. Weder stunden- noch minutenlang. Ausdauer hat er bislang nur beim Saufen entwickelt.

Er schleppt sich dahin und wird alsbald von den Anglern überholt, die sich auf den Nachhauseweg gemacht haben. Sie sind nicht ganz leise, was ihrem Alter und dem Bier geschuldet ist. Mit zügigem Schritt ziehen sie an ihm vorbei. Sie reden und gestikulieren, gleichwohl nehmen sie Rathner wahr. Sie grüßen sogar im Vorübereilen, obgleich er ihnen unbekannt ist. Aber man ist schließlich höflich. Schon bald verschwinden sie hinter der nächsten Wegbiegung. Manfred erreicht den Eingang des Freibades. Dort macht er, ohne ersichtlichen Grund, auf dem Absatz kehrt. Er dreht um und geht den Weg zurück in die Stadt. Irgendwie hat sich in seine trübes Bewußtsein die nicht falsche Überlegung eingeschlichen, daß er hier erst recht niemanden treffen werde, den er um Geld oder Schnaps anhauen könnte. Wenn, dann allenfalls an den bekannten Plätzen in der Innenstadt.

Die Angelstelle ist inzwischen geräumt. Es ist wieder einsame Stille eingezogen.

Rathner verharrt gedankenverloren und stellt sich ins eingedrückte Gras neben den Weg. Er sammelt Steinchen und wirft sie ins Wasser. Sein Magen meldet sich. Stimmt, gegessen hat er heute auch noch nichts. Aber jetzt würde sowieso nichts drin bleiben, nicht bevor er Alkohol bekommen hat. Als er zum ersten Mal den Morgenkaffee ausgekotzt hat, das ist schon geraume Zeit her, hat er begonnen, diesem einen Schuß Schnaps zuzusetzen. Da blieb er dann drin. In der nächsten Phase zitterten die Hände derart, daß er nicht einmal den Zahnputzbecher zum Munde führen konnte, ohne daß er das Wasser zur Hälfte verschüttete. Er legte sich schließlich ein Handtuch über die Schulter, griff sich beide Enden, in die Linke nahm er noch das Glas und zog mit der Rechten Handtuchende und Zahnputzbecher zum Munde. Inzwischen trinkt er Tee. Der ist billiger.

Auf dem Sandweg beschleunigt er seinen Schritt, er ist ein Getriebener. Vor dem Viadukt überholt er einen Mann mit Rucksack. Er ist älter als Rathner, trägt eine Hornbrille, die dunklen Haare sind nach hinten gekämmt. Das muß einer von den Anglern sein, die vorhin an der Neiße gestanden haben, meldet Rathners Hirn. Dann ist er auch schon vorüber. Die Vermutung ist richtig. Es handelt sich Hans Krowald. Die Dr. Külz-Straße, wo er wohnt, liegt in dieser Richtung. Er will nach Hause, es geht langsam auf die Mittagszeit zu.

Krowald wird Rathner im Vorübertrotten gewahr. An dessen Gang sieht er, daß mit dem was nicht stimmt. Ein gesunder Mann mittleren Alters läuft anders. Er schreitet kräftig aus, mit aufrechtem Oberkörper, den Blick geradeaus gerichtet. Der hier scheint ziemlich fertig. Seine Hände hat er in den Taschen eines leichten Sommermantels versenkt. Der Gesichtsausdruck wirkt verloren. Krowald glaubt, ihn schon mal gesehen zu haben. Wo kann das nur gewesen sein? Er überlegt angestrengt. Als der bereits einige Schritte enteilt ist, fällt es Krowald ein: Das kann einer von den Lehrlingen gewesen sein, die bei ihm vor Jahren in der Werkstatt gearbeitet haben. Dieser leere Gesichtsausdruck, als wäre er immer abwesend … Rathner, das war Manfred Radner. Mit dem gab es immer wieder Ärger, entsinnt sich Krowald. Er selbst aber kam gut mit ihm zurecht.

Ich spreche ihn einfach an, das interessiert mich doch, was aus dem geworden ist, denkt er.

Krowald beschleunigt seinen Schritt. Nach ein paar Metern hat er den vor ihm laufenden Rathner fast eingeholt. Er ruft ihn an. »Bist du nicht der Manfred Rathner, der im Waggonbau zur Lehre ging?«

Rathner stoppt, dreht sich um. Hat da jemand seinen Namen gerufen. Er sieht den Alten mit den Armen rudern und wartet, bis er heran ist.

»Woher kennen Sie mich?« Er mustert den Alten. Langsam erinnert er sich. Natürlich, das ist sein erster Lehrmeister. Das ist ja nun auch schon fünfzehn Jahre her oder noch länger. Er hat inzwischen das Gefühl für Zeit längst verloren. Fast steigt so etwas wie Wiedersehensfreude in ihm auf. Das ist doch jener Mann gewesen, zu dem er immer ein gutes Verhältnis hatte. Dieser väterliche Freund. Na klar.

Die beiden schütteln sich die Hände. Es ist, als sei der verlorene Sohn heimgekehrt.

»Na, wie geht's?«, erkundigt sich der Ex-Lehrmeister neugierig. »Was treibst du so?«

Rathner winkt ab. »Nicht der Rede wert.«

»Hast du Zeit?«

Rathner überlegt. Natürlich hat er alle Zeit der Welt. Aber er versucht den Schein zu wahren. »Naja, etwas.«

»Komm«, sagt Krowald, »das sollten wir begießen. Nach so langer Zeit gibt es doch viel zu erzählen. Wir suchen uns ein Lokal. Ich lade dich ein.«

Krowald freut sich noch mehr als Rathner, daß er unerwartet Anschluß gefunden hat.

»Weißt du, meine Frau ist vor zwei Jahren gestorben und mein Junge ist weggezogen. Ich lebe allein. Da freut man sich über jedes Gesicht, das einem nicht fremd ist.« Krowald plappert munter drauflos. Rathner tut so, als höre er zu. Er tut das auch, gewiß, aber er ist inzwischen auf den verlockenden Gedanken fixiert, daß er gleich den ersten Schluck in den Magen bekommen wird.

Die Freude wird jedoch bald getrübt. In der Altstadt machen die Kneipen offenbar alle erst am Nachmittag auf. Die beiden wandern von einer versperrten Kneipenpforte zur nächsten.

Unterdessen berichtet Rathner, weil er ja auch nicht ewig schweigen kann, von dem beschissenen Leben, das er zu leben gezwungen ist. Die Aussicht auf einen Schnaps löst seine Zunge. Umstellt von Mißgunst und Neid, haben ihn andere immer geduckt und geschuriegelt, seit der Meister die Lehrwerkstatt verlassen hat, sagt er.

Fast beginnt Hans Krowald ein schlechtes Gewissen zu bekommen. Was, er soll daran schuld sein, daß man mit ihm so umgesprungen sei?

Nein, das nicht, sagt Rathner, aber es war dann keiner mehr da, der sich seiner annahm. Er war mutterseelenallein. Alle hätten ihn nur gestoßen und gehänselt, und niemand sei dagewesen, der ihm zur Seite getreten wäre. Und heute: Keiner könne ihn leiden, die Arbeit befriedige ihn nicht, und er käme mit vielen nicht zurecht.

Krowald nickt wie damals sehr verständnisvoll.

Rathner redet weiter. Allerdings verschweigt er tunlichst,

Manfred Rathner

daß er wiederholt von der Polizei hoppgenommen, daß er verurteilt wurde und einige Male in den Knast einrücken mußte.
Krowald war so ein Ehrlicher, ein Geradliniger, bei dem würde
das nicht gut ankommen. Also umschifft er diese Klippen.

Krowald ist wieder ganz Lehrmeister. »Mensch, Manfred, da sollten wir doch mal schauen, wie wir dir da helfen können«, sagt Krowald und zieht Rathner zum nächsten Lokal. Doch auch dort Fehlanzeige. »Ruhetag«, steht an der schweren Pforte.

Auch wenn Hans Krowald nicht alles plausibel und überzeugend erscheint, was Rathner so vorbringt, wird ihm doch eines klar: Der wesentlich jüngere Rathner ist so einsam und verlassen wie er selbst. Sie sind sich in gewisser Weise ähnlich, ihr Schicksal gleicht sich. Ob man lebt oder nicht: Wen interessiert's? »In der Öffentlichkeit wird zwar immer von einem guten Neben- und Miteinander geredet, die Zeitungen schreiben vom Gemeinsinn, dem Kollektivgeist, der alle vereine. Doch wenn man nicht mit den Wölfen heult, anders ist als die anderen, wird man geächtet und verstoßen«, sagt Rathner, von Selbstmitleid befallen. Fast steigen ihm die Tränen in die Augen. Doch die sind weniger dem Schmerz über die Selbsterkenntnis geschuldet, sondern seinem Durst. Wenn er jetzt nicht bald etwas zu trinken bekommt, wird er noch zum rasenden Tier.

Das kenne er, sagt Krowald. Auch sein Sohn habe einmal Probleme dieser Art in der Ausbildung gehabt. Das habe sich dann aber bald gelegt, als er eine Freundin fand. Inzwischen ist sie seine Frau. Sie sind glücklich.

Endlich öffnet sich eine Kneipentür. »Zwei Bier, zwei Kurze«, ruft Rathner in Richtung Tresen, noch ehe sie Platz genommen und sich ihrer Mäntel entledigt haben.

Der Wirt bringt die vier Gläser auf dem kleinen Aluminiumtablett an den Tisch und läßt die Pappuntersetzer auf die bekleckerte Tischdecke fallen. Rathner langt bereits nach dem Schnapsglas auf dem Tablett. Der Kneiper weiß Bescheid. »Sachte, sachte«, ruft er, »die Sekunde wirste wohl noch warten können«.

Nein, kann er nicht. »Prost«, sagt Rathner in Richtung Krowald, »schön, daß wir uns getroffen haben«. Dann verschwindet die klare Flüssigkeit hinter den schlechten Zähnen.

Krowald lächelt und greift zunächst zum Bier. Er läßt es langsam angehen. Doch Rathner reckt bereits zwei gestreckte Finger in die Höhe. »Noch mal zwei Kurze.«

Nach einer knappen Stunde drängt Krowald zum Aufbruch. Es ist Nachmittag, er habe noch einige Besorgungen zu machen. Er käme mit, sagt Rathner. Gemeinsam treten sie vor die Tür, nachdem Krowald gezahlt hat.

Die Straßen haben sich merklich mit Menschen gefüllt. Die ersten kommen von der Schicht und sind nun unterwegs zu Geschäften oder nach Hause. Da das Wetter so schön ist, verweilen etliche auf den Parkbänken in den Grünanlagen.

Manfred Rathner, inzwischen sichtlich erholt, erzählt, daß er oft auf dem großen Schulplatz säße und dort Freunde treffe. Krowald überrascht das. Eben noch erzählte Rathner, daß er keine Freunde habe. Und zum anderen: Er selbst sitzt oft dort, wenn er von der Arbeit heimkommt oder nach dem Einkaufen. Dann legt er eine Pause ein und setzt sich auf eine Parkbank. Und während er entspannt verschnauft, betrachtet er die Blumenpracht oder sieht den spielenden Kindern zu. Aber Rathner hat er noch nie wahrgenommen. Seltsam, wie das Leben so spielt. Das ist jetzt auch egal – man hat sich gefunden, und von nun an kann man ja gemeinsam auf einer Bank sitzen und dem Treiben zuschauen. Und während sie sich angeregt über eine künftig gemeinsame Freizeit unterhalten, finden sie ein freies Plätzchen. Sie lassen sich auf die Bank fallen. Eine Wohltat nach dem langen Fußweg. Manfred Rathner hat bald wieder Durst. Seit einer reichlichen Stunde sitzt er auf dem Trocknen.

Unverblümt sagt er Krowald, daß er etwas für seine Kehle brauche. Krowald versteht. Der Kiosk ist nicht weit entfernt. Warum nicht, er wird mittrinken, denn der Rest des Tages ist wohl ohnehin ausgebucht. So geht Krowald zum Kiosk und holt für jeden zwei Flaschen Bier. Ihnen werden noch weitere Flaschen folgen, bis es vom nahen Kirchturm sechs schlägt.

Geredet wird nun nicht mehr viel, der Stoff ist ihnen ausgegangen. Doch das tut der Sache keinen Abbruch. Im Gegenteil, Rathner geht es richtig gut, Krowald ist schon schon leicht im Tee. Außerdem hat er nun Hunger, und es ist ja auch Zeit fürs Abendbrot. Zeit zum Aufbruch. Doch Manfred Rathner will sich nicht einfach davontrollen. Krowald sagt, natürlich solle er mitkommen. Er haue ein paar Eier für ihn in die Pfanne.

»Haste was zu trinken zu Hause?«

»Wir können ja unterwegs was einkaufen«, sagt Krowald mit schwerer Zunge und wankt voran. »Ich hab einen Beutel dabei.« In diesen versenkt er am Kiosk eine Flasche Klaren und einige Biere. Nachdenklich schaut die Kioskbetreiberin dem ungleichen Paar nach.

Hans Krowald wohnt in einem Mietshaus der besseren Art. Die Wohngebäude hier sind nicht so grau und eintönig, wie die meisten Häuser der Stadt. Sie haben kleine gepflegte Vorgärten und Balkons. Efeu und wilder Wein ranken sich um Gartentore und an den Fassaden empor. Die Straße beginnt an der einen Seite des Schulplatzes, steigt leicht an und mündet in eine Hauptstraße. Auf halbem Wege befindet sich Krowalds Wohnhaus.

Die beiden Männer steigen ins dritte Stockwerk, dann stehen sie vor Krowalds Wohnung. Krowald sperrt die Tür auf. Rathner sieht eine ordentlich eingerichtete Wohnung – etwas, das er nie besessen hat. Kein Vergleich mit den Bruchbuden, die er bewohnte. Das könnte ihm gefallen. Daß man dafür auch selbst etwas tun muß, blendet er völlig aus. Auch im Sozialismus wird keinem etwas geschenkt. Und selbst das, was kostenlos zu haben ist, wurde zuvor von anderen erarbeitet. Doch soweit reicht sein benebelter Verstand nicht.

Ja, Hans Krowald hat es sich gemütlich gemacht. Nicht viel Luxus, aber alles ordentlich und sauber. Während Krowald in der kleinen Küche das Abendbrot macht, inspiziert Rathner die Räume. Es gibt sogar einen kleinen Balkon.

In dieses Nest könnte er sich setzen, denkt Rathner bei sich. Das ist doch wie ein Fünfer im Lotto. Die heutige Begegnung mit seinem ehemaligen Lehrmeister könnte zu einem der seltenen Glücksfälle in seinem Leben und zu einer Wende werden.

Er kehrt in die Küche zurück. Auf einem großen Teller liegen belegte Brote, zwei Bierflaschen sind bereits geöffnet, in der Pfanne liegen die Spiegeleier. Sie tragen alles ins Wohnzimmer. Dort steht auch schon der Klare. Sie essen und trinken, während die *Aktuelle Kamera* läuft. Sie interessieren sich nicht für die Nachrichtensendung des DDR-Fernsehens, sie interessieren sich überhaupt nicht für Politik. Doch in Görlitz gibt es nur das 1. und das 2. Programm aus Adlershof und »den Polen«, doch den versteht man nicht. Dann beginnt das Abendprogramm, der Teller ist leer. Die Glotze flimmert, der Klare ist wichtiger. Ein Glas nach dem anderen läuft durch die Kehle.

Ab und an fällt der Blick auf die Mattscheibe. Irgendeine »bunte Sendung« sorgt für Zerstreuung. Um was es geht, bekommen beide nicht mehr so richtig mit. Allerdings ist Rathner noch ganz gut drauf, während Krowald genug hat. Er kann seinem Saufkumpan nur noch bedingt folgen. Auf Nachfrage bestätigt er diesem jedoch mit schwerer Zunge: Manfred, ich helfe dir. Auch finanziell.

Rathner ist sich sicher, das Versprechen gilt. Darauf trinkt er. Er schenkt ohnehin immer ein. Hans Krowald ist dazu nicht mehr in der Lage. Doch nunmehr winkt er ab, er habe genug, signalisiert er. Aber Rathner übersieht das und füllt ihm das Glas. Krowald hebt den Arm und prostet ihm zu, dann stellt er das Glas auf den Tisch zurück und verschüttet dabei den Inhalt. Betrunken fällt er in den Sessel, sein Kopf rollt auf die Seite, die Brille rutscht von der Nase. Unmittelbar danach beginnt er geräuschvoll zu schnarchen.

Rathner stört das nicht. Erst trinkt er die Neige aus Krowalds Glas, dann gießt er sich nach. Die Flasche ist bis auf einen winzigen Rest geleert. In der Küche hat er vorhin im Schrank mehrere Flaschen Schnaps und Likör stehen sehen. Die wird er jetzt inspizieren, was ihm davon schmeckt. Er wankt in die Küche, öffnet den Schrank und begutachtet den

Vorrat. Mmh, lecker: Sahnelikör, selbstgemachter Johannis-
beerschnaps und Goldbrand. Aber auch Klarer steht da. Den
Selbstgemachten probiert er sofort. Garantiert mit Sprit angesetzt. Der ist ziemlich hochprozentig, das weiß er von Bekannten. Die machen sich damit Eierlikör oder so einen Pseudo-
Westlikör der Marke Bols oder so ähnlich.

Wo hat der Alte den Sprit her? Den gibt's doch nur für die
Kumpel in der Braunkohlengrube, weshalb er im Volksmund
»Kumpeltod« heißt. Die Grube ist nicht weit von der Stadt
entfernt. Ein großes Kraftwerk dazu. Hier arbeitet eine
beträchtliche Anzahl von Menschen aus Görlitz. Na, kann ihm
ja auch egal sein – Hauptsache, er hat hier was zum Schlucken.
»Zum Wohl« prostet er in Richtung Wohnzimmer und nimmt
einen kräftigen Hieb aus der Flasche. Es ist so, wie er dachte –
sehr hochprozentig. Am besten ist es, er nimmt die Flasche mit
rüber ins Wohnzimmer, denn dort ist es gemütlicher.

Krowald schnarcht vor sich hin. Als Rathner ihn anspricht,
reagiert er zwar lallend, aber er ist hinüber und nicht mehr zu
gebrauchen.

Die Flasche in der Hand, die Beine von sich gestreckt, ver-
säuft Manfred Rathner den Abend im Wohnzimmer vor der
Glotze. Als das Programm endet, ist auch er todmüde. Sein
Körper hat die erforderliche Menge Alkohol, deshalb geht es
ihm gut. Sein Kopf ist erstaunlich klar. Den letzten Schluck
noch, dann erhebt er sich schwer aus dem Sessel. Es ist Zeit zu
gehen. Krowald hatte ihm zwar angeboten, bei ihm zu schlafen, aber er will trotzdem nach Hause. Das Angebot wird er in
der kalten Jahreszeit annehmen. Seine Wohnung ist unbeheizt,
die Wasserleitung friert oft ein, durch die undichten Fenster
pfeift der Wind.

Manfred Rathner streckt sich und gähnt. Sein Blick wandert noch einmal im Zimmer umher und fällt schließlich auf
den schlafenden Hans Krowald. Nach seiner Meinung schläft
dieser seinen Rausch aus. Hörbares Zeichen dafür ist das
Schnarchen. Er läßt ihn liegen und geht zur Tür, er kann ja
morgen vorbeikommen und sich melden. Doch dann macht

Hans Krowald

Rathner auf dem Absatz kehrt und geht zum Sessel zurück. Er hat ja keinen Groschen in der Tasche. Krowald hat ihm Hilfe zugesagt. Doch jetzt schläft er. Da muß er sich notgedrungen selbst bedienen – das hat er schließlich immer so gemacht. Mit geübten Griff langt Rathner in die Hosentasche des Schlafenden. Nichts. Andere Seite. Dort findet er die Geldbörse.

Er klappt sie auf und findet darin 30 Mark. Nicht viel, doch für die nächsten Tage reicht es. Er hält das Geld noch in der Hand, als Krowald plötzlich aufschreckt. Er öffnet die Augen zur Hälfte, blinzelt und kommt offenkundig mit der Situation nicht klar.

Wer ist der Mann, was macht der hier, und hält der nicht mein Portemonnaie in der Hand? »Eh«, ruft Krowald mit schwerer Zunge. »Was willst du hier?«

Rathner ist wie vom Donner gerührt, er steht stumm.

Krowalds Erinnerung ist offenkundig völlig gelöscht, er starrt Rathner, mit dem er vor wenigen Stunden noch gezecht hat, wie einen völlig Fremden an. Jetzt fängt er laut an zu schimpfen.

Rathner will ihm mit dem Zeigefinger den Mund verschließen, doch Krowald drückt seine Hand energisch weg. Auch auf beschwichtigende Worte reagiert Krowald nicht. Im Gegenteil, nun fängt er an zu schreien: »Dieb, gemeiner Dieb, du Strolch!«

Er rappelt sich aus dem Sessel hoch, kommt auf die Füße und geht nun auf Rathner los. Der weicht einen kurzen Moment zurück, dann packt ihn die Wut. Das ist sein Geld! Das läßt er sich nicht wieder wegnehmen.

Krowald grapscht nach der Börse, die er als seine erkannt hat, er will sie zurückhaben. Und Rathner will sie nicht hergeben.

Er drückt den alten Mann in den Sessel. Der versucht immer wieder auf die Füße zu kommen und brüllt nun wie am Spieß: »Hilfe, Hilfe!«

»Halt die Schnauze!«, schreit Rathner zurück. »Du weckst das ganze Haus.« Er glaubt, Krowald käme noch zur Besinnung, sei augenblicklich nur verwirrt und werde verstummen, sobald er ihn erkannt habe. »Ich bin Manfred, dein Lehrling«, ruft er. Doch der Alte gibt keine Ruhe und brüllt unablässig nach Hilfe und daß er beklaut worden sei.

Rathner gerät nun außer sich. Sein Blick wird kalt, wie kriegt er nur diesen Idioten ruhiggestellt? Er legt ihm die Hände um den Hals und drückt zu. Hans Krowald ringt nach

Luft, röchelt, das »Hilfe, Hilfe!«-Geschrei erstirbt, auch der Widerstand läßt bald nach. Er zuckt mit den Beinen, den Armen. Sein Gesicht läuft rot an. Der Asthmatiker pfeift kurz, dann ist er still und sackt tiefer in den Sessel. Doch Rathner drückt noch immer mit beiden Händen fest zu. Erst als er geraume Zeit kein Leben mehr in seinen Händen spürt, lockert er den Griff.

Krowalds Blick geht ins Leere, seine Augen sind leicht aus den Höhlen getreten, die Lider verdecken sie nicht. Er liegt reglos im Sessel. Nichts. Rathner ist außer Atem und ratlos. Und schon wird er von Gefühlen übermannt. Nicht etwa, daß ihm Krowald, der offenkundig tot ist, leidtut. Nein, er selbst tut sich leid, weil ihm auf diese Weise ein Freund abhanden gekommen ist. Er hoffte auf ein warmes Winterquartier, auf Nähe und Geborgenheit und immer eine Flaschen Klaren auf den Tisch. Das ist nun dahin, der Traum ist gestorben wie dieser Idiot, der sich einfach davongemacht hat. Wegen lächerlicher 30 Mark ist er ihm an die Wäsche gegangen, daß er sich wehren mußte. Er hat in Not gehandelt, ist von diesem Penner dazu gezwungen worden. Es hätte alles so schön werden können, wenn der nicht alles vermasselt hätte.

Rathner ist randvoll mit Wut, aber im Kopf völlig klar.

Er läßt sich in den gegenüberliegenden Sessel fallen und beginnt zu überlegen. Er weiß, daß die Polizei seine Fingerabdrücke hat, er wurde in der Vergangenheit erkennungsdienstlich bearbeitet. Er müßte also in der gesamten Wohnung seine Fingerabdrücke entfernen. Quatsch, das ist stundenlange Arbeit. Dazu hat er keine Lust. Das muß schneller gehen.

Er entsinnt sich, daß er in einem Film mal gesehen hat, wie jemand eben dieses Problem auf ganz einfache Weise löste: Er zündete das Haus an. Das ist die Idee: Er wird in der Wohnung Feuer legen, schießt es Rathner durch den Kopf. Da verschwinden nicht nur seine Fingerabdrücke, sondern auch gleich noch Krowald und andere verdächtige Hinweise.

Doch wie steckt man die ganze Bude an? Nicht alles brennt auf Anhieb. Benzin! Das wird er in der Wohnung nicht fin-

den. Gut, er könnte den Hochprozentigen nehmen. Aber das
wäre zu schade. Schnaps trinkt man und verschüttet ihn nicht.
So grübelt er denn eine Weile, bis ihm eine neuerliche Idee ins
Hirn schießt: Er wird Krowald ins Bett legen und nur dieses
anstecken. Dann werden die Bullen nicht mehr feststellen können, daß er nicht erwürgt wurde. Und wenn sie glauben, er sei
rauchend im Bett eingeschlafen, worauf sich dieses entzündet
habe, wird man erst gar nicht auf den Gedanken kommen,
nach irgendwelchen Spuren zu suchen. Daß allein die zwei
Gläser, die benutzt wurden, ihn verrieten, kommt Rathner
nicht in den Sinn. Der jahrelange Genuß von Alkohol ist nicht
ohne Folgen für Logik und Verstand geblieben. Rathner hat
nichts mehr in der Birne, sagen gelegentlich die Kollegen, und
da täuschen sie sich nicht.

Im Schlafzimmer schlägt er das Bett auf. Das Fenster geht
hinaus zur Straße. Der Raum ist vollgestellt mit Möbeln, die
werden wie Zunder brennen, hofft Rathner. Das wäre ja ideal.

Streichhölzer und Papier findet er in der Küche. Das trägt
er schon mal ins Schlafzimmer. Krowald hat zwar in seiner
Gegenwart nicht eine einzige Zigarette geraucht, doch er kann
sich nicht vorstellen, daß er Nichtraucher sei. Irgendwo in der
Wohnung, vielleicht im Wohnzimmerschrank, liegen
bestimmt Zigaretten. Und in der Tat, er findet sie auf einem
Regal eine angebrochene Schachtel »Semper«. Nobel, denkt
Manfred. Eine Kippe wird geopfert, die anderen steckt er ein.

Krowald sitzt noch immer im Sessel, so wie er ihn zurück-
gelassen hat. Manfred Rathner mustert ihn. Am Hals sind die
roten Würgemale, die langsam blau anlaufen, deutlich zu
erkennen. Er überlegt, wie er Krowald am besten hinüber ins
Bett kriegt. Mit einem Ruck zerrt er den leblosen Körper aus
dem Sessel. Der Körper ist schwerer als erwartet. Einmal unter
dem Arm gepackt, läßt er ihn aber nicht mehr los. Er schleift
den Leichnam aus dem Raum heraus in den Flur. Dort muß er
verschnaufen. Die ungewohnt schwere körperliche Anstren-
gung treibt ihm den Schweiß auf die Stirn. Doch das ist jetzt
egal, er muß es schaffen.

Im Schlafzimmer nimmt er alle Kraft zusammen und wirft Krowald mit Schwung aufs Bett. Er selbst hockt sich auf den Boden und wischt sich die Stirn mit den Hemdsärmel ab. Rathner bleibt einen Moment sitzen und sinniert vor sich hin. Langsam sickert in sein Hirn, daß er ein Mörder ist. Er hat jemanden umgebracht. Er hat einiges auf dem Kerbholz, aber getötet hat er noch nie. Na schön, sagt er, heut hat er es einfach getan, basta. Und jetzt muß er weg von hier.

Entschlossen springt er wieder auf die Beine und rollt Krowald auf den Rücken. Die Bettdecke zieht er bis in Brusthöhe. Dann holt er das Zeitungspapier und legt es auf die vordere Seite des Oberkörpers, so, als ob Krowald darin lese. Außerdem packt er noch eine Zeitungsseite auf die Bettdecke. Er zündet die Zigarette an, nimmt einen tiefen Zug und klemmt sie dem Toten zwischen die Finger der rechten Hand. Die Zigarette glimmt weiter.

Feuerzeugbenzin, das ist das richtige! Vielleicht hat der Alte so etwas im Schrank. Also geht er wieder ins Wohnzimmer auf Suche. Im Schrank findet er tatsächlich ein kleines Fläschen davon. Es ist nur noch ein Rest darin. Das muß reichen. Zurück ins Schlafzimmer. Über die Bettdecke verträpfelt er die Flüssigkeit. Dann geht er noch einmal in das Wohnzimmer, schaltet den Fernseher und die Beleuchtung aus, in der Küche dreht er ebenfalls am Schalter. Im Flur nimmt er sich den Wohnungsschlüssel von der Ablage und kehrt noch einmal in das Schlafzimmer zurück, um sich zu vergewissern, daß die Zigarette noch glimmt. Das tut sie, mehr aber auch nicht. Das dauert ihm zu lange. Er nimmt ein Streichholz aus der Schachtel, zündet es an und brennt damit eine Ecke der Zeitung an. Das Papier beginnt sofort zu brennen. Bald erreichen die Flammen die kleine, mit Benzin durchtränkte Stelle – Zeit zu verschwinden. Rathner verläßt das Zimmer und schließt hinter sich die Tür. Schnell ist er durch den Flur bis an der Eingangstür der Wohnung angelangt. Er besinnt sich – wo ist sein Mantel? Richtig, der hängt noch am Haken. Er läuft die drei Schritte zurück, nimmt ihn von der Garderobe und ist endlich fertig und an der Eingangstür. Leise öffnet er sie. Im Hausflur ist es dunkel und still. Er drückt den Taster. Mit einem Klack geht das Hauslicht an. Die Wohnungstür fällt ins Schloß. Sicherheitshalber schließt er ab. Erst jetzt atmet er hörbar auf. Die letzten Stunden haben ihn mehr belastet, als er es wahrgenommen hat.

Rathner eilt die Treppe hinunter, das Hauslicht ist inzwischen wieder verloschen. Er tastet nach einem Schalter. Er rechnet damit, daß die Wohnung bald in Flammen stehen wird. Er hält das Schlüsselbund in der Hand, zieht an der Tür und stellt überrascht fest, daß sie verschlossen ist. Er sucht nervös am Bund nach dem richtigen Schlüssel. Der erste paßt, ist aber der falsche. Mist, flucht er laut vor sich hin. Eilig probiert er alle Schlüssel am Bund durch – der richtige fehlt. Hat er ihn in der Wohnung vergessen? Er hat keine Zeit. Er tritt einen Schritt zurück, betrachtet die große Scheibe, die ein Blumendekor ziert. Sie füllt das untere Drittel der Tür aus. Groß genug, daß er hindurchpaßt. Er wird sie einfach zerschlagen. Rathner zieht den Mantel, den er in der Hand hält, über den Arm, damit er sich beim Eindrücken der Scheibe nicht verletzt. Das hat er mal im Fernsehn gesehn. Mit einen Klirren zerbricht die Scheibe, nachdem er mit voller Wucht in die Mitte geschlagen hat. Rathner horcht – alles bleibt still. Die Mieter schlafen friedlich und haben nichts mitbekommen.

Auf dem Boden liegen die Scherben verstreut, große und kleine. Im Türrahmen stecken noch die zackigen Reste. Mit spitzen Fingern zieht er sie aus dem Rahmen. Sie fallen splitternd zu Boden. Trotzdem bleiben noch einige stecken. Egal. Er muß hier durch, und das möglichst ohne Verletzung. Rathner zieht den Mantel an und windet sich ins Freie. Er ist erleichtert, daß es ohne Verletzungen abging. Trotzdem zieht er sich den Mantel wieder herunter und schüttelt ihn aus. Es sollen keine Splitter drin bleiben.

Die Straßenlaternen werfen ihr Licht rechts und links auf das blaue Basaltpflaster. Er steht im Dunklen. Ein Blick noch am Haus hinauf bis zum Giebel: Es ist noch nichts vom Brand

zu sehen. Er greift in die rechte Hosentasche. Dort fühlt er die
Geldscheine. Mit schnellen Schritten läuft Rathner die Straße
hinunter, überquert den Platz, weiter an der Kirche vorbei,
dem großen Warenhaus. Nach zwanzig Minuten erreicht er
seine Wohnung in der Altstadt. Als sich die Haustür des alters-
schwachen Hauses hinter ihm schließt, wähnt sich Manfred
Rathner in Sicherheit. Hier findet man ihn nicht, denkt er.
Warum sollten sie auch nach ihm suchen? Der Alte hat sich
selbst umgebracht.

Todmüde läßt er sich auf sein Bett fallen. Morgen wird er
im kleinen Konsum sich von Krowalds Geld frische Brötchen
und eine Bockwurst kaufen.

Mit diesen sympathischen Gedanken schläft Rathner ein.

Um 1.30 Uhr klingelt im Schlafzimmer der Familie Winkler
der Wecker. Schnarrend läuft die Feder ab. Richard Winkler
dehnt sich noch einmal, dann klettert er aus dem Bett. Leise,
damit seine Frau nicht wach wird. Wie ihrem regelmäßigen
Atmen zu entnehmen ist, schläft sie fest. Eine ungemütliche
Zeit zum Aufstehen und den Tag zu beginnen. Doch wenn
man von Beruf Eisenbahner ist, sind solche Zeiten normal.
Man gewöhnt sich im Laufe des Berufslebens daran. Richard
Winkler ist Lokführer. Heute geht es quer durch die Republik
bis nach Rostock.

Erst einmal ins Bad und dann in die Küche. Ein heißer
Kaffee gehört für ihn zum Tagesbeginn. Die Kaffeemaschine,
ein Weihnachtsgeschenk von Tante Lucie aus Ludwigshafen,
arbeitet schon gurgelnd vor sich hin. Richard, sich reckend
und streckend, geht ans Küchenfenster, um zu sehen, wie es
um das Wetter bestellt ist. Kein Regen, und die Sträucher im
Vorgarten des gegenüberliegenden Hauses zeigen im Later-
nenschein auch keine Regung. Das heißt, es ist windstill.
Gerade will sich Winkler wieder vom Fenster abwenden, da
hält er in der Drehung inne. Täuscht er sich, oder ist er noch
nicht richtig wach? Aus einem Fenster im dritten Stock des
gegenüberliegenden Hauses dringt dichter Qualm.

Richard Winkler macht das Küchenfenster auf, um besser sehen zu können. Er täuscht sich nicht, es brennt. Der Qualm ist nur an dem einen Fenster auszumachen, aber dafür sehr bedrohlich. Das hat ihm gerade noch gefehlt!

Fieberhaft überlegt er, wo die nächste Telefonzelle zu finden ist, da klingelt es schon an der Wohnungstür. Er macht auf, und vor ihm steht der Rentner aus der Wohnung unter ihm. Der hat in der Küche, als er sich seinen Tee holen wollte, die gleiche Entdeckung gemacht. Winkler muß den aufgeregten Mann beruhigen. Nun ist auch seine Frau vom Klingeln wach geworden und erscheint verschlafen im Flur.

Richard Winkler läßt die beiden einfach stehen und rennt los in Richtung Schulplatz, dort gibt es eine Telefonzelle. Ob es hier in der Gegend auch einen Brandmelder gibt, weiß er nicht. Unterwegs sortiert er seine Gedanken. Wie hieß es in der Schulung immer, wenn es um ernste Situationen geht, die eine Meldung erfordern? Egal, er steht vor der Telefonzelle. Der Notruf der Feuerwehr reagiert sofort. Richard ist nun ganz bei der Sache. Nach seiner Meldung verspricht er an Ort und Stelle auf das Eintreffen der Wehr zu warten. Es vergehen nach der Benachrichtigung keine zehn Minuten, da ist er mit der Feuerwehr wieder vor seinem Haus. In der Zwischenzeit haben sich bereits einige Mieter vor dem Haus versammelt. Alle reden durcheinander.

»Das ist Wohnung vom Krowald«, weiß eine Frau. »Dem Eigenbrödler, der gern mal einen über den Durst trinkt.«

Jetzt lodern bereits Flammen aus den Fensterrahmen. Gleich werden die Scheiben platzen. Die Mieter auf der Straße müssen ins Haus zurück. Zwei Feuerwehrmänner klettern die ausgefahrene Leiter empor, die anderen eilen im Haus die Treppe empor.

»War die Scheibe in der Haustür schon immer kaputt«, fragt einer der Feuerwehrleute die Umstehenden.

»Nein«, wird ihm geantwortet. »Gestern war sie noch heil.«
»Sicher.«
Drei wollen es auf ihren Eid nehmen.

Inzwischen trifft auch ein Funkstreifenwagen ein. Fast gleichzeitig mit dem ebenfalls alarmierten Rettungsdienst der Schnellen Medizinischen Hilfe trifft die Kriminaltechnik ein. Durch die vielen Fanfaren und Signalhörner ist inzwischen die ganze Straße wach. Überall drängen sich die Neugierigen und Schaulustigen.

Die Schutzpolizisten haben alle Hände voll zu tun, den aufgeregten Haufen zu beruhigen.

Der Brand ist bald gelöscht. Die Feuerwehrleute, die über die Leiter von außen in die Wohnung eingestiegen sind und die Flammen erstickt haben, wollen durch die Wohnungstür in den Hausflur. Erstaunt registrieren sie, daß die Tür verschlossen ist. Eigenartig – es steckt aber weder ein Schlüssel im Schloß noch liegt einer herum. Kurz entschlossen wird die Tür aufgebrochen.

Nicht nur im Zimmer, wo sich der Brandherd befindet, stinkt es nach Rauch. Auf dem Bett liegt ein Toter. Das Bett ist an mehreren Stellen angebrannt und zum Teil stark verkohlt. Die Leiche ist verrußt, aber nur punktuell in Mitleidenschaft gezogen. Das Gesicht ist schwarz, nicht völlig verbrannt. Ebenso die Hände, die auf der Bettdecke gelegen haben. Das Bild ist grotesk. Die Feuerwehrmänner kennen solche Anblicke. Der Arzt vom Notdienst stellt den Tod fest. In Fällen wie diesem wird es eine Gerichtssektion geben. Die gibt dann Aufschluß über die Todesursache.

Für die Männer vor Ort ist der Einsatz beendet. Sie gehen, und die Kriminaltechniker kommen. Durch die Sauerstoffflaschen und anderes Gerät ist der Raum bereits vollgestellt, doch jetzt kommt noch die Einsatztechnik der Kriminalisten hinzu. Es wird eng. Die Feuerwehr überläßt mit dem vorläufigen Brandbericht, der von einer vorsätzlichen Brandstiftung ausgeht, den Spezialisten der K das Feld. Auch aus ihrer Sicht deuten die verschiedenen, voneinander getrennten Brandausbruchstellen und die verschlossene Wohnungstür auf Brandstiftung.

Die beiden Kriminalisten gehen sofort ans Werk. Es fallen

kaum Worte zwischen ihnen, denn sie arbeiten seit Jahren zusammen. Da kann sich einer auf den anderen verlassen oder einfach gesagt: Es herrscht blindes Vertrauen. Der Leiter, Hauptkommissar Scholz, ist ein erfahrener Techniker. Ihm entgehen kaum Spuren, und wenn andere Kriminalisten bereits aufgegeben haben, hat er nicht nur Lösungswege zur Spurensuche parat – er findet sie auch. Er beugt sich über die angekohlte Leiche und schaut sich aufmerksam deren Gesicht an – zumindest, was davon noch übrig ist. Dann fällt sein Blick auf den Hals. Trotz Ruß sind die blauroten Druckstellen nicht zu übersehen. Für ihn eindeutige Zeichen dafür, daß der Mann erwürgt wurde. Er überlegt nur einen kurzen Moment und mustert das Gesicht des Toten. Mit einem Tuch tupft er vorsichtig die Augenpartie ab.

»Wie ich vermutete. Komm mal her«, ruft er seinen Mitarbeiter heran. Der sichert im Wohnzimmer Finger- und Schuhspuren und läßt für einen Moment alles liegen. »Schau dir das an: eindeutige Würgemale am Hals, und an den Augen fehlen die Krähenfüße«, bemerkt Scholz.

»Tatsächlich«, bestätigt der andere die Feststellung, nachdem auch er das Gesicht gemustert hat.

Beide wissen, was das bedeutet. Wenn die sogenannten Krähenfüße im Augenbereich fehlen, heißt das, daß der Mann bereits vor dem Brand tot gewesen ist. »Krähenfüße« sind Verrußungen im äußeren Augenbereich, die beim Zukneifen der Augen bei Feuer und Qualm entstehen. Kriminalisten nennen das ein vitales Zeichen dafür, daß ein Betroffener während eines Brandes noch gelebt hat. Doch hier fehlen sie ganz. Also ist der Mann *vor* dem Brand getötet worden. Die Würgemale am Hals sind der Beweis dafür. Wann genau das alles passiert ist, kann man im Moment nicht exakt feststellen, denn die Totenflecke sind aufgrund der Flammen- und Rußeinwirkung sehr schwer erkennbar.

Das Resultat der kriminaltechnischen Untersuchung am Tatort ist eindeutig: Hier liegt ein Mord vor. Also Anruf beim Leiter Kriminalpolizei mit Tatortbericht. Der wird dann die

Morduntersuchungskommission in der BDVP in Dresden informieren. Alles weitere wird von der MUK veranlaßt. Bis die aber am Tatort erscheint, ist noch einige Vorarbeit zu leisten.

Zur Spurensuche gehen die beiden Kriminaltechniker noch einmal die Wohnung gemeinsam ab. Im Wohnzimmer ist alles so stehengeblieben, wie der oder die Zechner es hinterlassen haben: Gläser und Flaschen auf dem Tisch, alles durcheinander. Dort hat der Techniker schon die Spuren abgenommen. Am Rand des Tisches stehen noch eine kleine Glasvase und ein unbenutzter Kristallaschenbecher. Gemeinsam nehmen sie von den beiden Gegenständen die Spuren. An der Vase ist ein unvollständiger Fingerabdruck auszumachen; am Kristallaschenbecher hingegen haben sie mehr Glück. Hier wird ein großer, vollständiger Fingerabdruck genommen. Auch in der Küche werden sie fündig.

Mit Schuhspuren haben die beiden kein Glück. Durch die Brandeinwirkung und die vielen Stiefel der Feuerwehrleute und der Kollegen vom Rettungsdienst ist alles zertrampelt worden. Damit ist die Arbeit in der Wohnung erst einmal beendet. Die Schutzpolizei bleibt zurück und sichert den Tatort, bis die Dresdner Kollegen von der MUK kommen.

Der Brandgeruch hängt im Hausflur. Die beiden Techniker können erst auf der Straße frei atmen. Nun nehmen sie sich die Haustür vor. Mit einem Seufzer machen sie sich an die Arbeit. Und sie werden sogleich fündig: die am Boden liegenden Glasscherben sind mit Fingerspuren nur so übersät. Auf einigen Scherben sind etliche Schuhteilabdruckspuren festzustellen. Und sie entdecken sogar einige Textilfasern, die sorgfältig in Plastiktüten verstaut werden. Nach fast zweistündiger Tatortarbeit haben sie alles im Kasten. Nun kann ausgewertet werden – in der Dienststelle.

Langsam kehrt wieder Ruhe in die Straße ein. Zurück bleibt der Funkstreifenwagen. Richard Winkler hat seinen Zug sausen lassen müssen, ein Kollege übernahm die Fuhre. Winkler ist Zeuge, er muß aufs Amt, um ein Aussage zu machen.

180

Schließlich erscheint das Auto des Bestattungsunternehmens, das Hans Krowald in die Pathologie des Städtischen Krankenhauses überführt.

An diesem 23. Oktober beginnt der Dienst im VPKA Görlitz mit einer Besprechung im Raum des Leiters Kriminalpolizei. Die MUK – drei Kriminalisten der Bezirksbehörde – sind bereits eingetroffen und nehmen daran teil. Der Leiter der Feuerwehr berichtet über den nächtlichen Einsatz. Danach verläßt er die Beratung. Der Leiter der Kriminaltechnik, Hauptmann Scholz, setzt den Bericht mit seinen Erkenntnissen fort. An der Spurenauswertung werde bereits gearbeitet, die ersten Tatortfotos liegen auf dem Tisch. Die Arbeit kann also beginnen.

Es wird eine Tatortgruppe gebildet – die Leitung übernimmt Hauptmann Reinke von der MUK. Er verteilt die Aufgaben. Im großen und ganzen sind alle Kriminalisten optimistisch, den Täter recht bald identifizieren und dingfest machen zu können. Nicht zuletzt wegen der sehr guten Fingerabdrücke, die der Mörder hinterlassen hat. Vorausgesetzt, diese Spuren sind in der Kartei, so daß man sie einem Täter zuordnen kann. Ob das der Fall ist, wird sich schon sehr bald herausstellen.

Vorerst geht man davon aus, daß Hans Krowald in seiner Wohnung erwürgt worden ist. Einen Überfall oder Kampf mit dem Täter scheint es nicht gegeben zu haben, dafür spricht, daß die Gegenstände in der Wohnung an ihrem Platz standen, Blutspuren wurden nicht gefunden. Demzufolge müssen sich Täter und Opfer nicht nur gekannt haben, sondern auch vertraulich miteinander umgegangen sein.

Der Täter hat den Mord vertuschen wollen, in dem er den bereits toten Hans Krowald auf sein Bett gelegt und dieses an mehreren Stellen angezündet hat. Dafür sprechen die ersten ausgewerteten Spuren. Die Kriminalisten nehmen an, daß der Täter auf seiner Flucht die verschlossene Haustür durch die von ihm zerstörte Scheibe verlassen hat.

Bis dahin ist alles sehr schlüssig.

Doch was war das Tatmotiv?

Wer wollte Hans Krowald ans Leben, und warum?

Es gibt einen Sohn, wie inzwischen festgestellt wurde. Der muß vom Tod seines Vaters benachrichtigt, und auch sein Alibi muß überprüft werden. Diesen Auftrag übernimmt der Kriminaldienst. Mit wem ist Hans Krowald befreundet, lautet die nächste Frage. Gibt es überhaupt Freunde? Das gesamte Umfeld des Getöteten muß untersucht werden.

Da fällt für jedes Kommissariat reichlich Arbeit an. Die Verantwortlichen stöhnen bereits. Als ob man nicht schon genug zu tun hätte. Erst im Frühjahr hat es das Tötungsverbrechen an dieser Angelika M. gegeben. Jetzt nun das. Zwei Morde in einem Jahr. Hier reißt was ein …

Die Kriminalisten beruhigen sich gegenseitig – die Ausgangslage sieht diesmal wesentlich besser aus als bei dem anderen Fall. Doch man kann sich gerade in so einem Gefühl täuschen, auch das hat die Vergangenheit schon oft bewiesen.

Der Ablaufplan für den Tag steht fest: erste Ermittlungen im direkten Umfeld des Opfers und die Gerichtssektion. Auf der nächsten Zusammenkunft gibt es dann weitere Auswertungen und Festlegungen für die Aufklärungsarbeit.

Ein junger Mann, der gerade seine Fachschulausbildung hinter sich hat und sich nun Kriminalist nennen darf, wird mit den Ermittlungen in Krowalds Betrieb beauftragt. Der zuständige Abschnittsbevollmächtigte wird diese Aufgabe im Wohnbereich erledigen. Im Maschinenbauwerk gibt es nicht viel über Krowald zu ermitteln. Ein unauffälliger Kollege, der schon sehr lange dort arbeitet, heißt es. Keine Auffälligkeiten, aber auch nichts Negatives. Seit dem Tod seiner Frau lebt er sehr zurückgezogen, meint der Meister. Daß er ab und an trinkt, weiß er nur vom Hörensagen. Zur Arbeit selbst ist er nie angetrunken erschienen. Geredet wird ja viel. In letzter Zeit sei er allerdings immer wieder krank gewesen. Auch jetzt wieder. Irgendeine Allergie oder Rheuma, genaues sei ihm nicht bekannt. Der Betriebsarzt kann da sicher weiterhelfen.

»Ermordet?«, gibt der überrascht von sich, als der Kriminalist den Grund seiner Fragen nennt. »Der konnte doch keiner Fliege etwas antun.«

»Er hat ja auch keiner Fliege etwas getan, sondern er ist das Opfer.«

Der Meister hat schon verstanden. »Ich meine, der hat gegen niemanden den Arm erhoben. In der Regel wird man ja erschlagen, wenn man sich wehrt oder jemanden angreift. Dazu war er nicht fähig.«

»Er wurde erwürgt«, sagt der Krimalist. »Keine Schlägerei, keine Messerstecherei, nichts Dramatisches.«

Der Meister blickt noch eine Spur betroffener. »Arme Sau. So einen Tod wünscht man niemanden.«

»Ach«, wirft der junge Leutnant naseweis ein, »es ist immer zu früh und immer falsch. Wie würden Sie sich entscheiden, wenn Gevatter Hein an Sie heranträte und fragte: ›Wann wäre es Ihnen denn recht, und wie hätten Sie es gern?‹ Sie würden auch antworten: nie und nimmer. Aber so läuft das Leben nun mal nicht. Das Schicksal schlägt immer unerbittlich zu. Aber Sie haben schon recht: In der eigenen Wohnung erwürgt zu werden, das ist nicht unbedingt der Abgang, den sich einer wünscht. Und außerdem: Der Mann war gerade 57 Jahre alt. Da hat man doch noch einige Zeit vor sich.«

Der Meister nickt, er ist sichtlich berührt vom Verlust seines Kollegen. »Weiß man schon, wann die Beisetzung ist?«

»Nein, natürlich nicht. Erst muß die Staatsanwaltschaft die Leiche freigeben, und dann wird der Sohn die Entscheidung darüber treffen.« Er macht eine Pause. »Und wo ist die Betriebspoliklinik? Da will ich mich auch noch kundig machen.«

Der Meister weist den Weg. Die Ambulanz befindet sich praktischerweise auf dem Gelände des Betriebes. Eine freundliche Schwester holt sofort die Krankenunterlagen. Ja, Kollege Krowald war derzeit krankgeschrieben. Allergie und damit verbundene Atemprobleme, sagt sie. Er bekommt Tabletten und Spritzen. Sie stutzt. »Bekam muß das ja jetzt heißen.« Bis auf diese Bronchiengeschichte war er entsprechend seinem Alter gut beieinander, ergänzt sie, zumindest laut EKG. Morgen sollte er sich beim Arzt vorstellen.

Der Kriminalist nickt, als wäre er gerade vom Medizinstudium gekommen. »Ist der Arzt im Haus?«

»Nein. Er praktiziert in der Stadtpoliklinik. Hier ist er nur zweimal in der Woche.«

»Wo ist diese?«

Sie nennt Adresse und gibt auch die Telefonnummer.

»Sagen Sie ruhig Bescheid, ich bin in einer halben Stunde bei ihm.«

Der für den Bereich zuständige ABV ist seit dem Morgen in seinem Abschnitt unterwegs. Natürlich kennt er Hans Krowald. Auch er bezeichnet ihn als unauffällig. Ab und zu hat er ihn auf einer der Bänke auf dem Schulplatz gesehen. Dort sitzen nicht nur unauffällige Typen herum. Stadtbekannte Zecher, die nicht arbeiten wollen und deshalb von der Abteilung Inneres der Stadt kontrolliert werden. Im schlimmsten Fall sogar von ihm selbst. Na, den Brüdern leuchtet er schon heim, wenn es sein muß. Krowald war, obgleich dabei, keiner von ihnen. Meist saß er dort auch allein, am Nachmittag. Da waren die anderen schon in eine ihrer Kneipen oder an bestimmte Kioske abgeschwirrt. Abends, wenn sie abgefüllt waren, kamen sie wieder hierher.

Nein, denkt der ABV, bei den Alkis braucht er wegen Krowald nicht nachzufragen. Die hatten mit ihm nichts zu tun, und Freunde besaß er unter denen auch keine.

Vielleicht ist die Nachfrage im Nachbarhaus ergiebiger.

Er klingelt sich durch die Etagen. Es riecht im Hausflur nach Kohl. In solchen Häusern riecht es immer nach Kohl. Als wenn in allen Küchen Krautsuppe auf dem Herd stünde. Es sind in der Regel Rentner, die ihm öffnen. Sie sind die meiste Zeit des Tages daheim. Hans Krowald kennen sie alle. Er wohnt wie sie schon viele Jahre hier. Viele können sich noch an seine Frau erinnern. Seit ihrem Tod sei Krowald sehr einsilbig geworden. Der Junge hat auch auswärts geheiratet, sagen sie, da kann man schon einsam werden.

»Haben Sie ihn mit anderen Personen gesehen?« erkundigt sich der ABV.

»Nein.« Alle schütteln den Kopf. »Er war ein Einzelgänger.« Jedem stellt er auch die Frage, wann er zum letzten Male gesehen worden sei. Drei haben ihn am Morgen des 22. Oktober gesehen, mit der Angel im Rucksack. Später keiner.

In Krowalds Wohnhaus haben am Donnerstag sogar einige noch mit ihm gesprochen. Belangloses Zeug auf der Treppe übers Wetter und die anstehende Wochenreinigung des Hausflurs. Er war freundlich wie immer, heißt es, nichts wäre an ihm aufgefallen. Er habe den Campingbeutel dabei gehabt, erinnert sich einer, der direkt unter Krowald wohnt. Den Beutel hatte er immer dabei, wenn er angeln ging. Er habe zuweilen mit ihm auch übers Angeln gesprochen. Der ABV kritzelt eifrig das Gehörte in sein Notizheft und findet alles sehr ergiebig.

Zu welcher Zeit Krowald jedoch zurückgekommen sei, erfährt er von keinem. Niemand hat ihn gesehen oder gehört. Aber er muß abends gekommen sein, denn im Wohnzimmer habe das Licht gebrannt, berichtet eine Frau aus dem ersten Stock. Sie hatte Besuch von ihrer Tochter und brachte diese gegen zehn Uhr bis vor die Haustür. Ordnungsgemäß hat sie danach die Haustür verschlossen.

»Hat es Krach gegeben? Hat er gelärmt, randaliert?«
Nichts dergleichen. Schulterzucken.

Der ABV ist zufrieden. Immerhin kann er seinem Vorgesetzten einen ordentlichen Ermittlungsbericht vorlegen. Wie die Klugscheißer der K damit umgehen, ist ihm egal. Sollen sie doch selbst den Hintern bewegen, wenn sie mit dem Ergebnis nicht zufrieden sind.

Er gehört zu jenen Kollegen, die mit Unmut auf die Sesselpuper in den Büros blicken. Für ihn findet Polizeiarbeit vor Ort statt, auf der Straße. Alles andere ist nur akademische Flohknackerei. Wenn er diese diplomierten neunmalklugen Würstchen sieht, die von der Schule kommen und ständig meinen, sofern er mit einem solchen zu tun hat, ihm sagen zu müssen, was man falsch macht, dann bekommt er einen dicken Hals.

Auf dem Weg ins Volkspolizei-Kreisamt überlegt er einige Tatversionen und spekuliert über den möglichen Täter. Er kommt zu dem Schluß, daß es sich durchaus um einen der Parkbankbenutzer handeln könnte. Die unmittelbare Nähe zum Platz bestärkt ihn in dieser Annahme. Zu seinem Vorgesetzten hat er einen guten Draht. Er wird ihm seinen Verdacht mitteilen. Sicher haben sie bei der K über diesen und jenen Platzbesucher Ermittlungsberichte vorliegen, die meisten besitzen eine Akte. Es würde ihn nicht wundern, wenn darunter nicht auch asoziale Kontrollpersonen wären, die was mit Krowald angestellt haben. Man wird sehen.

Die Normaluhr im großen Sektionssaal der Pathologie zeigt auf zwölf Uhr. Außerdem ist es Freitag. Auch hier gilt: Freitag nach eins, macht jeder seins …

Aus dem verlängerten Wochenende scheint aber nichts zu werden. Am Vortag waren zwei schwere Verkehrsunfälle hereingekommen. Dabei waren ein Mann und ein Kind getötet worden. Die beiden Sektionen waren von der Staatsanwaltschaft festgesetzt worden. So stehen seit dem frühen Morgen die Pathologen und Sektionsgehilfen am Tisch. Nun ist auch noch dieser Mord 'reingekommen. Kriminalpolizei, Staatsanwalt und anderes medizinisches Personal geben sich die Klinke in die Hand.

Eine Tasse, eine Zigarette, und weiter geht es.

Kaum landet die Kippe im Aschenbecher, klingelt es bereits wieder. Draußen stehen der Staatsanwalt samt Rechtsmedizin. In diesem Fall eine Rechtsmedizinerin, eine junge und zudem gut aussehende dazu. Der Pathologiegehilfe schaut etwas unsicher. Insgeheim fragt er sich, wie so eine Frau sich freiwillig diesen Beruf wählen kann. Wenig später erscheinen auch noch die Vertreter der Morduntersuchungskommission und der Kriminalpolizei. In den meisten Fällen sind es die Kriminaltechniker. Der Gehilfe nickt beiläufig mit dem Kopf, man kennt sich.

186

Während sich im Saal alles sammelt und man die erforderliche Technik in Gang setzt, wird Hans Krowald aus der Kühlzelle herausgezogen und auf den Sektionstisch gebracht. Gesicht und Körper sind noch nicht von Ruß und Staub befreit. Er liegt so da, wie er von seinem Bett aufgenommen wurde. Die Rechtsmedizinerin beginnt mit ihrer Arbeit. Die junge Frau arbeitet ruhig und gelassen, was die Umstehenden respektvoll zur Kenntnis nehmen. Die Handgriffe sitzen und ihr Kommentar zu den einzelnen Schritten ist kurz und schlüssig.

Das Ergebnis fällt aus, wie die Kriminalisten schon vermutet haben: Der Mann auf dem Tisch vor ihnen starb nicht an einer Rauchgasvergiftung, sondern durch Erwürgen. Das beweist der Bruch beider Zungenbeine – hervorgerufen durch einen großen Druck auf den Halsbereich.

Weitere Zeichen für eine Gewalteinwirkung findet die Rechtsmedizinerin nicht. Ihr Urteil nach der Sektion lautet: gewaltsamer Tod nach Erwürgen vor etwa 15 bis 17 Stunden, also in der Nacht vom 22. zum 23. Oktober.

Zur gleichen Zeit ist Manfred Rathner in der Altstadt unterwegs. Am Morgen hatte er lange geschlafen. Gegen zehn Uhr war er gähnend aus dem Bett gestiegen. Der Schlaf war tief und traumlos, er fühlt sich durchaus gut. Was in der Nacht geschah, ist Geschichte. Heut ist ein neuer Tag. Während er sich noch reckt und streckt, spürt er den Brand im Halse und den Hunger im Magen. Er greift in die Hosentasche und stellt beruhigt fest: das Geld ist noch da. Nun hat er es eilig. Er spritzt sich etwas Wasser ins Gesicht, das genügt als Morgentoilette, dann ist er auch schon durch die Tür.

Auf der Straße ist es noch ruhig. Ein paar Rentnerinnen sind mit ihren Beuteln unterwegs, um für das Wochenende einzukaufen. Dazwischen schlängeln sich einzelne Schulkinder mit Ranzen auf dem Rücken. Die Verkäuferin im Konsum an der Ecke führt den Laden allein. Er ist klein und übersichtlich. Das Angebot ist es auch. Es reicht aber für den täglichen Bedarf, wenn man keine besonderen Ansprüche hat. Rathner nimmt sich an der Tür drei frische Brötchen aus dem Korb. Ein Stück weiter liegen Butter und Margarine. Er greift wie immer zur Margarine. Die Wurst wird von der Verkaufsstellen-Chefin selbst aufgeschnitten. Er verlangt ein Paar Bockwürste. Etwas weiter hinten steht das Regal mit den Spirituosen. Er greift sich eine kleine Flasche Korn, Marke »Bramsch«. So, nun hat er alles zum Glücklichsein.

An der Kasse runzelt die Verkäuferin ihre Stirn. Sie kennt ihre Pappenheimer und weiß, daß dieser hier nie Geld hat. So üppig hat der nie bei ihr eingekauft. Und wenn er schon früh hier rumturnt, hat er auch wieder mal keine Arbeit. Und ohne Arbeit kein Geld. Doch er legt ohne zu zögern einen Zehner aufs Brett. Das kommt ihr nun doppelt verdächtig vor.

Sie schaut prüfend auf den Schein und Rathner ins Gesicht. Der verzieht keine Miene. Er guckt unschuldig wie ein Lamm, daß sie sich schon wegen ihres Mißtrauens kritisiert.

Ohne jede Eile packt er die eingekauften Waren in seinen Einkaufsbeutel. Er will nach Hause und es sich gemütlich machen. In der Küche daheim läßt er Wasser in den zerbeulten Kocher laufen. Die transportable Kochplatte, mehr hat er nicht, wird in Gang gesetzt. Auf dem kleinen Holztisch breitet er seine Schätze aus, und als der Kessel zu pfeifen beginnt, hat er bereits eine Brötchenhälfte verschlungen. Die Teetasse in der einen Hand, das Brötchen in der anderen, steigt wieder Selbstmitleid in ihm auf. Das hätte alles Dauerzustand werden können, wenn dieser Idiot Krowald nicht Scheibe gespielt hätte. Der Einzug ins Paradies fand nicht statt, weil er »Hilfe, Hilfe!« rief. Warum hat der Alte so lamentiert? Wäre er ruhig geblieben, wäre ihm nichts passiert.

Immer die gleiche Frage, immer die gleiche Antwort. Was sind lumpige 30 Mark gegen eine ordentliche Wohnung und regelmäßiges Essen und Trinken? Nichts.

Verschwendet er auch einen Gedanken auf Krowald und das brennende Bett, das vielleicht nicht nur die Wohnung, sondern das ganze Haus in Schutt und Asche gelegt haben könnte? Mitnichten. Er glaubt allen Ernstes, daß das Zimmer verkohlt ist, den Rest aber die Feuerwehr gelöscht hat. Und auf ihn wird keiner kommen. Sie werden auf fahrlässige Selbsttötung schließen oder wie das heißt.

Herrliche Einfalt.

Befriedigt dreht er neuerlich den Verschluß der Flasche auf. Denn schon auf dem Weg nach Hause hat er einen Hieb genommen. Genüßlich führt er nun die Flasche erneut zum Mund. Der 38prozentige rinnt über die Zunge und feuert im Rachen. Er kratzt wie ein Reibeisen, aber er wärmt auch. Alkohol ist der einzige Freund, den er hat. Alkohol macht glücklich. Er schließt die Augen und träumt sich dorthin, wo es ihn ohne Begrenzung und kostenlos gibt. In einer Schnapsfabrik müßte man arbeiten, denkt er. Als Chef natürlich, und nur im Kittel durch die Hallen laufen.

Der Himmel über der Bezirkshauptstadt hat kaum ein Wölkchen. Auch in Elbflorenz zeigt sich der Herbst noch einmal von seiner schönsten Seite. Fahrgastschiffe der »Weißen Flotte« bringen Ausflügler ins nahe Elbsandsteingebirge. Eigentlich ist die Saison bereits beendet. Doch wegen des schönen Wetters demonstriert man guten Willen. Beim Ablegen geben die Schiffsführer mit dem Typhon Signal. Das Tuten dringt durch die geöffneten Fenster bis in die Dienstzimmer der Bezirksbehörde der Volkspolizei.

Das ehrwürdige Gebäude in der Köpckestraße liegt direkt am Ufer der Elbe. Hier befinden sich neben den Chefetagen der Volkspolizei für den Bezirk Dresden auch die Räume des Dezernates Kriminaltechnik. Dort werden die Spuren von Kriminaldelikten aus dem Bezirk ausgewertet und gesammelt. Dafür gibt es unterschiedliche Karteien und Registraturen, in denen die einzelnen Täter erfaßt sind. Für die Arbeit der Kriminalisten ein unschätzbarer Fundus zur Aufdeckung von Verbrechen. Computer kennt man noch nicht. Es passiert alles per Hand und Kopf.

An jenem Vormittag werten die Kriminaltechniker die Spuren aus, die sie von ihren Kollegen aus Görlitz erhalten haben.

Die sind reichlich vorhanden, der Täter hat sich nicht die Mühe gemacht, irgendetwas zu beseitigen, zu vertuschen oder zu verschleiern. Und die Kriminaltechniker vor Ort haben sehr gute Arbeit geleistet. Die Vergleiche der Fingerabdrücke und der Schuhspuren in der Wohnung des Ermordeten und an der Haustür ergeben Übereinstimmungen. Mit hoher Wahrscheinlichkeit handelt es sich um einen Täter. Weitere Fingerabdrücke – neben denen des Opfers natürlich – finden sich in der Wohnung und auf den Scherben nicht.

Große Papierbogen liegen auf dem dunklen Schreibtisch und nehmen den gesamten Platz ein. Hauptmann Fischer, Chef der Auswerter in der Kriminaltechnik der Bezirksbehörde, beugt sich interessiert darüber. Mit der Deutlichkeit der Papillarleistenlinien läßt sich etwas anfangen – ein Vergleich ist allemal möglich. Fischer richtet sich auf, nimmt die Papiere zur Hand und macht sich auf den Weg in die Abteilung, wo die Täterkarteien aufbewahrt werden.

Der dort beschäftigte Kriminalist zieht ein langes Gesicht. »Was, jetzt noch?«

Doch wenn Fischer selbst kommt, dann muß er wohl oder übel Einsatz zeigen.

In Görlitz treffen sich nach der gerichtsmedizinischen Sektion die Kriminalisten der MUK beim K-Leiter, auch der Chef des Volkspolizei-Kreisamtes ist zugegen. Die Beratung ist kurz. Es wird kurz über das Resultat der Sektion berichtet. Und daß die Annahme der Kriminaltechniker, man habe es wahrscheinlich nur mit einem Täter zu tun, sehr begründet erscheint. Die Spurenauswertung aus Dresden liege allerdings noch nicht vor.

Die Kriminalistenrunde entschließt sich, an die Öffentlichkeit zu gehen. Am Anfang des Jahres hatte man im Fall der Angelika M. gute Resonanz erzielt. Der Mordfall sei ohnehin inzwischen Stadtgespräch, sagt der Leiter des VPKA, und vielleicht gibt es wirklich verwertbare Informationen.

Es wird festgelegt, eine Beschreibung des Ermordeten mit Paßbild als Fahndungsblatt zu verteilen. Taxifahrer, Bus- und

Straßenbahnfahrer sollen ebenfalls ein solches Fahndungsblatt erhalten. Unabhängig davon wird noch ein Flugblatt erstellt, daß schnellstens unter die Leute gebracht werden muß. Die Abschnittsbevollmächtigten und die Freiwilligen Helfer sollen es im Stadtgebiet verteilen. Am besten, die Verteilung beginnt noch am Wochenende. Spätestens aber Anfang der neuen Woche soll sie abgeschlossen sein.

Noch zögert man mit der Presse. Wenn es in der Zeitung steht, und sei es nur in der Lokalausgabe, erfährt man es auch gleich außerhalb des Bezirkes, heißt es. Und »außerhalb des Bezirkes« meint nicht nur Berlin, sondern auch die Bundesrepublik. Das wäre doch wieder ein gefundenes Fressen für die. Erstens Alkoholiker, zweitens Mord: Das paßt nicht in die Gesellschaft. Oder wie man hierzulande sagt: Das ist nicht typisch für uns.

Dann sollte man sich in unserer Presse nicht über jeden bedauernswerten Obdachlosen ereifern, der in Köln oder Westberlin von Saufkumpanen erschlagen oder von rücksichtslosen Autofahrern überrollt wird, wirft einer ein. Dann brauchten wir uns über das unangenehme Echo auch nicht zu beklagen.

Genosse, reckt der VPKA-Chef den Finger in Richtung Einwurf, das müsse man prinzipiell sehen. Und in der ihm eigenen direkten Sprache fügt er an: »Wir scheißen uns nicht ins eigene Nest.« Er macht eine Pause, es arbeitet in ihm. »Bereitet ein Mithilfeersuchen an die Bevölkerung vor. Am Dienstag in der *Sächsischen Zeitung*, das muß genügen. Aber erst«, und das klingt weniger wie eine Drohung denn wie ein Arbeitsauftrag fürs Wochenende, »wenn wir verwertbare Täterhinweise haben. Sonst macht das wenig Sinn.« Doch, haben wir, ruft einer. Einer will Krowald in Begleitung eines Mannes, so in den 20ern, gesehen haben.

»Geht's vielleicht ein wenig präziser.«

»Ich habe das eben erst reinbekommen«, entschuldigt sich der Zwischenrufer.

»Gut, dann nehmt das mit ins Fahndungsblatt auf.«

Die VP bittet Bürger um Mithilfe

Am Freitag, dem 23. Oktober 1981, wurde der auf dem Lichtbild abgebildete Bürger H█ K█, ████ren am 4. ████ 1924, tot in seiner Wohnung in Görlitz, Dr.-Külz-Straße 12, aufgefunden. Es besteht der Verdacht, daß an ihm ein Tötungsverbrechen begangen wurde.

In diesem Zusammenhang wird eine männliche Person mit folgender Beschreibung gesucht: scheinbares Alter: 23 bis 28 Jahre; Größe: etwa 170 cm; kräftige, sportliche Gestalt; kurzes, dunkelblondes Haar, vermutlich glatt nach hinten gekämmt; volles, rundes Gesicht. Diese Person trug einen 3/4-langen, leichten Stoffmantel, beige- bis graufarben, ████t Gürtel.

Wer hat K█████ am 22. Oktober 1981 allein oder in Begleitung anderer Personen gesehen?

Wer kann Angaben zu der genannten männlichen Person machen;

Wer kann Angaben zur Person des K█████ (Bekannte oder andere Kontaktpersonen) machen?

Hinweise, die auf Wunsch vertraulich behandelt werden, nimmt das VPKA Görlitz, Kriminalpolizei, Telefon: 65 00, oder jede andere VP-Dienststelle entgegen.

Meldung aus der Sächsischen Zeitung *vom 27. Oktober 1981*

Die Kriminalistenrunde löst sich auf. Es ist alles gesagt und beredet worden. Es wird kein ruhiges Wochenende geben.

In der Fahndung wird das Flugblatt entworfen und in einer größeren Stückzahl kopiert. Morgen früh werden die ersten in den Verkaufsstellen der Stadt zu finden sein.

Der Samstagmorgen zeigt sich nicht so freundlich wie der Vortag. Aus einem wolkenverhangenen Himmel fällt leichter Nieselregen, kurze Windböen treiben bunte Blätter vor sich her. Ein Wetter zum Ausschlafen und Trödeln. So kleckern denn die Kunden in die Bäckerei. Sonst stehen sie Schlange nach frischen Brötchen zu fünf Pfennigen das Stück.

Der Rentner Franz Hertel ist mit seinem Dackel unterwegs, ihn freut es, daß er nicht so lange warten muß. Er ist der einzige Kunde im Laden. Schnell packt er die ofenwarmen Brötchen in seinen Einkaufsbeutel und will bezahlen. Da fällt sein Blick auf ein A4-Blatt, das vor ihm auf der Verkaufstheke liegt. Eine grellrote Überschrift und daneben – Franz Hertel stockt der Atem – das Konterfei seines Angelfreundes. Entsetzt starrt er auf das Bild. Die Bäckersfrau nimmt ihm das herüber-

192

ACHTUNG!

Wer kann Angaben machen?

Am Freitag, den 23.10.81 wurde der Bürger
K ██████████, Hans
geb. 04.04.1924
(siehe Lichtbild)
tot in seiner Wohnung aufgefunden.

Es besteht der Verdacht, daß an
ihm ein Tötungsverbrechen begangen wurde.

In diesem Zusammenhang wird eine
männliche Person mit folgender
Beschreibung gesucht:

Scheinbares Alter 23 - 28 Jahre,
etwa 170 cm groß, kräftige
sportliche Gestalt, kurzes,
dunkelblondes Haar, vermutlich
glatt nach hinten gekämmt,
volles, rundes Gesicht.

Diese Person trug einen
3/4 langen, leichten Stoffmantel,
beige- bis graufarben mit Gürtel.

– Wer hat den K ██████████ am 22.10.81 allein oder
  in Begleitung anderer Personen gesehen ?
– Wer kann Angaben zu der genannten männlichen Person
  machen ?
– Wer kann Angaben zur Person des K ██████████
  (Bekannte, oder andere Kontaktpersonen) machen ?

Hinweise, die auf Wunsch vertraulich behandelt werden,
nimmt das VPKA Görlitz, Kriminalpolizei, Tel.6500
oder jede andere VP - Dienststelle entgegen.

Fahndungsblatt, das in den Geschäften von Görlitz verteilt wurde

gereichte Geld ab und läßt sich auf eine Erklärung ein. »Das
Blatt hat vorhin der ABV abgeliefert. Eine üble Sache, wie es
scheint. Kennen Sie denn diesen Mann auf dem Foto, Sie sind
so aufgeregt?« Hertel hat sich inzwischen gefangen. »Ich habe
meine Lesebrille nicht mit. Können Sie den Text bitte vorle-
sen?« Die Verkäuferin erfüllt ihrem Kunden den Wunsch und

193

Fahndungsfoto von Hans Krowald

t-ägt das Blatt vor. Franz Hertel ist nun völlig durcheinander. »Mein Gott, wann waren wir Angeln? Am Mittwoch oder doch am Donnerstag? Ich glaube, es war vorgestern.« Er hat Mühe, zusammenhängend zu denken und zu reden. »Können Sie mir bitte die angegebene Telefonnummer der Polizei aufschreiben? Ich werde dort anrufen müssen.«

Die Bäckersfrau erfüllt ihm auch diesen Wunsch.

»Haben Sie vielen Dank. Und einen schönen Sonntag. Auf Wiedersehn.«

Sein Dackel hat Mühe, ihm mit seinen kurzen Beinen zu folgen. Hertel hat es eilig, nach Hause zu kommen. Seine Frau, die ihm die Tür öffnet, dirigiert ihn gleich ins Bad. »Ich muß nicht aufs Klo«, herrscht er sie an. »Der Krowald ist tot. Ermordet. Beim Bäcker liegt sein Bild und ein Fahndungsblatt aus. Die suchen Leute, die ihn zuletzt gesehen haben. Das waren doch wir. Er hat am Donnerstagvormittag neben uns geangelt. Ich muß bei der Polizei anrufen.«

»Ja, nach dem Frühstück«, sagt seine Frau, »er wird auch nicht wieder lebendig, wenn du vorm Frühstück anrufst.«

Während er in der Küche den Kaffee trinkt und langsam wieder auf Normal schaltet, bringt seine Frau die Brille, Kalender und Kugelschreiber. »Du solltest erst mal in Ruhe überlegen.«

Hertel blickt auf den Eintrag im Kalender. Ja, es war Donnerstag, der 22. Oktober. Da standen sie unten an der Neiße. Gefangen hatte er nichts.

»Ich muß auch Heinz anrufen«, sagt er. Herbert und Rudi haben kein Telefon. Fernsprechanschlüsse werden in der DDR wie Goldstaub gehandelt. Wenn man nicht eine Arbeit hat, wo man springen muß, oder über eine Krankheit verfügt, die ebenfalls eine umgehende Erreichbarkeit erforderlich macht, versauert man auf einer Warteliste der Post.

Unterdessen liest Hertels Frau die Tageszeitung. »Da wird berichtet, es habe gestern Nacht in der Dr. Külz-Straße gebrannt«, sagt sie.

»Wo genau«, fragt er.

»Wohnungsbrand in der Nr. 12«, antwortet sie.

Hertel schlägt die letzte Seite des Kalenders auf, wo die Adressen stehen. Er hat dort auch die Anschrift von Krowald notiert.

»Du, das wird seine Wohnung gewesen sein«, sagt er tonlos. Nach längerem Klingeln geht Heinz endlich an den Apparat. In kurzen Sätzen schildert Franz, was ihm heute alles widerfahren ist. Heinz hat auch vom Wohnungsbrand in der Zeitung gelesen, daß Krowald ermordet sein soll, hat er aber noch nicht gehört. Ihm verschlägt es fast die Sprache.

»Laß uns zusammen zur Polizei gehen«, sagt Hertel. »Ich wollte dort erst anrufen. Aber es ist besser, wenn man denen was erzählt. Wir sollten zu viert gehen. Ich hole dich, Herbert und Rudi gleich mit dem Trabant ab.«

»Was willst du denn auf dem VPKA erzählen? Daß wir zweimal in der Woche an der Neiße angeln und nichts fangen? Wir sind auseinandergegangen – wir in die eine, er in die andere Richtung. Das war's. Mehr können wir denen auch nicht sagen.«

»Kannst du dich nicht an den jungen Burschen erinnern, dem wir auf dem Uferweg begegnet sind?«

Heinz muß überlegen. Dann endlich dämmert es. »Ja, sicher. Aber wie kommst du darauf, daß der etwas mit dem Mord an Krowald zu tun haben könnte.«

»Der war nicht knusper.«

»Ach, komm. Er war der einzige, der sich zu jener Zeit dort unten rumgetrieben hat, ja. Aber das muß nichts bedeuten.«

»Das kann doch die Polizei rauskriegen. Ich bin jedenfalls dafür, daß wir es ihnen erzählen. Das sind wir Hans schuldig.«

»Also gut, ich warte dann auf dich. Wann bist du da?«

»Vielleicht in dreißig Minuten.«

»In Ordnung, bis dann also. Und vergiß nicht deinen Ausweis, sonst lassen die dich nicht rein.«

Herbert treffen sie nicht zu Hause an. Die Nachbarin sagt, daß er nach Potsdam gefahren sei. Am Montag werde er jedoch wieder zurücksein, bis dahin füttere sie seinen Wellensittich. Franz hinterläßt seine Rufnummer und die von Heinz, er solle unbedingt anrufen, wenn er wieder zu Hause sei.

Rudi renoviert, als sie bei ihm klingeln. Er steht zwischen Farb- und Kleisterkübeln. Franz und Heinz berichten vom Mord. Rudi ist so blaß blaß geworden wie die Farbe, die ihm ins Gesicht gespritzt ist. Erst als sein Sohn ihm eine Bierflasche reicht und er einen tiefen Zug nimmt, geht es ihm etwas besser. Natürlich komme er als Zeuge mit zur Polizei, das seit doch ganz klar. Warum aber Hans Krowald umgebracht worden sei, kann er sich auch nicht erklären. »Der hatte doch keine Feinde. Und so reich war er auch nicht, daß sich ein Raubmord gelohnt hätte.«

Man verabredet sich um 15 Uhr vor dem Polizeigebäude.

Entschlossen drückt Heinz zur vereinbarten Zeit auf den Summer der Wechselsprechanlage. Wenig später sitzen sie im Besucherzimmer und warten auf den Kriminaldienst. Der läßt nicht lange auf sich warten. Auch hier übernimmt Heinz das Kommando. Im Laufe des Tages hat er noch ein Exemplar des Flugblattes besorgt. Bei seinem Schwager, der in einer Kfz-Werkstatt arbeitet, waren zwei davon abgelegt worden. Nun hält er es dem Kriminalisten vor die Nase. Der ist zunächst erst einmal verblüfft. Eine derart schnelle Reaktion auf dieses Blatt hat kaum einer erwartet.

Was die drei vortragen, hört sich interessant an. Um System in die Zeugenaussagen zu bringen, wird jeder einzeln gehört. Na gut, man einigt sich schnell, Heinz macht den Anfang.

Nach zwei Stunden sind sie entlassen.

Der Kriminalist sieht sich die Zeugenaussagen anschließend in Ruhe an. Es gibt exakte Übereinstimmungen in der Zeitabfolge und in der Schilderung der Handlungen. Am Montag werde noch einer kommen, hatten sie angekündigt. Der wird kaum etwas anderes erzählen. Nun hat man eine präzise Ausage, wo Krowald sich am Donnerstagvormittag aufgehalten hat. Und die drei Zeugen, die objektiv auch verdächtigt werden müssen, haben für den Nachmittag und die Nacht wasserdichte Alibis.

Damit ist die Frage offen, mit wem sich Hans Krowald nach dem Angeln getroffen hat. Hat er überhaupt jemanden getroffen, oder ist er allein in seine Wohnung zurückgegangen?

Doch immerhin: Diese schnelle Reaktion auf den Aufruf läßt auf eine rasche Aufklärung hoffen.

Auch Manfred Rathner ist an diesem trüben Samstag unterwegs. Bis elf Uhr hat er es in seinem Bett ausgehalten und den leichten Alkoholrausch vom Abend ausgeschlafen. Zum Besaufen hat es nicht gereicht. Einige Gläser Pilsner und ein, zwei Doppelte hat er sich von Kumpels spendieren lassen. Um auf diese Menge zu kommen, ist er wie immer in mehreren Kneipen unterwegs gewesen. Wo es am fröhlichsten und spendabelsten zugeht, da läßt er sich nieder. Überall wurde jedoch vom Wohnungsbrand berichtet, und daß es einen Toten gegeben haben soll. Er hört stumm zu und sagt kein einziges Wort. Außer dem Gerücht gibt es nichts. Es soll Mord gewesen sein, orakelt einer der Trinker.

»Wieder einer weniger, der nicht zur Wahl geht«, blubbert einer der Zecher, der kein Freund der DDR ist, aber doch ganz gut über die Runden kommt.

In Rathners Brust wohnen zwei Seelen. Auf der einen Seite würde er gern erklären, daß er mehr wisse als alle Schnarchsäcke zusammen, denn er hat dem Krowald den Hals umgedreht und sein Bett angezündet. Er ganz allein. Endlich würde er einmal die Anerkennung erfahren, die ihm zeitlebens verweigert wurde. Andererseits muß er sich auf die Zunge beißen, denn wenn sein Geheimnis publik würde, ginge er für Jahre ab. Und darauf hat er nun wahrlich keinen Bock. Also verschließt er seinen Mund und läßt es im Innern brodeln.

Das war gestern. Heute ist ein neuer Tag. Er rollt sich aus dem Bett und schaut auf die Uhr an der Wand. Er muß sich sputen, um 12 Uhr schließt der Konsum. Er will sich noch etwas fürs Wochenende holen. Nach der üblichen Katzenwäsche macht er sich auf den Weg. Brötchen, eine kleine Salami, Brühwürfel, ein paar Flaschen Bier und eine Flasche Fusel stellt er auf dem Verkaufstisch ab.

Neben der Kasse springt ihn ein Papier an: »Achtung! Wer kann Angaben machen?« Das Foto daneben zeigt Krowald. Das Paßbild ist älteren Datums, vorgestern sah er erheblich älter aus, durchfährt es Rathner. Er greift nach dem Blatt und beginnt zu lesen. In der Mitte des Blattes stößt er auf die

Bemerkung: »In diesem Zusammenhang wird eine männliche Person mit folgender Beschreibung gesucht: Scheinbares Alter 23 – 28 Jahre, etwa 170 cm groß, kräftige sportliche Gestalt, kurzes, dunkelblondes Haar, vermutlich glatt nach hinten gekämmt, volles rundes Gesicht. Diese Person trug einen 3/4 langen, leichten Stoffmantel, beige- bis graufarben mit Gürtel.«

Scheiße, ist er damit gemeint? Rathner ist für einen Moment verwirrt. Aber er hat doch keine sportliche Figur, hat auch kein volles rundes Gesicht. Das ist doch Unsinn, redet er sich ein. Da hat irgendeiner sich wichtig machen wollen. Fast ist er beleidigt. Doch eigentlich kann ihn eine solch falsche Beschreibung freuen: So kommt man ihm nicht auf die Schliche.

Rathner zahlt und geht. Er ist nicht sonderlich erschüttert. Er geht in seine Wohnung und frühstückt, dann treibt es ihn wieder auf die Straße. Planlos schlendert er durch die Innenstadt. Es sind um diese Zeit nur wenige Fußgänger unterwegs. Die meisten sitzen heute etwas länger am Mittagstisch, um die Zeit mit der Familie zu genießen. Außerdem hat es wieder angefangen zu regnen, was auch Rathners Stimmung drückt. Je dichter der Regen fällt, desto mehr leeren sich die Straßen. Er ist bald der einzige, der unterwegs ist. Der Schulplatz ist öde und verwaist.

Für einen kurzen Moment setzt er sich auf eine Bank und stiert vor sich hin. Es ist augenblicklich ein wenig licht in seinem Kopf. Er hat das Gefühl, daß die Nacht bei Krowald sein Leben entscheidend verändert hat, auch wenn er sich das nicht eingestehen will. Es gab ein Leben vor dem Mord, und es gibt eines danach. Doch schon langt wieder das Selbstmitleid nach ihm. Er ist nun unverschuldet ganz allein auf dieser Welt. Alles ist so sinnlos und ohne Perspektive. Er hat noch nicht einmal den Ehrgeiz, der Polizei zu entkommen, sie auszutricksen oder so. Er läßt es einfach laufen, auf sich zukommen.

Müde erhebt er sich und geht in Richtung der nächstgelegenen Kneipe. Dort trifft er immer einen Kumpel, der ihm einen Doppelten spendiert. Einer ist Willi. Willi hat Geld. Willi ist Rentner. Das wird doch noch ein guter Tag, denkt Rathner, als er Willi sieht, und setzt sich neben ihn auf die Kneipenbank.

Bald schon stehen das erste Bier und der erste Schnaps vor ihm auf dem Tisch. Er trinkt, Willi plaudert drauflos. Ob er schon von dem Mord gehört habe? Und dem Wohnungsbrand? Und nun suchen sie überall nach ein sportlichen Mann Mitte 20.

Doch Rathner springt nicht an, Willi ist enttäuscht. »Was isn los mit dir? Haste schlechte Laune oder was? Interessiert dich das nicht?«

Rathner schüttelt den Kopf. »Kannste nicht das Thema wechseln. Der Scheiß geht mir sowas von am Arsch vorbei, das glaubst du nich. Überall wirste damit vollgelabert. Ich kanns nich mehr hörn.«

»Okay, okay«, reagiert Willi versöhnlich. »Der Kurt, was mein Nachbar ist, der hatte dieser Tage Westbesuch. Der hat eine *Auto-BILD* dagelassen. Mann, Alter, die Bundis können Autos bauen, da fälltste hinten runter.«

Dieses Thema scheint Rathner mehr zu liegen. Und nach dem zweiten Bier und dem zweiten Kurzen ist seine Seele wieder im Lot und baumelt mit den Beinen.

Die Woche beginnt mit der üblichen Dienstberatung. Es sind etliche Zeugenmeldungen am Wochenende reingekommen, und es wird tagsüber mit weiteren Aussagen gerechnet. Aber, das muß man sich eingestehen, ein Kronzeuge war nicht darunter. Das alles liefert winzige Puzzlesteine, aus denen sich ein Bild fügt, doch der Durchbruch ist es nicht.

Die Aussagen der Angler sind für den Leiter der MUK schlüssig und überzeugend, aber eben nicht von grundsätzlicher Bedeutung.

Das gilt auch für die Verkäuferin, die am Morgen des Donnerstags an Krowald Brot und andere Lebensmittel verkaufte. Sie hatte sich ebenso gemeldet wie weitere Anwohner. Sie alle haben ihn am Vormittag gesehen. Aber allein. Die Spurenauswertung aus der BDVP in Dresden liegt auch nicht vor. Man erwartet sie im Laufe des Tages.

In der Beratung wird ein Vernehmungsspiegel für die Befragung möglicher Beziehungspersonen von Krowald erarbeitet und an die Kriminalisten gegeben. Dabei geht es um Fragen, die auf Lebensgewohnheiten und Charakter des Toten eingehen, Fragen zu anderen Kontaktpersonen, die sich in Krowalds Wohnung aufgehalten haben, in welchen Gaststätten er verkehrte, ob er – entgegen den bekannten Einschätzungen – nicht doch zu Streit und tätlichen Auseinandersetzungen neigte, ob er Frauenbekanntschaften oder Umgang mit anderen Männern hatte? Borgte er sich Geld, wenn ja, von wem?

Eine umfangreiche Liste wird erstellt. Sie wird von den eingesetzten Polizisten im Haus des Ermordeten und in der Nachbarschaft abgearbeitet. Die Befragungen im Betrieb und in Krowalds Brigade gelten bereits als abgeschlossen. Sie waren in der Sache wenig erhellend.

Bis Dienstagmorgen, zur nächsten Besprechung, sollen die Ergebnisse der neuen Befragung vorliegen.

Am Vormittag meldet sich Krowalds Sohn bei der Kripo. Er kommt mit seiner Frau direkt aus Schwerin und sieht mitgenommen aus. Ihm stecken sowohl der Schock als auch die Kilometer sichtlich in den Gliedern.

Weder er noch Krowalds Schwiegertochter können sich die Tat erklären. Der Vater habe zurückgezogen gelebt. Außer seiner Arbeit habe er nur gelegentlich geangelt. Da hatte er wohl auch ein paar Freunde.

Der Kriminalist kann das bestätigen. »Das ist uns bereits bekannt. Die Freunde haben sich als Zeugen gemeldet.«

»Sie haben sich auch bei mir gemeldet«, sagt Krowald jr., und das klingt fast wie ein Vorwurf.

Der Kriminalist arbeitet seinen Fragenkatalog ab. »Und sonst, irgend eine Frauenbekanntschaft?«

Beide verneinen. Zumindest wissen sie davon nichts. Der Vater habe nie auch nur Andeutungen gemacht. Wenn sie ihn in Görlitz besucht hätten, war nie ein Freund oder eine Freundin zugegen. Auch zufällig nicht.

»War Ihr Vater vermögend?«

»Was heißt vermögend? Er hat ein paar Rücklagen, mühsam Erspartes. Er griff uns, wenn ich ihn darum bat, finanziell unter die Armee.«

»Das heißt, Sie schließen aus, daß er sich etwas geborgt und ein verärgerter Gläubiger ihm einen Denkzettel verpaßt haben könnte.«

»Das schließe ich ebenso aus wie den umgekehrten Fall: Fremden lieh er niemals Geld. Nein, das kann es nicht gewesen sein.«

»Trank Ihr Vater?«

»Er war kein Alkoholiker, falls Sie das meinen. Er trank regelmäßig, und manchmal auch ein wenig zu viel. Aber nie exzessiv, wenn Sie verstehen, was ich meine.«

Der Kriminalist nickt. »Wir haben es an der Schule gehört«, erklärt er leicht indigniert. »Trank er zu Hause oder in Kneipen?«

»Sie wissen doch, die Einsamkeit klopft immer abends an die Wohnungstür. Und dort wird sie dann auch ertränkt.«

»Hat er sich über Kollegen geäußert, auf die er nicht gut zu sprechen war?«

»Über Privates hat er nie mit mir geredet. Kollegen, Bekannte waren tabu, da sprach er nie drüber. Weder abfällig noch lobend. Das geschah alles nach dem Motto: Dienst ist Dienst, und Schnaps ist Schnaps.«

»Und Sie«, der Kriminalist schauten den beiden ins Gesicht, »waren Sie Schnaps?«

»So kann man es sagen.«

Auch nach einer Stunde Unterhaltung ist der Kriminalist so klug wie zuvor. Der Sohn bestätigte nur das, was man von anderen Zeugen bereits gehört hat, es gibt keine neuen Erkenntnisse. Aber auch das ist nicht überraschend. Warum sollte ausgerechnet vom anderen Ende der Republik die Erleuchtung kommen?

»Wir tappen beim Tatmotiv völlig im dunkeln«, offenbart der Kriminalist. »Kein Tatmotiv, folglich auch kein Täterprofil und damit auch kein Mörder.«

Krowald jr. nickt. »Ein unbeschriebenes Blatt bleibt auch über den Tod hinaus unbeschrieben. Wenn ich es recht bedenke: Eigentlich weiß ich von meinem Vater wenig bis nichts. Ist das meine Schuld?«

Sein Gegenüber dreht die Handflächen nach oben.

»Naja, nun ist es zu spät. Wann, denken Sie, gibt die Staatsanwaltschaft die Leiche frei? Und dann muß ich ja auch noch den Haushalt auslösen, die Wohnung räumen. Kommen da noch Kosten wegen der Feuerwehr auf uns zu?«

»Glaube ich nicht. Ihr Vater wird gewiß eine Hausratversicherung abgeschlossen haben. – Ich würde Ihnen vorschlagen, daß wir gleich zusammen in die Wohnung fahren. Sie können dann feststellen, ob etwas fehlt. Ein Raubmord ist ja auch nicht auszuschließen.«

»Ich glaube nicht, daß sich Wertvolles in der Wohnung meines Vaters befand.«

»Na, wir werden sehen.«

Vor dem Haus stehen einige Neugierige. Der Brand und der Mord locken. Die drei bahnen sich einen Weg zur Pforte, die Tür ist notdürftig mit einer Pappe vernagelt. Die Wohnungstür in der 3. Etage ist versiegelt. »Hans Krowald« steht auf dem Messingschild. Sachkundig entfernt der Kriminalist den Klebestreifen und sperrt auf. Im kleinen Flur steht alles an seinem Platz. Der Brandgeruch staut sich. Alle drei halten sich Taschentücher vor die Nase. Die Küche bietet das gleiche Bild. Im Wohnzimmer öffnet der Sohn die linke Schranktür. Er holt eine braune Dokumentenmappe heraus und legt sie auf den Tisch. Neben den persönlichen Unterlagen des Vaters finden sich dort das Sparkassenbuch und Einzahlungsbelege. Im Sparbuch selbst liegen zwei Fünfzig-Mark-Scheine.

»Einen Raubmord können wir wohl definitiv ausschließen«, sagt Krowald und klappt die Mappe zu. »Kann ich sie mitnehmen. Oder wird die Mappe als Beweismittel benötigt.«

»Ich habe sie ja gesehen. Außerdem steht sie bereits auf unserer Inventarliste.«

Die Kontobelege lassen keine Unregelmäßigkeiten erkennen. Hier hat ein ordentlicher Bürger gelebt. Auch die Versicherungspolice liegt dabei.

»Können wir ihn noch einmal sehen.«

»Darum wollte ich Sie bitten. Sie müssen Ihren Vater ohnehin identifizieren. Ich denke, wir sollten gleich in die Pathologie fahren.«

Eine Stunde später stehen sie im Leichenschauhaus vor den sterblichen Überresten Hans Krowalds. Sein Sohn reagiert gefaßt. Erst draußen im Freien bricht er in Tränen aus. Er weint hemmungslos wie ein Kind.

Unterdessen arbeitet Hauptmann Fischer von der Spurensicherung in Dresden intensiv. Die Suche in den Dateien mit den Finger- und den Schuhabdruckspuren hat am Freitag noch nichts erbracht. Hier auf Anhieb einen Treffer zu landen ist fast unmöglich. Meist vergehen Tage, bis beweisbare Übereinstimmungen mit der Täterspur entdeckt werden. Fischer ist überzeugt, daß der Täter aus Görlitz in der Kartei einliegt. Wenn nicht: Dann müssen die Genossen in Görlitz ran und auf anderem Wege den Mörder überführen.

Wie üblich beginnt Fischer bei den Dakty-Spuren. Dort hat er Freitagabend aufgehört. Über das Wochenende hat er die Arbeit unterbrechen müssen, er war in Berlin zur Fortbildung ans Kriminaltechnischen Institut. Das ist hierzulande üblich, am Wochenende Qualifizierungsmaßnahmen zu absolvieren.

Er beugt sich über das kompakte Vergrößerungsgerät, vor sich auf dem Tisch hat er Reihen von vergrößerten Papilarleisten zu liegen. Einen beachtlichen Stapel hat er bereits aussortiert, die Abdrücke kamen aufgrund ihrer Beschaffenheit nicht in Frage. Es ist aber immer noch eine sehr stattliche Anzahl Bögen abzuarbeiten. Die Arbeit verlangt höchste Konzentration. Jede einzelne Linie – die Papilarleiste – muß gezählt und mit dem Fundstück an der Wand verglichen werden. Der Fingerabdruck ist ein zeitlebens gültiger Ausweis. Die Paßstelle befindet sich im Uterus der Mutter.

Der Abdruck des Spurenträgers hängt vielfach vergrößert direkt vor Hauptmann Fischer an der Wand. Er legt einen durchgezählten Bogen beiseite – den muß er noch einmal in Ruhe bearbeiten. Es gibt sehr viele Identifikationsmerkmale – nur die Verästelung der Linien sind scheinbar nicht ganz identisch. Mal sehen.

So verrinnt die Zeit. Wieder ist eine Stunde vorbei. Trotzdem will er es unbedingt noch heute schaffen. Ein Mitarbeiter reicht wortlos eine Tasse Kaffe herein. Fischer reibt sich die Augen, schlürft wie ein echter Sachse das Schälchen Heeßen und macht sich wieder an die Arbeit. Gegen vierzehn Uhr ist der Papierberg weg. Zwar liegt auf der anderen Seite des Tisches ein neuer Stoß, aber der ist bearbeitet. Nur ein ganz kleiner, so an die zehn Blätter, liegen dazwischen. Das sind jene Bögen, die er einer Nachprüfung unterziehen will.

Er nimmt den ersten Bogen unter die große Lupe.

Hier stimmt fast alles überein – die Papilarleisten, deren Verästlung. Fischer zählt noch mal nach: nein, stimmt doch nicht. Also weiter. Bogen für Bogen geht er neuerlich durch. Beim vierten jubelt er. Auch nach wiederholtem Nachzählen stimmt alles überein. Ein Wunder, denkt er bei sich, wie die Natur am Menschen arbeitet. Er richtet sich auf, reibt die Augen und schaut nun genauer hin. Wen hat er denn nun ermittelt?

Der Name auf der Rückseite des Bogens lautet: Manfred Rathner. Daneben steht das Strafregister. Nichts hat er ausgelassen. Mord allerdings schon. Die Latte der Vorstrafen hat eine innere Logik. Es fängt harmlos an, dann werden die Delikte immer schwerwiegender. Insofern ist dieser neuerliche Punkt durchaus folgerichtig. Was nicht zwangsläufig bedeutet, daß ein 14jähriger Hühnerdieb mit 44 als Mörder endet. Aber wenn die Delikte eine bestimmte Häufung und Stetigkeit aufweisen, mit denen sie verübt werden, scheint selbst das so wahrscheinlich wie das Amen in der Kirche.

Hauptmann Fischer greift zum Telefon und beordert einen weiteren Kriminaltechniker an die Lupe, sicher ist sicher. Doch auch dieser bestätigt seine Feststellung: Die Fingerabdrücke stammen laut Bogenregistrierung von Manfred Rathner aus Görlitz.

Hauptmann Fischer ordnet die restlichen Blätter auf dem Tisch in die verstreut herumliegenden Mappen, legt sie auf den großen Stapel. Der kommt wieder in die Registratur zurück. Und dann wird er sofort in Görlitz anrufen.

Dienstschluß im Volkspolizei-Kreisamt. Die Spätschicht in der Schutzpolizei hat die Geschäfte bereits übernommen, und bei der Kriminalpolizei sind bis auf den K-Dienst alle auf dem Absprung. Der K-Leiter will gerade die Tür zu seinem Dienstzimmer versiegeln, da hält er inne: Drinnen läutet das Telefon. »Mist«, flucht er. Anrufe um diese Zeit verheißen nichts Gutes. Sie bedeuten in der Regel Arbeit. Na bitte, hat er es doch geahnt: die BDVP.

»Hauptmann Fischer«, sagt die Stimme am Telefon. »Ich habe eine gute und eine schlechte Nachricht für euch. Welche zuerst.«

»Die schlechte. Da kann ich mich mit der guten anschließend wieder aufrichten.«

»In Ordnung. Die schlechte Nachricht lautet: Feierabend gestrichen.«

»Und nun die gute.«

»Wir haben den Mörder. Die Spurenauswertung ist eindeutig.«

Er macht eine Pause. Fischer weiß zu dramatisieren. Die Stille in der Leitung schmerzt geradezu.

»Komm, spann mich nicht länger auf die Folter. Wer ist es?«

»Kein unbeschriebenes Blatt. Sonst hätte ich ihn ja auch nicht in meiner Datei. Ein Asozialer mit Hang zum schweren Jungen sozusagen. Und Bürger eurer Stadt.«

»Ich zähle jetzt bis drei. Wenn du mir dann nicht den Namen genannt hast, beschwere ich mich bei deinem Chef. Das ist Folter, was du betreibst. Die ist unzulässig.«

Fischer feixt vernehmlich am anderen Ende. »Dieses Vergnügen mußt du mir schon gönnen. Ich habe mir euretwegen das Gesäß plattgedrückt.«

»Ohne die gute Vorarbeit unserer Kriminaltechniker würdest du noch immer drücken.« Jetzt lacht der Görlitzer.

»Er heißt Manfred Rathner. Den Rest schicke ich per Fernschreiben. Also, aufs Pferd, Genosse, schick' die Schutzpolizei los, informiere den Staatsanwalt und nimm den Mann fest. Viel Erfolg!«

Der K-Leiter legt den Hörer auf die Gabel und trommelt seine Leute zusammen. Die Fahnder sollen Rathners Akte ziehen und die Adresse besorgen, unter der er gemeldet ist. Das ganze Programm eben. Tempo, Tempo. Dann stecken sie die Köpfe zusammen. Das Vorstrafenregister ist üppig, in der Tat, doch das ist kein Schläger, kein Gewaltverbrecher. Diebstähle, Einbrüche und im Suff Handgreiflichkeiten. »Wieso wechselt der plötzlich das Fach«, sinniert einer laut. »Mord paßt doch gar nicht in sein Täterprofil.«

»Das wird er uns ja wohl selber erklären können«, sagt einer von der Morduntersuchungskommission.

»Und was gibt es für eine Verbindung zwischen Opfer und Täter? Die Wohnadressen liegen ziemlich weit auseinander. Arbeitsscheu wie der Rathner ist, werden sie wohl kaum etwas miteinander in einem Betrieb zu tun gehabt haben.«

»Arbeitet Rathner wieder?

»Ruft doch mal bei der Abteilung Inneres an.«

»Meinst du, da arbeitet jetzt noch einer?«

»Hm, hast recht.«

»Was ist denn nun? Haben wir seine Adresse und holen ihn uns?«

»Die Adresse, unter der er polizeilich gemeldet ist, liegt vor. Bloß steht zu befürchten, daß er auf Tour ist.«

»Dann werden wir eben jede Kneipe aufsuchen, wenn wir ihn nicht zu Hause antreffen. Nein, das war ein Scherz.«

»Also Zugriff in seiner Wohnung. Sollte er ausgeflogen sein, bitte ich sofort um Meldung, dann schreiben wir ihn morgen früh zur Fahndung aus. Weggetreten.« Der Leiter ist in seinem Element.

Inzwischen bechert Rathner wieder auf Rechnung von Willi. Aber so richtig will keine Stimmung aufkommen. Sein siebter Sinn signalisiert Ungemach. Sein Geheimnis lastet auf seiner Seele wie ein Mühlstein auf der Brust. Er droht zu ersticken. Soll er Willi beichten? Den Gedanken verwirft er sofort. Dann könnte er sich auch gleich auf den Markt stellen und rufen: Ich, Manfred Rathner, habe Hans Krowald erwürgt und seine Bude angesteckt.

Willi kann nichts für sich behalten.

Aber was soll er denn tun?

Vielleicht mal abtauchen?

»Willi«, beginnt er, »habe ich dir schon gesagt, daß seit heute die Handwerker in unserem Haus die Wasserleitungen erneuern?«

»Du trinkst doch kein Wasser, sondern Bier. Oder kommt bei dir der Klare aus dem Wasserhahn?« Willi bricht in dröhnendes Gelächter aus. Er findet seinen Witz gut.

»Willi, ich kann weder das Klo benutzen noch meine Zähne putzen. Das ist das Problem.«

»Kein Problem«, sagt Willi. »Pennst du eben die nächsten Tage bei mir.«

»Wirklich?

»Na klar. Einen Freund läßt man doch nicht im Stich. – Herr Wirt, noch mal dasselbe.«

Rathner ist glücklich. Binnen Sekunden ändert sich seine Gefühlslage. Das geht immer ganz schnell bei ihm. Willi wohnt in einer ganz anderen Ecke als er. Da finden ihn die Bullen nie, sollten sie nach ihm suchen.

Er nimmt einen tiefen Schluck aus dem Glas.

»Letzte Runde«, ruft der Wirt. »Wir machen zu.«

»Na schön«, sagt Willi, »schreib an. Wir gehen.«

Von Gehen kann keine Rede sein. Sie wanken heimwärts. Rathner fällt sofort auf die ihm zugewiesene Couch. Willi geht in die Küche und holt Bier. Doch als er zurückkommt, schnarcht sein Schlafgast bereits. Er nippt an der Flasche. Allein schmeckt Willi das Bier nicht. Er trägt es zurück in die Küche und knallt den Kronkorken auf den Hals.

Unterdessen stoppt ein Streifenwagen vor Rathners Wohnhaus. Es steht in einer schmalen Gasse, die Häuser sehen aus, als sei in den vergangenen hundert Jahren nichts an ihnen verändert worden. Leider sehen sie nicht nur so aus. Viele Wohnungen stehen inzwischen leer, die Familien ziehen in die Neubausiedlungen, die am Rande der Stadt hochgezogen werden. Hier will keiner leben. Zurück bleiben nur jene, die hierbleiben müssen. Oder die hier gelandet sind.

Die beiden Schutzpolizisten öffnen die windschiefe Haustür, sie geht ohne Probleme auf. Hier sperrt niemand ab. Sie suchen den Lichtschalter, den scheint man vergessen zu haben, und leuchten mit der Stablampe den Flur ab. Nach einigen Stufen stehen sie vor einer beschmierten Tür, von der seit Jahrhunderten der Lack platzt. »Rathner« steht dort mit Bleistift geschrieben. Eine Klingel gibt es nicht. Die Klinke gibt nach, die Tür nicht. Na denn! Einer der Polizisten wuchtet sich mit seinem massigen Obergewicht dagegen. Die Tür springt sofort auf. Kalter, säuerlicher Geruch schlägt ihnen entgegen. Einer knipst das Licht an. Überall liegen Flaschen und Unrat herum. Sie trampeln durch den kurzen Flur und leuchten in jeden Raum. Die Wohnung ist leer. Da ist niemand.

Gemeinsam durchsuchen sie die Räume nach Beweismitteln. Keine angenehme Aufgabe. Doch an solche Umstände sind sie gewöhnt. Sie finden kein Diebesgut, nur Schmutz und Dreck. Dann erst geben sie per Funk durch, daß der Zugriff fehlgeschlagen sei. Der Vogel ist weg, sagt der Polizist.

»Versiegeln Sie die Wohnung und kommen Sie ins VPKA zurück«, schnarrt und zischt es aus dem Lautsprecher.

Der K-Dienst ist unterrichtet. Nun greift die Fahndung ein. Der Kriminalist vom Dienst erwartet den Fahnder zum Dienst. Wie immer wird er als Erster im Amt erscheinen,

Punkt 6.00 Uhr. Der OvD bringt schon mal Rathners Unterlagen in das Büro, damit sich der Genosse gleich damit befassen kann. Alle Beteiligten sind ganz gelassen, sie werden ihn schon kriegen. Wo will er denn auch hin? Bisher hat man jeden gekriegt, den man suchte.

Schon bald stapeln sich die Fahndungsblätter im Dienstzimmer des Fahnungsleiters und verströmen den charakteristischen Ormig-Geruch. Dem Fahnder ist Rathners Bild nicht unbekannt. Mit dem hat er schon zu tun gehabt, das sieht er sofort. Dabei ging es um ein gestohlenes Auto. Rathner hatte es unbefugt benutzt und zu Schrott gefahren. Nun also Mörder. Na dann, irgendwo in der Stadt wird er schon zu finden sein.

Die Blätter gehen zum Verteilen ins Zimmer des Diensthabenden im Revier. Von hier aus werden sie von den einzelnen Dienstschichten mitgenommen und verteilt. Die Sucharbeit liegt wieder auf den Schultern der Abschnittsbevollmächtigen. Sie haben naturgemäß den besten Überblick.

Am Vormittag läuft die aktive Suche nach Manfred Rathner an. In der Zeitung wird die Bürgerschaft um Mithilfe gebeten. Doch weder in seinem Wohnbereich noch in den einschlägigen Stammkneipen findet man Rathner. Allerdings haben die meisten auch noch nicht geöffnet. Erst am frühen Nachmittag beginnen dort die Zapfhähne zu krähen. Die Direktion der Deutschen Reichsbahn ist ebenfalls in die Fahndung einbezogen. Das Dienstpersonal der Züge und auf dem Bahnhof ist mit Fahndungsblättern ausgestattet worden. Immerhin möglich, daß Rathner per Bahn Görlitz verlassen will. Bis zum Wochenende war er jedenfalls noch in der Stadt. Das berichtete die Verkäuferin des Konsums, in dem Rathner Stammkunde ist.

Der große Schulplatz, der zu Rathners Stützpunkten gehört, wird ununterbrochen von Polizeistreifen in Uniform und in Zivil überwacht. Auch dort ist Rathner bis Mittag noch nicht aufgetaucht. Entlang der Flußwege das gleiche Resultat: Fehlanzeige. Die Nachfrage im Krankenhaus ergibt ebenfalls eine Negativmeldung. Trotzdem ist man im Polizei-Amt zuversichtlich: Den Mörder fassen wir in den nächsten Stunden. Oder Tagen.

Die vier Angelfreunde stehen an ihrem Lieblingsplatz am Fluß. Die Ruten liegen ruhig in der Hand, doch die Männer selbst kommen heute nicht zur Ruhe. Zuviel gibt es zu bereden. Die Geburtstagsfete ist in den Hintergrund getreten. Jetzt gibt es die Beerdigung ihres Gefährten Hans Krowald zu besprechen. Auch die Tatsache, daß sein Mörder frei herumläuft, beschäftigt die Rentner. Sie kennen seinen Namen nicht. Das wäre auch ohne Relevanz, denn keiner von ihnen – das wird sich später erweisen – hat eine persönliche Beziehung zu ihm. Warum er es getan haben könnte, liefert jedoch genug Diskussionsstoff. Zur Beisetzung werden sie gemeinsam gehen, das sind sie Hans Krowald schuldig. Einen Kranz werden sie auch mitnehmen. Das Geld drücken sie Franz Hertel in die Hand. Der wird alles organisieren. Erst nach der Beerdigung werden sie den Geburtstag feiern.

So vergeht der Vormittag am Wasser. Außer einem Polizisten auf dem Fahrrad kommt niemand vorbei.

Kurz vor Mittag wird Manfred Rathner im Wohnzimmer seines Freundes Willi wach. Er hat lange und tief geschlafen und fühlt sich wohl. Er dehnt und streckt sich und preist sich glücklich, daß er die Nacht hier verbracht hat. Aus der Küche riecht es angenehm nach Kaffee und frischen Brötchen.

Willi ruft »Aufstehen, du Penner«. Der aber zuckt sich nicht. Er verschränkt die Hände hinterm Kopf und schaut zum Fenster hinaus. Wie lange hält dieses Wonnegefühl an? Schon wieder langt der Zweifel nach ihm. Die Angst krallt sich in sein Hirn. Wann werden sie ihn holen? Er fürchtet sich nicht vor dem Eingesperrtsein. Das kennt er, und trotz der Unfreiheit hatte die Regelmäßigkeit des Tagesablaufes ihr Gutes. Vor allem gab es zu essen. Nein, das ist es nicht, was ihm Sorgen macht. Sondern: Es gibt im Knast keinen Korn und kein Bier. Diese Art Entzug hat er schon einmal durch. Er glaubte damals zu krepieren, war es aber nicht. Diese Schmerzen, diese Krämpfe. Das wollte er nie wieder erleben.

»Mensch, nun komm endlich, heb deinen Arsch«, brüllt Willi aus der Küche. Seine Stimme klingt ungehalten.

Rathner rollt sich vom Sofa und langt nach der Hose. Er schlüpft in die speckigen Jeans und schließt den Bund über dem faltigen, ausgezehrten Leib. Schuhe an. Dann schlurft er hinüber.

»Wo ist das Bad?«

Willi deutet mit dem Kopf in die Richtung.

Die Katzenwäsche dauert keine drei Minuten. Willi schüttelt tadelnd den Kopf. »Rasieren hättest du dich wenigstens können.«

»Mach ich nachher«, antwortet Rathner und pflanzt sich an den Tisch.

»Zieh dir dein Hemd an«, mahnt Willi schon wieder. »Wenn ich etwas hasse, dann ist es nackte Haut beim Essen.«

»Hast du schlecht geschlafen oder was?« Rathner fährt leicht auf. Er haßt es, wenn ständig an ihm herumkritisiert wird. Mach dieses, mach jenes! Das ging ihm schon im Heim auf den Pinsel. Dieses fortgesetzte Belehren und Ermahnen. Die ganze Welt schien nur aus Oberlehrern und Wichtigtuern zu bestehen. »Es wird wohl besser sein, ich verschwinde.«

Willi beschwichtigt. »War nicht so gemeint, entschuldige. Laß uns zusammen frühstücken.« Er wirft die Zeitung ungelesen auf den Stuhl, die er aus dem Briefkasten gezogen hatte, als er vom Bäcker kam.

»Hast du mal einen Schnaps?«

Willi äugt ihn an. »Wirklich?«

»Naja, man soll am Morgen damit anfangen, womit man am Abend aufgehört hat.«

»Wir haben am Abend mit Bier aufgehört.«

»Und mit Schnaps.«

»Willst du nicht doch erst einen Kaffee? Ich habe ihn doch schon eingegossen.«

»Den trink ich auch. Keine Sorge.«

212

Willi erhebt sich und geht zum Kühlschrank hinüber. Dann will er ein Glas aus der Spüle nehmen.

»Schon gut. Brauch ich nicht.« Rathner greift nach der Flasche, dreht den Verschluß auf und füllt die Tasse bis zum Rand auf. »So macht man das.«

»Irish Coffee«, feixt Willi.

»Hää? Was soll das sein?«

»Laß gut sein«, winkt Willi ab. Warum soll er ihn jetzt schon wieder belehren?

Nachdem Rathner die Tasse nahezu in einem Zug geleert und sie wieder abgestellt hat, klatscht er in die Hände. »Dann wollen wir mal!« Mit Wollust streicht er dick Butter auf die Schrippen und belegt sie mit Wurstscheiben von halber Daumenbreite, die er sich von der Salami säbelt. Es ist Jahre her, daß er sich so den Bauch vollschlug. Als ahnte er, es könnte eine Art Henkersmahl sein. Schweigend schiebt er Semmel um Semmel in sich hinein.

Nachdem Willi die Reste im Kühlschrank verstaut und das benutzte Geschirr in die gefüllte Spüle gestellt hat, erkundigt er sich: »Und, was machst du heute?«

»Wieso, was fragst du mich?« Rathner spürt, daß er Willi lästig ist. Der will ihn loswerden.

»Hör zu, ich habe noch einige Besorgungen in der Stadt zu machen.«

»Ja, und? Ich kann ja mitkommen oder hier warten.«

»Also weißt du! Du bist nicht mein Dackel, der mich begleiten muß. Und allein in der Wohnung ...« Willi beginnt zu drucksen.

»Ich soll gehen?«

»Naja, mir wäre es lieb, wenn wir uns abends erst wieder in der Kneipe treffen. Dann nehme ich dich wieder mit hierher. Ich habe es dir ja versprochen, daß du bei mir pennen kannst, solange die Handwerker bei dir im Haus sind. Vielleicht solltest du dort mal nach dem Rechten schauen.« Willi ist froh, doch noch die Kurve bekommen zu haben. Es sollte nicht so aussehen, als setzte er seinen Saufbruder vor die Tür. Doch über den Weg traut er ihm nicht. Typen wie Rathner würde er nie allein in seiner Wohnung lassen. Die versilbern alles, was ihnen in die Hände kommt. Die beklauen selbst Verwandte und Freunde, er weiß das.

Gemeinsam verlassen sie das Haus. Auf der Straße trennen sich ihre Wege. Willi geht nach links, Rathner nach rechts. Als der Rentner hinter einer Kreuzung verschwunden ist, dreht Rathner um und kehrt ins Haus zurück. Ein Gefühl sagt ihm, daß es besser sei, nicht durch die Stadt zu laufen. Vermutlich suchen ihn die Bullen bereits, denen will er nicht in die Hände laufen. So steigt er im Haus wieder die Treppe hinauf und setzt sich auf die letzte Stufe vor Willis Wohnung. Hier wird er warten, bis die Kneipe öffnet, dann wird er im Schutze der Dämmerung hingehen.

Er sitzt und döst vor sich hin. Irgendwann schläft er ein. Er wird wach, als die Kälte nach ihm greift. Ihn friert, und es ist bereits schummrig. Er hat keine Uhr und weiß nicht, wie spät es ist. Aber das Tageslicht zeigt ihm, daß die Kneipe geöffnet haben muß, in welcher er sich mit Willi verabredet hatte. Der scheint auch den ganzen Tag unterwegs gewesen zu sein, sonst hätte er ihn hier gesehen und ihn bestimmt geweckt. Da ist sich Rathner sicher.

Er erhebt sich mühsam und spürt den Durst in seine Gliedern. Mit zitternden Händen streicht er den Mantel glatt und macht sich auf den Weg. Auf der Straße brennen bereits die Laternen. Es muß so gegen sechs sein, schätzt er, und versenkt die Hände in den Manteltaschen. Es ist hundekalt in seiner Wahrnehmung.

Als er die Kneipentür öffnet, schlagen ihm Wärme und Zigarettenrauch entgegen. Zielsicher steuert er den Tisch im hinterem Teil des Schankraumes an, an dem Willi seinen Stammplatz hat. Der ist noch leer. Rathner tippt sich zum Gruß an die Schläfe, als er am Wirt vorbeikommt. »Ist Willi noch nicht da?«

»Siehst du ihn vielleicht?«

»Bring mal ein Bier und einen Kurzen. Er wird noch kommen, wir haben uns verabredet.«

Rathner wickelt sich aus dem Mantel und setzt sich. Als er sich den Schaum von der Oberlippe wischt, kommt Willi durch die Tür. Rathners Gesicht hellt sich auf, gottseidank.

Willi nimmt grußlos Platz. Er sieht noch eine Spur mürrischer aus als heute morgen beim Frühstück. Rathner sieht ihm an, daß dem Rentner eine Laus über die Leber gelaufen sein muß. »Is was?«

»Ich brauch erst mal einen Schnaps«, sagt Willi und gibt dem Wirt hinterm Tresen ein Zeichen. Der empfängt die Nachricht und quittiert sie durch Kopfnicken.

Als er den Kurzen gekippt hat, bricht es aus ihm heraus. »Du bist ein Verbrecher!« Ohne die Antwort abzuwarten, greift er zum Bier und spült nach.

»Spinnst du, hast du nicht mehr alle?« Rathner gibt sich empört, obgleich er den Grund von Willis sichtlicher Erregung natürlich kennt.

»Die suchen dich in der ganzen Stadt. In jedem Geschäft liegt ein Fahndungsblatt mit deinem Foto aus. Im Konsum liegst du neben der Kasse, da habe ich dich gesehen. Du hast den Krowald umgebracht und anschließend seine Bude angesteckt. Hattest du das auch mit mir vor, du Schwein?« Willi ist außer sich und wähnt sich knapp dem Tode entronnen. »Ich war schon drauf und dran, dich bei der Polizei zu melden. Aber so ein Charakterlump bin ich nicht. Das mußt du schon allein machen. Ich scheiß' niemanden an. Und schon gar nicht bringe ich Menschen um!«

Er winkt dem Wirt erneut. Der bringt sofort die nächste Lage. »Mensch, Willi, du hast aber heute einen Zug drauf«, sagt der Kneiper, als er die leeren Gläser abräumt.

Rathner schweigt betroffen. Er fühlt den Boden unter den Füßen nicht mehr. Sein Kopf ist ein Loch. Er spürt sich selbst nicht mehr. »Was soll ich denn machen?«

Willi schaut ihn entgeistert an. »Zur Polizei gehen, was denn sonst? Dich stellen. Vielleicht bekommst du dann mildernde Umstände oder wie das heißt. Wobei …« Er hält inne und verzichtet auf die Fortsetzung des Satzes. Der Zug ist eh abgefahren, die Fahndung läuft bereits auf Hochtouren, da wird es keine Gnade mehr geben. Aber das verschweigt er besser, sonst dreht der noch völlig durch.

Rathner rafft sich zu einem Widerspruch auf. »Weißt du, wie das im Knast ist? Kein Bier, kein Schnaps, du liegst wie in einem Ameisenhaufen und Millionen Viecher beißen dich und gießen ihr Gift in die Wunden. Im Unterschied zu diesen Schmerzen aber, die irgendwann nachlassen, dauert das eine Ewigkeit. Eine Ewigkeit.« Rathner blickt an Willi vorbei ins Leere.

Willi nickt. »Versteh ich. Aber das hättest du früher bedenken sollen. Nun ist es zu spät. Da mußt du durch.« Und nach einer Weile: »Hast du schon was gegessen seit heute morgen?«

Rathner reagiert nicht.

»Bringst du uns mal einen Hackepeter-Teller«, ruft Willi in Richtung Tresen. Der nickt und ruft die Bestellung in die Küche. Schon nach kurzer Zeit stellt er das Brett zwischen die beiden. Wieder fällt sein Blick auf Rathner. Wo hat er den schon mal gesehen? War da nicht irgendwas? Hat da heute morgen der ABV nicht ein Blatt mit einem Bildchen vorbeigebracht. Wo hat er denn das nur hingelegt? Er weiß, daß er morgens nur flüchtig daraufgeschaut hatte. Der Polizist hatte es ihm in die Hand gedrückt, als er gerade Lieferung bekam. Dann hatte er den Zettel auf die Zeitungen gelegt, und die hat dann seine Frau weggeräumt. Wo liegen die Blätter jetzt?

Er ruft in die Küche. »Erna, wo hast du die Zeitung von heute und das andere Papier hingepackt?«

»Auf den Stapel im Lagerraum. Du liest doch sonst keine Zeitung«, kommt es zurück.

Der Wirt schaltet das Licht im Lager an. Vorn stapeln sich die Zeitungen und Papiere. Er blättert sie durch. Da, wußte er es doch! Er zieht das Fahndungsblatt hervor. Keine Frage: Das ist der Kerl. Manfred Rathner also heißt der. Gesucht wegen Mordes und Brandstiftung! Der Wirt pfeift durch die Zähne. So einer ist das also, ein richtig schwerer Junge. Nee, so etwas will er nicht im Hause haben. Den nicht. Die üblichen Kneipen-Schlägereien, Anzeigen wegen ruhestörenden Lärms, Zechprellereien und dergleichen hat er durch, das ist Berufsrisiko, mit dem einer wie er leben muß. Aber Mördern gewährt er kein Obdach, das geht zu weit. Er will seinen Stall in Ordnung halten. Die Telefonnummer der Polizei steht dabei. Dort wird er anrufen.

Auf dem Weg zum Schankraum schaut er in die Küche. Vorsichtshalber will er seine Frau warnen, nicht in Hysterie zu verfallen, wenn die Polizei wieder aufkreuzt. Bis jetzt hat sie jedesmal Panik bekommen, wenn Uniformierte erschienen. Erna hantiert neben dem Küchengehilfen am Herd. Sie hat alle Hände voll zu tun, der Laden ist gut gefüllt, die Preise sind niedrig. Kein Essen über vier Mark. Darauf sind sie stolz.

»Erna, ich rufe jetzt gleich die Polizei. Krieg also keinen Schreck, wenn die Bullen hier durch die Tür kommen.«

Erna reagiert nicht. Sie schiebt Pfannen und Töpfe hin und her. »Hast du gehört?«

Sie hat natürlich nichts gehört, nickt aber dennoch. »Schneller geht's nicht«, sagt Erna und meint, ihr Mann habe zur Eile gedrängt. Der Wirt läßt verärgert den Arm fallen. Ist ja auch egal.

Er geht ins winzige Büro, legt das Blatt vor sich auf den Tisch und greift sich den Telefonhörer. Am anderen Ende der Leitung meldet sich der Diensthabende des VPKA.

»Ich rufe an wegen dem Mörder«, flüstert er in die Muschel, um die er seine gewölbte Hand gelegt hat, als müßte er sich vor ungewünschten Zuhörern schützen. »Der Mörder ist hier.«

»Teilnehmer«, kommt es von der anderen Seite. »Teilnehmer, rufen Sie an wegen der Fahndungsmeldung?«

»Ja, genau.«

»Dann verbinde ich Sie mal mit der Kriminalpolizei.« In der Leitung piept es. Hat der nun aufgelegt oder was?

Nach scheinbar unendlich langer Zeit meldet sich eine andere Stimme. »Teilnehmer?«

Mein Gott, er ist nicht »Teilnehmer«, sondern Wirt, und er hat eine Meldung zu machen.

»Bin ich jetzt bei der Kriminalpolizei?«

»Ja.«

»Der Mörder ist hier.«

»Wie bitte.«

»Der Mörder sitzt bei mir in der Kneipe.«

»Sagen Sie mir bitte erst Ihren Namen, Ihre Adresse und dann was Sie auf dem Herzen haben.«

Der Wirt identifiziert sich, schließlich sprudelt es aus ihm raus. »Das Fahndungsblatt, daß der ABV heute morgen gebracht hat, der Rathner, der ist hier.«

»Sie meinen, der Gesuchte befindet sich in Ihrem Lokal.«

»Ja, mein Gott, das habe ich Ihnen doch schon gesagt. Wenn Sie ihn verhaften wollen, müssen Sie herkommen. Der sitzt hier und verspeist gerade einen Hackepeter-Teller.«

»Gut, ich komme sofort vorbei, Teilnehmer.«

Und tatsächlich betritt ein einzelner Herr in Zivil nach einer Viertelstunde den Schankraum und geht zum Tresen.

»Wir haben gerade miteinander telefoniert …«

»Tag«, sagt der Kneiper, wischt sich die Hände an der Lederschürze trocken und reicht die Hand übern Schanktisch. »Dahinten sitzt er.« Mit einer Kopfbewegung deutet er in die Richtung des Tisches, an dem Willi und Rathner sitzen. »Sind Sie etwa allein?« Die Frage klingt durchaus besorgt.

»Nein.«

Wie auf Kommando tritt ein Unifomierter durch die Tür und baut sich breitbeinig vor dieser auf. Die meisten Köpfe an den Tischen fliegen herum. Was geht hier vor? Nur Willi und Rathner scheinen nichts zu bemerken.

Der Kriminalist geht nach hinten und stoppt am Tisch der beiden. Nunmehr werden auch sie gewahr, daß etwas im Gange ist.

»Herr Manfred Rathner?«

Rathner blickt erst Willi, dann den ihm Unbekannten irritiert und verängstigt an.

»Ja.«

»Herr Rathner, stehen Sie bitte auf und kommen Sie mit.«

Willi versucht eine Intervention. »Er wollte sich gerade selbst stellen. Wirklich.«

Über das Gesicht des Kriminalisten huscht der Anflug eines Lächelns. Es heißt so viel wie: Das sagen sie alle.

»Bin ich verhaftet?« Rathner langt nach seinem Mantel. Ohne die Antwort abzuwarten, greift er nach seinem Bierglas und leert es bis zur Neige. »Mach's gut, Willi.«

»Sie begleiten uns«, sagt der Kriminalist zu Willi in einem Ton, der keinen Widerspruch duldet.

In der Kneipe herrscht Totenstille. Alle Blicke richten sich auf Rathner und den Mann, der seinen Oberarm ergriffen hat und ihn auf diese Weise zur Tür schiebt.

Willi rafft seine Beutel zusammen und eilt hinterher.

»Erst zahlen«, droht der Wirt.

»Schreib an.«

»Ist nicht«, knurrt der Kneiper. »Weiß ich, wann ich dich wiedersehe? Bei Geld hört die Freundschaft auf.«

Der Polizist reißt die Tür auf. Als die drei hindurch sind, läßt er sie fallen. Das war's.

Draußen steht der Funkstreifenwagen.

»Einsteigen.«

Ja, was denn sonst?

Die Fahrt bis ins Kreisamt der Polizei ist kurz.

Willi wird aufgefordert, im Besucherraum Platz zu nehmen. Er werde gleich befragt, wird ihm bedeutet. Schon bald erscheint ein Langer in Zivil. Er stellt sich mit Name und Dienstrang und als Angehöriger der Morduntersuchungskommission vor. Er habe ein paar Fragen an ihn. Willi folgt ihm über den Hof, dann steigen sie einige Treppen hinauf.

Seine Personalien werden aufgenommen, dann kommt man zum Thema: Manfred Rathner.

Willi hat keinen Grund, etwas zu verschweigen. Wahrheitsgemäß berichtet er, was er weiß. Der Mann von der MUK protokolliert seine Aussage. Will meint, Rathner einen letzten

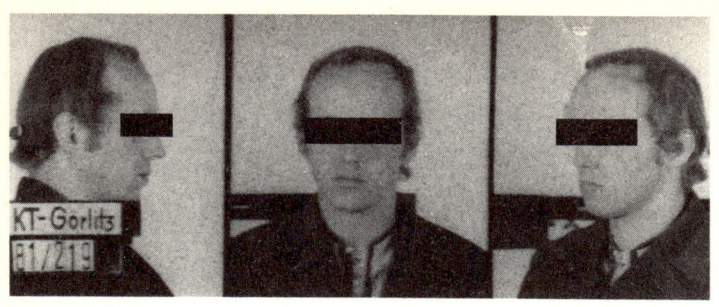

Manfred Rathner

Dienst erweisen zu müssen, indem er mehrmals betont, er habe sich selbst stellen wollen. Der Protokollant nickt. Willi unterschreibt und wird dann nach Hause geschickt.

Bereits im Auto fängt sich Rathner und beginnt zu grübeln. Wer hat ihn verpfiffen? Seine Gedanken sind nicht darauf gerichtet, was er jetzt, bei der Vernehmung, erzählen wird, sondern wie es kam, daß er verhaftet werden konnte. Hat Willi ihn angeschwärzt? Einer aus der Kneipe? Vielleicht sogar der Wirt? Er zermartet sich das Hirn, ohne sich dabei die Frage zu stellen: Was änderte dies an seiner konkreten Lage, wenn er es denn wüßte? Das ist doch jetzt unerheblich. Er ist gefaßt, und aus die Maus.

Im Dienstzimmer der K beginnt schließlich die ihm bereits bekannte Prozedur. Anschließend gibt es die übliche erkennungsdienstliche Behandlung mit Fotografieren, Fingerabdrücke nehmen und dem ganzen Quatsch.

Zunächst aber werden die Personalien abgefragt. Dann kommt der Vernehmer zur Sache.

»Herr Rathner, Sie sind kein heuriger Hase. Sie wissen ...«

»Ja, ich weiß: Ein umfassendes Geständnis erleichtert meine Lage ...«

»Und, sind Sie bereit, alles zu erzählen? Umfassend und ausführlich, ohne Lügen und Hinzufügungen?«

»Hm, ja.«

Der Kriminalist drückt auf die Aufnahmetaste und schiebt

das Mikrofon ein wenig näher an Rathner heran. Die beiden Spulen auf dem Tonbandgerät drehen sich. Dort, wo das Anfangstück eingefädelt ist, steht das braune Band ein wenig über und schleift. Es ist trotz des leichten Brummens deutlich zu vernehmen. Nach einer Stunde wird der Vernehmer das Band wenden und die Rückspur mit Fragen und Anworten füllen.

Nach zwei Stunden wird Rathner in die U-Haft überstellt.

Anfang März 1982 sitzt man über Manfred Rathner in Dresden zu Gericht. Der Mordfall macht in erschreckender Weise ein Problem deutlich, mit dem sich die DDR herumschlägt. Nicht zum ersten Male. Sechs Jahre später wird es im »Polizeiruf 110« auch in einem Fernsehkrimi thematisiert werden (»Die flüssige Waffe«, 1988).

Die Statistik bringt es an den Tag. Im weltweiten Vergleich belegt die DDR im Pro-Kopf-Verbrauch bei Bier und Spirituosen zu Beginn der 80er Platz 3. Trank der durchschnittliche DDR-Bürger in den 50er Jahren pro Jahr 68,5 Liter Bier, waren es drei Jahrzehnte später bereits 143 Liter. Der Konsum von harten Sachen stieg im gleichen Zeitraum von 4,4 auf 16,1 Liter. Da bekanntlich auch Kinder und Jugendliche und alle anderen Nichttrinker in diese Berechnungen einbezogen werden, kann man ahnen, wieviel Personen wie Rathner für sie »mitgetrunken« haben mußten, daß solche Werte erreicht werden konnten.

Offiziell wurde krankhafter und übermäßiger Alkoholkonsum verurteilt, er galt als Relikt vorsozialistischer Vergangenheit. Bekanntlich war der Kampf gegen das Trinken eines der traditionellen Felder der deutschen Arbeiterbewegung. Um die Jahrhundertwende machte die SPD deutlich, daß mit der Alkoholsteuer der kapitalistische Staat unterstützt werde. Abgesehen von den gesundheitlichen Folgen unterstützte der Arbeiter mit jedem Bier und jedem Schnaps das System, dem man eigentlich jeden Pfennig verweigern wollte (Wilhelm Liebknecht: »Dem Militarismus keinen Mann und keinen Groschen«, 14. Januar 1887).

1956 führte die DDR die Null-Promillegrenze im Straßenverkehr ein und achtete konsequent auf deren Einhaltung. 1966 wurde der »Alkoholverzehr« in der NVA auch nach Dienstschluß in den Dienstobjekten verboten und 1969 die Verordnung zum Schutz der Kinder und Jugendlichen erlassen, die in Gaststätten und Kaufhallen aushing. Und auch anderwärts wurde verbreitet: »Alkoholmißbrauch ist unsozialistisch. Er entspricht nicht den neuen Lebensformen unserer Gesellschaft, gefährdet das Leben unserer Bürger und ihr Eigentum, schadet der Gesundheit und in vieler Hinsicht der Volkswirtschaft – schadet immer uns allen!«

Trotzdem stieg der Verbrauch unablässig.

Die Führung der DDR war sich der gesellschaftlichen Dimension der Trunksucht bewußt. Im 1976 verabschiedeten Parteiprogramm rief die SED unter dem Stichwort »Sozialistische Lebensweise« zum entschiedenen Kampf aller gesellschaftlichen Kräfte gegen den Alkoholmißbrauch auf.

Auf der anderen Seite brachte Schnaps nicht nur Steuern, sondern auch Devisen. Ende der 70er Jahre stieg der VEB Nordbrand Nordhausen, einer der bekanntesten Korn-Produzenten der DDR, nach seiner Modernisierung zum größten Spirituosenhersteller Europas auf. Ende der 80er Jahre sollte Kurt Hager erklären, daß es in der DDR inzwischen etwa eine Viertelmillion Alkoholiker gebe. Und das Zentralinstitut für Jugendforschung in Leipzig konstatierte, daß der Alkohol-Konsum von Mädchen und jungen Frauen den Verbrauch der männlichen Jugendlichen erreicht habe.

Die Statistik vermochte jedoch keine Erklärungen zu liefern, weshalb in der DDR zur Flasche gegriffen wurde. Die Trinkerkarriere von Manfred Rathner kann sowohl als atypisch wie auch als exemplarisch gelten. Einmalig insofern, als sie nicht zwangsläufig so verlaufen mußte, wie sie sich zutrug. Exemplarisch insofern, als in seinem Lebenslauf alle Faktoren feststellbar sind, die auch bei vielen anderen Trinkern beobachtet wurden. Und diese waren nicht ausschließlich gesellschaftlich determiniert.

Gerichtsbericht in der Sächsischen Zeitung, *März 1982*

Der Gerichtsreporter der *Sächsischen Zeitung* verwies zwar in seinem Bericht auf den Alkoholismus des Täters, aber er verstand diesen keineswegs auch als Krankheit, und gewiß auch nicht das Gericht – sondern allenfalls als Ausdruck und Folge

Das einstige Bezirksgericht Dresden, heute Sitz des Sächsischen Oberlandesgerichts

asozialen Verhaltens. Das war es zweifellos auch. Und dagegen kehrte sich die ganze Härte des Gesetzes, was durchaus legitim und im Sinne der Görlitzer war, die sich zurecht über dieses abscheuliche Verbrechen erregt hatten. Aber das war es eben nicht nur allein.

Der 2. Strafsenat des Bezirksgerichtes Dresden verurteilte Manfred Rathner wegen Mordes, Raubes und versuchter Brandstiftung zu lebenslänglicher Haft und Aberkennung der staatsbürgerlichen Rechte. Er verbüßte die Strafe in voller Höhe.